中国涉外商事争议裁判依据研究

贺万忠

A Study on Ratios Decidendi of
Foreign-related Commercial
Cases in China

中国社会科学出版社

图书在版编目（CIP）数据

中国涉外商事争议裁判依据研究／贺万忠著．—北京：中国社会科学出版社，2023.12
ISBN 978-7-5227-2925-1

Ⅰ.①中… Ⅱ.①贺… Ⅲ.①国际商事仲裁—研究—中国 Ⅳ.①D997.4

中国国家版本馆 CIP 数据核字（2023）第 244961 号

出 版 人	赵剑英
责任编辑	许　琳
责任校对	李　硕
责任印制	郝美娜

出　　版	中国社会科学出版社
社　　址	北京鼓楼西大街甲 158 号
邮　　编	100720
网　　址	http://www.csspw.cn
发 行 部	010-84083685
门 市 部	010-84029450
经　　销	新华书店及其他书店

印刷装订	北京市十月印刷有限公司
版　　次	2023 年 12 月第 1 版
印　　次	2023 年 12 月第 1 次印刷

开　　本	710×1000　1/16
印　　张	17.5
字　　数	302 千字
定　　价	98.00 元

凡购买中国社会科学出版社图书，如有质量问题请与本社营销中心联系调换
电话：010-84083683
版权所有　侵权必究

目　录

引言　裁判者的三大任务 ……………………………………（1）
　一　案件事实的还原 ……………………………………（2）
　二　裁判依据的寻找 ……………………………………（4）
　三　法律效果的确定 ……………………………………（5）

第一章　涉外商事争议裁判依据的类型：传统与发展 …………（7）
　第一节　商事案件涉外性对寻"法"任务的影响 ………………（7）
　　一　商事案件涉外性的判断标准 ………………………（7）
　　二　涉外性事项的可处分性：举证责任 ………………（20）
　　三　商事案件涉外性的法律效果 ………………………（24）
　第二节　涉外商事争议裁判依据的基本类型 …………………（42）
　　一　涉外商事争议的裁判依据：准据法抑或非准据法 ………（42）
　　二　涉外商事争议裁判依据的多元化：准据法与
　　　　非准据法的并存 ……………………………………（49）

第二章　涉外商事争议的基本裁判依据：准据法 ………………（60）
　第一节　寻找准据法的基本流程 ………………………………（60）
　　一　冲突规范的确定与适用 ……………………………（61）
　　二　联结点的功能与准据法的检索 ……………………（90）
　第二节　准据法的确定 …………………………………………（98）
　　一　外国法的查明方法 …………………………………（98）

二　准据法缺漏时裁判依据的确定 ……………………………… (104)

第三章　涉外商事争议的补充性裁判依据：统一实体私法规则 ……………………………………………… (106)

第一节　统一实体规则作为裁判依据的身份：准据法抑或非准据法 …………………………………………… (106)
　　一　准据法：法律体系抑或法律规则 ……………………………… (107)
　　二　域外商事仲裁立法对准据法非国家法化理论的接纳 ……… (109)
　　三　准据法的非国家法化理论对涉外民事诉讼的影响 ………… (114)
　　四　海牙《国际商事合同法律选择通则》中的非国家法条款 ………………………………………………… (118)
　　五　准据法非国家法化现象对我国的影响 …………………… (128)

第二节　国际商事条约作为裁判依据的方法 …………………… (138)
　　一　国际条约适用方式的探索历程 ……………………………… (139)
　　二　国际条约的选择适用 ………………………………………… (143)
　　三　国际条约的直接适用 ………………………………………… (153)
　　四　《联合国国际货物销售合同公约》的适用 ………………… (155)

第三节　商事惯例作为裁判依据的方法 ………………………… (181)
　　一　商事惯例的界定 ……………………………………………… (182)
　　二　商事惯例作为裁判依据的传统方法 ………………………… (186)
　　三　商事惯例作为裁判依据的另类方法：准据法 ……………… (200)
　　四　商事惯例作为裁判依据的限制 ……………………………… (206)

第四章　涉外商事争议的特殊裁判依据：强制性法律规范 ……… (208)

第一节　强制性法律规范的界定 ………………………………… (208)
　　一　强制性法律规范的理论与立法 ……………………………… (208)
　　二　强制性法律规范的界定 ……………………………………… (216)
　　三　强制性法律规范的范围 ……………………………………… (238)

第二节　强制性规范作为裁判依据的方法 ……………………… (243)
　　一　强制性法律规范的性质：公法抑或私法 …………………… (244)

二　法院地国强制性规范作为裁判依据的方法 …………（245）
　三　外国强制性法律规范作为裁判依据的方法 …………（254）

参考文献 ……………………………………………………（273）
后　记 ………………………………………………………（275）

引　言

裁判者的三大任务

诉讼和仲裁是解决商事纠纷的基本路径，不论采何种路径，除特殊情况外，裁判者一般通过以下三步法来解决纠纷：（i）还原案件事实；（ii）确定裁判依据；（iii）推导出系争案件事实的法律效果，即裁判。[1]

案件的裁判，依不同法学派主张，固然有多种方式，但逻辑三段论无疑是最基本方式。确保裁判的公正性与合法性是裁判者遵循的准则和追求的目的。逻辑三段论因其具有限制法官裁量权的运用，确保裁量权的行使有迹可循之功能而被认为能有效实现裁判的公正性与合法性。[2]

裁判逻辑三段论围绕裁判活动中三个基本问题展开，即认定案件事实、确定裁判依据及将案件事实置于裁判依据之下，据此导出裁判结论。此即构成裁判者在裁判活动中的三大任务。

三段论的裁判逻辑亦体现在我国立法之中。《中华人民共和国民事诉讼法》第七条规定，人民法院审理民事案件，必须以事实为根据，以法律为准绳。《中华人民共和国仲裁法》第七条规定，仲裁应当根据事实，符合法律规定，公平合理地解决纠纷。该等规定即是对上述逻辑三段论在司法和仲裁领域运用的立法确认。

---

[1]　黄立：《民法总则》，中国政法大学出版社2002年版，第28—36页。最高人民法院《人民法院民事裁判文书制作规范》"一、基本要素"规定，民事裁判文书制作需要具备事实部分、裁判理由、裁判依据三要素。

[2]　黄茂荣：《法学方法与现代民法》，中国政法大学出版社2001年版，第181页；许中缘：《论法学方法论与中国法学发展》，《比较法研究》2012年第4期。

一　案件事实的还原

案件事实不同于一般的客观事实，并非一切客观事实均有规范价值，故需对案件事实进行筛选和还原。一方面裁判者通过审酌初步预设的大前提中评判规则的构成要件，剪除在规范上无意义的事实，而将一切在规范评价上有意义的部分保留下来，纳入法律适用的三段论中进行处理。[①] 另一方面通过证据将案件事实予以还原。而举证的程度，与刑事案件中疑者从无的严格举证标准不同的是，在民商事案件中，则遵循高度盖然的举证标准。

依我国现行民事证据立法，在民事案件事实审核和认定中，人民法院按照法定程序，全面、客观地审核证据，依照法律规定，运用逻辑推理和日常生活经验法则，对证据有无证明力和证明力大小进行判断。对负有举证证明责任的当事人提供的证据，人民法院经审查并结合相关事实，确信待证事实的存在具有高度可能性的，应当认定该事实存在。对一方当事人为反驳负有举证证明责任的当事人所主张事实而提供的证据，人民法院经审查并结合相关事实，认为待证事实真伪不明的，应当认定该事实不存在。除非法律对于待证事实所应达到的证明标准另有规定。而当事人对欺诈、胁迫、恶意串通事实的证明，以及对口头遗嘱或者赠予事实的证明，人民法院确信该待证事实存在的可能性能够排除合理怀疑的，应当认定该事实存在。[②] 故作为小前提的案件事实，并非是案件事实的绝对的或完全的客观再现，而仅是经过证据证明的案件事实。[③]

然与国内商事案件审理不同的是，在涉外商事案件裁判中，用于

[①] 黄茂荣：《法学方法与现代民法》，中国政法大学出版社 2001 年版，第 190 页；许中缘：《论法学方法论与中国法学发展》，《比较法研究》2012 年第 4 期。

[②] 最高人民法院《关于适用〈中华人民共和国民事诉讼法〉的解释》第一百零五条、第一百零八条、第一百零九条。

[③] 最高人民法院《关于加强和规范裁判文书释法说理的指导意见》第六条规定："裁判文书应当结合庭审举证、质证、法庭辩论以及法庭调查核实证据等情况，重点针对裁判认定的事实或者事实争点进行释法说理。依据间接证据认定事实时，应当围绕间接证据之间是否存在印证关系、是否能够形成完整的证明体系等进行说明。采用推定方法认定事实时，应当说明推定启动的原因、反驳的事实和理由，阐释裁断的形成过程。"

支撑案件事实的证据除位于法院地国的证据外,往往还涉及域外证据的获取问题。基于各国立法对于域外证据的获取有不同的规定,为统一起见,海牙国际私法会议成员国于1970年3月18日通过《关于从国外调取民事或商事证据的公约》(Convention on the Taking of Evidence Abroad in Civil or Commercial Matters)(以下简称《国外取证公约》)。该公约1972年10月7日生效。我国于1997年加入该公约。依该公约规定,每一缔约国的司法机关可以根据该国的法律规定,通过提出请求书的方式,请求另一缔约国主管机关调取有关民商事司法程序所需要的证据。而每一缔约国应指定一个中央机关负责接收来自另一缔约国司法机关的请求书,并将其转交给执行请求的主管机关。全国人民代表大会常委会指定司法部为中央机关,负责接收来自另一缔约国司法机关的请求书,并将其转交给执行请求的主管机关。

而对于当事人提供的域外证据,应符合何种形式问题,最高人民法院曾予以较严格的要求。2020年5月1日起施行的最高人民法院《关于民事诉讼证据的若干规定》则对不同证据予以不同要求。若当事人提供在中华人民共和国领域外形成的公文书证,则该证据应当经所在国公证机关证明,或者履行中华人民共和国与该所在国订立的有关条约中规定的证明手续。中华人民共和国领域外形成的涉及身份关系的证据,应当经所在国公证机关证明并经中华人民共和国驻该国使领馆认证,或者履行中华人民共和国与该所在国订立的有关条约中规定的证明手续。当事人向人民法院提供的证据是在香港、澳门、台湾地区形成的,应当履行相关的证明手续。① 该规定修正了以往的严格要求。②

而对于公文书的认证问题,中国驻荷兰大使谈践代表中方于2023年3月8日向《取消外国公文书认证要求的公约》(以下简称《公

---

① 2020年5月1日起施行的最高人民法院《关于民事诉讼证据的若干规定》第十六条。

② 2018年最高人民法院《关于民事诉讼证据的若干规定》第十一条规定,当事人向人民法院提供的证据系在中华人民共和国领域外形成的,该证据应当经所在国公证机关予以证明,并经中华人民共和国驻该国使领馆予以认证,或者履行中华人民共和国与该所在国订立的有关条约中规定的证明手续。当事人向人民法院提供的证据是在香港、澳门、台湾地区形成的,应当履行相关的证明手续。

约》）保管机关荷兰外交部递交加入书，标志着中国正式加入该公约。《公约》于 2023 年 11 月在中国生效实施。《公约》核心内容是将文书出境前的两次领事认证（俗称"双认证"）简化为依托附加证明书（Apostille）的一步式证明。即所谓"合二为一"，旨在简化公文书跨国流转程序、便利国际经贸和人员往来。加入《公约》将大幅降低文书跨国流转的时间和经济成本。

二　裁判依据的寻找[①]

逻辑三段论在具体案件中的运用，需要确定适当的大前提。此即为裁判依据的寻找问题，即所谓寻"法"。在国内民商事理论和司法实践中，请求权基础理论，旨在指导裁判者寻找据以支持原告"请求权"的规范基础。而规范基础或裁判依据的寻找纯粹是在法院地国法律框架下进行，因而大前提的寻找及其内容与意义的确定，系属于法院地国法律体系中的具体法律规定的确定问题。为寻找该当的完全法条，需要经过法律论证程序。由于只有完全的法条才具有完整的构成要件与完整的法律效果，才能作为法律适用的大前提。因此首先必须通过法律解释或法律补充进行法条的组合，以获得该当的完全法条，进而才能将案件事实涵摄于其构成要件以求得该当的法律效果。[②]

然在涉外商事案件中，如何寻找问题，比在国内商事案件显然更为复杂。在涉外案件中，裁判依据的寻找，固然也需要上述的法律论证程序，但在寻找涉外案件裁判依据时，过程更为复杂，内容更为丰富。这是由涉外民商案件的涉外性和评价标准的多元化现实所决

[①] 最高人民法院《关于加强和规范裁判文书释法说理的指导意见》第七条规定："法律适用存在法律规范竞合或者冲突的，裁判文书应当说明选择的理由。民事案件没有明确的法律规定作为裁判直接依据的，法官应当首先寻找最相类似的法律规定作出裁判；如果没有最相类似的法律规定，法官可以依据习惯、法律原则、立法目的等作出裁判，并合理运用法律方法对裁判依据进行充分论证和说明。法官行使自由裁量权处理案件时，应当坚持合法、合理、公正和审慎的原则，充分论证运用自由裁量权的依据，并阐明自由裁量所考虑的相关因素。"

[②] 黄茂荣：《法学方法与现代民法》，中国政法大学出版社 2001 年版，第 126—128、132、181—182 页；许中缘：《论法学方法论与中国法学发展》，《比较法研究》2012 年第 4 期。

定的。

在涉外商事案件中，裁判依据或从涉外商事案件相关的若干国家法律中寻找，或从国家法律和非国家法律寻找，从而裁判依据或为国家法律，或为非国家法律。非国家法律至少包括国际条约和商事惯例。而该三种裁判依据的寻找和确定方式和过程各不相同。

作为裁判依据的国家法律往往借由冲突规范而获得，而国家法律中的强制性法律规范及非国家法律则往往依据其自身效力或其他路径确定，从而使得涉外民商案件的裁判依据由准据法和非准据法二大类型组成。准据法是指经冲突规范指定援用来调整涉外民商事法律关系双方当事人权利与义务的特定国家的具体法律规范，包括实体法规范和程序法规范。其既可能是国内法，亦可能是外国法。但准据法的确定必须有赖于法院地国冲突规范的援引。国际条约和强制性法律规范则不同，其作为具体案件的裁判依据，主要是其自身效力使然。

而只有当涉外商事案件的具体类型的裁判依据确定后，即确定为某一特定国家国内法或国际条约或特定国家强制性法规定时，方面临与国内商事案件相同的法律论证程序，以确定具体的裁判依据。

三　法律效果的确定

将具体案件事实置于裁判依据的构成要件项下以产生该当的法律效果，需要对案件事实与裁判依据之间的连接过程进行反复论证。即所谓的案件事实与裁判依据之间"流连忘返"或"来回穿梭"或涵摄过程。[①] 而在涉外商事案件中，当评判规则为域外法时，如何进行涵摄或连接，裁判者则面临比在国内案件中更大的挑战。

在涉外商事裁判中，域外法的适用过程，不仅仅涉及域外实体法规则的援引问题，还涉及对域外法的查明、解释，乃至法律漏洞的补充问题。[②] 只有妥善解决这些问题，才能准确适用域外法。在适用法律时，每个法官客观上都存在以本国的法律观念解释域外法的倾向。

[①] 黄茂荣：《法学方法与现代民法》，中国政法大学出版社2001年版，第186—187页；许中缘：《论法学方法论与中国法学发展》，《比较法研究》2012年第4期。
[②] 北京市海淀区人民法院（2013）海民初字第20170号民事判决书。

为了解决这一问题，一方面就需要当事人在向法院提供有关的域外法律规则时，一并提交有助于法官准确地适用该法律规则的资料，这些资料包括法律专家出具的法律解释或适用意见，或者关于案件准据法的著述、相关判例等。[①] 另一方面对裁判者而言，就须以与来源地国家相同的方法适用外国法。[②] 唯有如此，方能导出系争案件的该当的法律效果。

---

① 高晓力：《涉外民商事审判实践中外国法的查明》，《武大国际法评论》2014年第17期。

② Under private international law doctrine one should be able to apply the foreign law in a loyal way-the same way as it is being applied in the country of its origin；徐鹏：《外国法的查明：规则借鉴中的思考——以德国外国法查明制度为参考》，《比较法研究》2007年第2期。

第一章

涉外商事争议裁判依据的类型：传统与发展

第一节 商事案件涉外性对寻"法"任务的影响

商事案件的涉外性影响裁判三段论的运用，尤其影响作为大前提的裁判依据的外延和寻法路径。因而商事案件涉外性存在与否的评判成为裁判者为裁判案件寻找裁判依据的前提。

一 商事案件涉外性的判断标准

商事案件涉外性的评判，虽有相关立法规定，但在司法实践中，近几年创新案例迭起。

（一）"涉外性"的法定标准

1. "涉外性"规范的演进

涉外性的评判标准，早可见于 1988 年《最高人民法院关于贯彻执行〈中华人民共和国民法通则〉若干问题的意见（试行）》第一百七十八条规定。该条款采法律关系三要素说。而其中的主体涉外，则采国籍标准。依该规定，凡民事关系的一方或者双方当事人是外国人、无国籍人、外国法人的；民事关系的标的物在外国领域内的；产生、变更或者消灭民事权利义务关系的法律事实发生在外国的，均为涉外民事关系。与此相对应，在民事诉讼程序领域，就民事诉讼程序的涉外性问题，1992 年《最高人民法院关于适用〈中华人民共和国民事诉讼法〉若干问题的意见》随即跟进而体现为该法第304条。故在民事诉讼中，当事人一方或双方是外国人、无国籍人、外国企业或组织、或者当事人之间民事法律关系的设立、变更、终止的法律事实发生在外国，或者诉讼标的物在外国的民事案件，为涉外民事案件。

上述立法所涉民事主体范围相对狭小，且以国籍作为评判民事主体涉外性的唯一标准。这一缺陷在尔后立法中逐渐得以修正。

中国国际私法学会2000年《中华人民共和国国际私法示范法》率先对此予以积极探索。第二条第二款从主体和评判标准两个方面提出完善建议。即国际民商事关系指当事人一方或者双方为外国人、无国籍人、外国法人、其他外国组织、外国国家或者国际组织，或者当事人的住所、惯常居所或者营业所在不同国家，或者其标的物在国外，或者导致其产生、变更或消灭的法律事实发生在国外的民商事关系。该建议为2002年《中华人民共和国民法（草案）第九编涉外民事关系的法律适用法》所吸纳。依其第一条规定，有下列情形之一的，即为涉外民事关系：（一）民事关系的一方为外国人、无国籍人、外国法人、国际组织、外国国家；（二）民事关系一方的住所、经常居所或者营业所位于中华人民共和国领域外；（三）民事关系的标的在中华人民共和国领域外，或者争议标的物移转越出一国国界；（四）产生、变更或消灭民事关系的法律事实发生在中华人民共和国领域外。中华人民共和国的自然人之间、法人之间或者法人与自然人之间的民事关系，其标的物以及履行地不在中华人民共和国领域外的，不得选择适用外国法律。

为推动涉外性评判标准立法的修正，中国国际私法学会于2010年3月再次推出《中华人民共和国涉外民事关系法律适用法建议稿》，依该建议稿第二条第二款之规定，民事关系有下列情形之一的，即为涉外民事关系：（一）民事关系的一方为外国人、无国籍人、外国法人和其他组织、外国国家、国际组织；（二）民事关系一方的住所、惯常居所或者营业所位于中华人民共和国领域外；（三）民事关系的标的在中华人民共和国领域外，或者争议标的物移转越出一国国界；（四）产生、变更或消灭民事关系的法律事实发生在中华人民共和国领域外；（五）中华人民共和国法律、法规规定的其他涉外民事关系。

中国国际私法学会的努力终为最高人民法院所肯定，经略作更改而成为 2012 年 12 月《最高人民法院关于适用〈中华人民共和国涉外民事关系法律适用法〉若干问题的解释（一）》（以下简称《涉外关系法律适用法解释》）第一条。依该规定，民事关系具有下列情形之一的，人民法院可以将之认定为涉外民事关系：（一）当事人一方或双方是外国公民、外国法人或者其他组织、无国籍人；（二）当事人一方或双方的经常居所地在中华人民共和国领域外；（三）标的物在中华人民共和国领域外；（四）产生、变更或者消灭民事关系的法律事实发生在中华人民共和国领域外；（五）可以认定为涉外民事关系的其他情形。

而为解决民事诉讼程序的涉外性，2015 年《最高人民法院关于适用〈中华人民共和国民事诉讼法〉的解释》第五百二十二条基本复制了《关于适用〈中华人民共和国涉外民事关系法律适用法〉若干问题的解释（一）》第一条。即在民事诉讼中，有下列情形之一，人民法院可以认定为涉外民事案件：（一）当事人一方或者双方是外国人、无国籍人、外国企业或者组织的；（二）当事人一方或者双方的经常居所地在中华人民共和国领域外的；（三）标的物在中华人民共和国领域外的；（四）产生、变更或者消灭民事关系的法律事实发生在中华人民共和国领域外的；（五）可以认定为涉外民事案件的其他情形。

上述两个司法解释从实体和程序两个方面设置了涉外性的法定评判标准，为此后相关立法提供了法律依据。

2016 年最高人民法院《关于为自由贸易试验区建设提供司法保障的意见》第一条重述了 2012 年《涉外关系法律适用法解释》之规定，民事关系具有下列情形之一的，人民法院可以认定为涉外民事关系：（一）当事人一方或双方是外国公民、外国法人或者其他组织、无国籍人；（二）当事人一方或双方的经常居所地在中华人民共和国领域外；（三）标的物在中华人民共和国领域外；（四）产生、变更或者消灭民事关系的法律事实发生在中华人民共和国领域外；（五）可以认定为涉外民事关系的其他情形。

2018年最高人民法院《关于设立国际商事法庭若干问题的规定》则复制了《最高人民法院关于适用〈中华人民共和国民事诉讼法〉的解释》中兜底条款之外的内容，折射出最高人民法院稳中求进的工作基调。依其第三条规定，具有下列情形之一的商事案件，国际商事法庭可以认定为国际商事案件：（一）当事人一方或者双方是外国人、无国籍人、外国企业或者组织的；（二）当事人一方或者双方的经常居所地在中华人民共和国领域外的；（三）标的物在中华人民共和国领域外的；（四）产生、变更或者消灭商事关系的法律事实发生在中华人民共和国领域外的。

2012年《涉外关系法律适用法解释》于2020年予以修正。而2020年《涉外关系法律适用法解释》第一条则继续重述2012年司法解释规定，即对于具有下列情形之一的民事关系，人民法院可以认定为涉外民事关系：（一）当事人一方或双方是外国公民、外国法人或者其他组织、无国籍人；（二）当事人一方或双方的经常居所地在中华人民共和国领域外；（三）标的物在中华人民共和国领域外；（四）产生、变更或者消灭民事关系的法律事实发生在中华人民共和国领域外；（五）可以认定为涉外民事关系的其他情形。

2. "涉外性"规范之特征

上述"涉外性"立法规定的演进，虽与时俱进，但核心内容恒定。"涉外性"规范体现三大特征：其一，考量因素，由原先的穷尽式规定转化为例示式规定，而将主体、标的物及法律事实作为基本考量因素。即主体涉外：国籍、经常居所地；标的物涉外：所在地在领域外；法律事实涉外：发生地在领域外。其二，地域因素，除"国籍"外，经常居所地、标的物所在地、法律事实发生地均采"领域外"标准。[①] 其三，采兜底条款以防遗漏，涵盖考量因素和地域因素两个方面。其四，对于涉外性因素的存在，未设时间限制。

（二）"涉外性"的学术标准

在学界，关于"涉外性"评判标准之主张可谓众说纷纭。而占主

---

① 不同国家法官和学者采取不同的具体标准解释"域外"。联合国国际法委员会曾将域外管辖定义为"一国在其境外行使主权权力或权威"。参见丁汉韬《论阻断法的实施机制及其中国实践》，《环球法律评论》2022年第2期。

流地位的即是法律关系构成要件涉外说。该学说以法律关系三要件主体、客体和民事法律事实是否涉外为标准。此外尚有广泛联系涉外说，主张只要案件与一个以上法律体系发生联系即为涉外。① 实质性联系说，主张案件与外国（法域）的联系须具有法律意义、较为密切的，以至于有必要考虑外国（法域）的立法或司法管辖权，而应排除一些偶然性的可以忽略不计的涉外关联。② 结合冲突规范内容来判定说，主张一个案件是否涉及外国法的适用，只需考虑法院地国冲突规范的规定，而不在于该案是否被两个国家法院管辖，也不在于涉诉民事关系是否真正被两个国家法律所规范。在涉及某一民事关系时，如果依我国冲突规范的规定某一民事关系涉及外国法的适用，即为一个涉外民事关系。反之，如果我国没有相应的冲突规范，法官也只能直接援引我国相关民商实体规范进行审理。③

（三）"涉外性"评判的司法创新

近几年在司法实践中，涉外性评判实例丰富多样。④

1. 主体涉外。依《涉外关系法律适用法解释》，所谓主体涉外之一，显然是指不具有我国国籍的外国公民、外国法人或者其他组织、无国籍人；或经常居所地在领域外。而"外国法人"是指登记注册地为境外的法人，外商独资企业属于中国法人。在北京首信股份有限公司与微软移动（中国）投资有限公司申请撤裁案⑤中，北京市第二中级人民法院认为，对于微软公司有关"其属于外国投资者在中国独资设立的从事直接投资的公司，本案具有涉外因素，应当依据《中华人民共和国仲裁法》第七十条的规定进行审查"的主张，不予认可。

2. 标的涉外，即"标的物在中华人民共和国领域外"。在东方科仪控股集团有限公司与人力资源和社会保障部规划财务司等申请撤裁

---

① 肖永平：《国际私法原理》，法律出版社2003年版，第3页。
② 江保国、龚柳青：《论民商事案件涉外性之判断》，《天津市政法管理干部学院学报》2009年第2期。
③ 张晓东、董金鑫：《试论国际私法涉外标准之认定》，《时代法学》2010年第1期。
④ 下述案例见环中商事仲裁：《司法审查：案涉争议不具有涉外因素，能否约定提交境外仲裁？（天津一中院）》，https://baijiahao.baidu.com/s?id=1735223668743010147&wfr=spider&for=pc，访问时间：2023年1月10日。
⑤ 北京市第二中级人民法院（2015）二中民特字第13516号民事裁定书。

案①中，北京市第四中级人民法院指出，"……本案中人社部财务司、中技招标公司以及东方科仪公司共同签订的《项目合同》约定交易内容包括机械加工类设备以及伴随服务，具体包括国内制造的货物以及境外制造需要进口的货物，因此依据上述规定，该《项目合同》属于涉外合同。……东方科仪公司的仲裁请求不仅仅指向国产货物，亦包括了进口货物的推迟交付事宜。据此，本院对东方科仪公司主张涉案仲裁案件属于国内仲裁裁决的意见不予采信。"然而，标的物在境外的时间问题，则语焉不详。

而在精进电动科技股份有限公司请求确认仲裁条款无效案②中，法院认为："本案的焦点问题是 2015 年 11 月精进公司与赛米控珠海公司签订的《一揽子采购协议条款》及附件所涉法律关系是否具有涉外因素。双方均同意对案涉仲裁协议效力审查适用中华人民共和国法律，本院对此不持异议。……从上述一揽子协议的内容及其实际履行的情况看，也反映出双方的买卖交易是一个持续的过程，货款的确定、支付以及产品的交付也是一个客观连续的过程。即精进公司与赛米控珠海公司签订的《一揽子采购协议条款》及附件中，合同所涉及的产品不但产地是在德国，而且部分产品的交付也是买方精进公司到德国纽伦堡工厂自提。结合上述事实，依据上述关于涉外民事关系认定的相关法律规定，可以认定涉案标的物在中华人民共和国领域外，赛米控珠海公司与精进公司签订的《一揽子采购协议条款》及附件所涉及的法律关系具有涉外因素，双方当事人之间的买卖关系可以认定为涉外民事关系。"

3. 法律事实涉外。在申请人上海连尚网络科技有限公司（以下简称连尚公司）与被申请人上海亿起联科技有限公司（以下简称亿起联公司）申请撤销仲裁裁决③中，北京市第四中级人民法院认为："涉案仲裁案件属于合同纠纷，亿起联公司在涉案合同项下的主要义务为接受连尚公司的委托，为其在包括 Google、Facebook、Twitter 在内的三大平台提供推广服务，连尚公司向亿起联公司支付相应

---

① 北京市第四中级人民法院（2018）京 04 民特 5 号民事裁定书。
② 北京市第四中级人民法院（2018）京 04 民特 145 号民事裁定书。
③ 北京市第四中级人民法院（2018）京 04 民特 30 号民事裁定书。

的服务费用,而众所周知的事实是三大平台运营业务尚未获得进入内地的批准(或者已经撤出),换言之三大平台的广告受众主要为境外用户,且三大平台运营服务器亦位于中华人民共和国境外,因此应当认定本案中产生民事关系的法律事实(亿起联公司所提供的推广服务)发生在中华人民共和国境外。根据上述法律规定,该案件明显具有涉外因素,虽然双方当事人均为国内企业法人,但仍然应当认定为涉外案件。据此,本院对亿起联公司主张涉案仲裁案件属于国内仲裁裁决的意见不予采信,本院将按照申请撤销涉外仲裁裁决审查程序对本案进行审查处理。"[①]

4. 其他因素涉外

(1) 涉自贸区案件为涉外案件。典型案例如:宁波新汇国际贸易有限公司与美康国际贸易发展有限公司申请撤销仲裁裁决案[②]。

在该案中,美康国际贸易发展有限公司(以下简称美康公司)与案外人天成公司签订《合同A》与《合同B》,约定天成公司向美康公司购买原产于境外的相应货物,交货方式为上海保税区现货。天成公司将其合同项下的权利转让给新汇公司后,新汇公司以美康公司未交付《合同A》以及《合同B》项下货物为由提出仲裁申请。新汇公司对于本案争议合同项下的标的物涉及在保税区未清关货物的事实没有异议。同时,新汇公司与美康公司均认可天成公司系在英属维尔京群岛注册成立的企业法人。仲裁庭将该案作为涉外仲裁案件,按涉外仲裁程序作出涉外裁决后,新汇公司向北京市第四中级人民法院申请撤销该裁决,其理由之一即为本案不具有涉外因素,仲裁庭将本案确定为涉外案件属于程序错误。

法院认为,《最高人民法院关于适用〈中华人民共和国民事诉讼法〉若干问题的意见》第三百〇四条规定,当事人一方或双方是外国人、无国籍人、外国企业或组织,或者当事人之间民事法律关系的设立、变更、终止的法律事实发生在外国,或者诉讼标的物在外国的民事案件,为涉外民事案件。涉案《合同A》以及《合同B》均约定交货方式为上海保税区现货交付,按照海关管理制度保税区内未清关

[①] 此案涉及标的涉外标准的适用,而非法律事实涉外。
[②] 北京市第四中级人民法院(2015)四中民(商)特字第00152号民事裁定书。

货物属于未入境货物,故此本案具有涉外因素。基于以上分析,本案应为涉外仲裁案件。

西门子国际贸易(上海)有限公司诉上海黄金置地有限公司申请承认和执行外国仲裁裁决案。①

在该案中,2005年9月23日,上海黄金置地有限公司(以下简称黄金置地公司)作为业主与西门子国际贸易(上海)有限公司(以下简称西门子公司)作为承包方,通过招标方式签订了"中国上海市浦东新区陆家嘴贸易区B2-5地块黄金置地大厦高(低)压配电系统供应工程"的合同文件。整个工程的合同分为《货物供应合同》和《安装合同》,其中《货物供应合同》由黄金置地公司与西门子公司签订,西门子公司负责提供相应设备;《安装合同》涉及的设备安装工程则由A公司负责。《货物供应合同》中约定:西门子公司应于2006年2月15日之前将设备运至工地;合同争议须提交新加坡国际仲裁中心进行仲裁解决;实体争议应适用中华人民共和国法律。

为履行《货物供应合同》,西门子公司从境外购买了合同项下的设备,货到中国(上海)自由贸易试验区(原上海外高桥保税区)后,西门子公司办理了报关备案手续。之后,西门子公司又向自贸试验区海关办理二次报关完税手续,货物遂从区内流转到区外,最终由西门子公司在黄金置地大厦工地履行了交货义务。

双方当事人在合同履行中发生争议,黄金置地公司遂于2007年9月21日依据《货物供应合同》中的仲裁条款向新加坡国际仲裁中心申请仲裁,请求裁决西门子公司支付违约赔偿金110万元人民币、赔偿各项损失共计2000余万元人民币等。

西门子公司以本案不具有涉外因素,新加坡国际仲裁中心无权受理为由,对仲裁管辖权提出异议,仲裁庭审查后于2009年3月30日作出管辖权决定,驳回了西门子公司的管辖异议。后西门子公司提出仲裁反请求,要求黄金置地公司支付尚欠的合同款。仲裁庭于2011年8月16日作出西门子公司胜诉裁决。

---

① 上海市第一中级人民法院(2013)沪一中民认(外仲)字第2号民事裁定书。

最高人民法院在其批复中认为,本案西门子公司与黄金置地公司均为中国法人,双方订立的《货物供应合同》虽不具有典型的涉外因素,但本案属于涉自贸区案件,双方当事人均为外资独资子公司,黄金置地公司作为仲裁案件的申请人提起仲裁程序后,西门子公司在提出管辖权异议并被仲裁庭驳回后又提出了反请求,双方均实际参与了全部仲裁程序,黄金置地公司也在仲裁裁决作出后部分履行了仲裁裁决确定的义务。

为贯彻《最高人民法院关于人民法院为"一带一路"建设提供司法保障的若干意见》中提出的"促进国际商事海事仲裁在'一带一路'建设中发挥重要作用"的要求,本着支持自贸区法治建设可先行先试的精神,综合考虑本案实际情况,同时,结合禁止反言、诚实信用和公平合理等公认的法律原则,可以认定本案仲裁协议符合《最高人民法院关于适用〈中华人民共和国涉外民事关系法律适用法〉若干问题的解释(一)》第一条第五项"可以认定为涉外民事关系的其他情形"。

而在中国包装进出口有限责任公司与中民阳光国际贸易有限公司申请撤裁案[1]中,北京第四中级人民法院指出:"涉案仲裁案件属于合同纠纷,合同约定事项是在上海保税区内的货物买卖。本院注意到,《保税区海关监管办法》第十三条规定海关对保税区与非保税区之间进出的货物按照国家有关进出口管理的规定实施监管。按照上述海关管理制度,保税区内未清关货物视为未入境货物,故应认定本案具有涉外因素。事实上,本院此前处理的(2015)四中民(商)特字第152号案件,对同一争议事项已经作出相同判断。据此,本院对中包公司主张涉案仲裁案件属于国内仲裁裁决的意见不予采信,本院将按照申请撤销涉外仲裁裁决审查程序对本案进行处理。"

上述案例揭示,所谓"领域外",既包括标的物部分在境外,也包括保税区内未清关货物。

(2)广泛联系涉外说的运用:申请人美克斯海洋工程设备股份有限公司与被申请人上海佳船机械设备进出口有限公司、江苏大津重工

---

[1] 北京市第四中级人民法院(2020)京04民特309号之一民事裁定书。

有限公司仲裁协议效力案。①

在该案中，2015 年 6 月 15 日，申请人与两被申请人在中国签署《海上自升式工作平台船舶建造合同（船号 DJHC8009）》。合同约定买方为申请人或其指定方，卖方为两被申请人。合同第 1 条约定，涉案船舶入美国船级社（ABS），由 Offshore Mechanics Inc 设计，卖方负责船舶的设计以及支付上述设计公司的费用。第 3 条约定，涉案船舶包括主机，设备及舾装件应按照美国船级社（ABS）特别检验的规则及规范建造。船舶还应当遵守马绍尔群岛监管机构的法律、法规、要求和建议。第 6 条约定，该船在交付和验收后的 30 日内，须由买方在船旗国注册或临时注册，费用由买方支付。第 8 条约定，涉案合同项下由买方到卖方到期应付的所有款项，必须以美元支付。第 58 条约定，涉案合同应当依照英国法律管辖并解释，因该合同引发或与该合同相关的一切争议，包括合同存续、效力或终止，均应根据伦敦海事仲裁委员会仲裁规则在伦敦最终仲裁裁决，伦敦海事仲裁委员会仲裁规则视为本条款的组成部分。第六十三条约定，买方应当承担并支付本合同执行过程中在中国境外产生的税金、印花税和其他费用。第 76 条约定，双方同意本合同任一条款和条款任一部分的效力和含义应受英国法律管辖和解释。

上述合同签订当日，申请人及两被申请人另签订了《美克斯海工自升式多功能工作平台建造合同关于买方境外成立全资单船公司的备忘录》（合同编号：DJHC8008 以及 DJHC8009），约定买方会在中国境外成立全资子公司，并将建造合同转让给该单船公司。因双方签订的建造合同采用美金进行交易，合同性质为国际贸易合同，故买方将于卖方交船前在中国境外成立全资下属的单船公司，并通知卖方将双方签订的建造合同中所有买方的权利和义务授权给该单船公司。该授权转让一旦生效，买方已经支付给卖方的定金将作为买方对该单船公司的境外投资。该备忘录是双方签订的建造合同的补充，经双方代表人签字即生效。

法院认为，根据各方签订的建造合同以及补充签订的备忘录，涉

---

① 上海海事法院（2017）沪 72 民特 181 号民事裁定书；上海市高级人民法院（2018）沪民辖终 45 号民事裁定书。

案合同标的为一艘根据美国船级社检验规则建造的，拟入美国船级社的国际航行船舶；合同约定船舶应当遵守马绍尔群岛监管机构的法律、法规、要求和建议，该船舶将以马绍尔群岛作为船旗国；各方签订的备忘录中约定买方会在中国境外成立全资子公司，并将建造合同转让给该单船公司。且约定，因双方签订的建造合同采用美元进行交易，合同性质为国际贸易合同，故买方将于卖方交船前在中国境外成立全资下属的单船公司，并通知卖方将双方签订的建造合同中所有买方的权利和义务授权给该单船公司；各方还约定买方应当承担并支付合同执行过程中在中国境外产生的税金、印花税和其他费用。由以上事实可知，涉案合同为国际船舶建造合同，船舶的建造、交接、入级和加入船旗国等内容均与境外有多个连接点，尤其是加入马绍尔群岛船旗国，须以在马绍尔群岛设立公司为前提条件。合同也明确买方须在卖方交船前在境外成立单船公司，以接收涉案船舶。以上要素足以认定涉案建造合同具有我国法律规定的涉外因素，属于涉外民事关系。

在广州八八六六网络科技有限公司、绍兴上虞必果益游网络科技有限公司申请确认仲裁协议效力案[①]中，广州市中级人民法院认为，由于八八六六公司的分成收入包括该合作游戏的海外收益分成，涉案《合作开发运营协议》的履行和收益与中国境外具有"联结点"，该案情形符合《最高人民法院关于适用的解释》第五款关于"可以认定为涉外民事案件的其他情形"规定。

（四）"涉外性"解释应遵循的基本要求

无论在学界还是实务界，涉外性评判呈现宽泛解释趋向。但"涉外性"的解释还是应立足于"涉外性"的本质展开。

1. 商事关系的涉外性与法律冲突。国际私法系为解决法律冲突而存在，而法律冲突则是因某一具体民商事关系同时涉及两个或两个以上法域而致使该法域同时行使其立法或司法管辖权的现象。即法律冲突的发生，必须有涉外案件的存在，必须因涉及两个以上国家法律体系间的竞相适用。[②] 而各法域行使其管辖权，乃基于属地原则、属人原则及当事人意思自治原则而为之。涉外性是法律冲突的外在表现。两者互为表

---

① 广州市中级人民法院（2021）粤01民特748号民事裁定书。
② 柯泽东：《国际私法》，中国政法大学出版社2003年版，第57页。

里。撇开法律冲突而论涉外性，因不存在法律冲突，从而不存在国际私法的适用问题。而哪些涉外因素引发法律冲突，自然应属地原则、属人原则及当事人意思自治原则加以判断。上引案例中涉及自贸区的商事关系，因自贸区，即使所谓境内关外，仍位于我国领域之内，故不存在同时涉及两个或两个以上法域之现象，因而亦就不存在法律冲突及两个或两个以上法域法律竞相适用的选择问题。在此背景下谈论涉外性问题，背离了涉外性问题之本质和涉外性规范的制定初衷。同样，广泛联系涉外说的运用亦如此。故现行诸多案例中所谓的涉外性，已非国际私法视角下的涉外性，而是出于其他目的之考虑的结果。

2. 涉外性评判的相对性。国际私法中的涉外性问题有固有的本质属性，涉外性规范有特定的规范功能，旨在解决某一具体商事案件是否存在法律冲突及两个或两个以上法域法律的选择适用。而在其他领域或背景下，涉外性标签的张贴，无须遵循国际私法中的关于涉外性的严格要求。如在国际金融领域和国际税收领域便如此。

在国际金融法领域，WTO 金融附件规定，金融服务是由成员方金融服务提供者提供的具有金融性质的任何服务，包括 GATS 第一条第二款所指跨境提供、境外消费、商业存在和自然人移动 4 种服务提供方式。其中商业存在，以银行为例，在东道国的商业存在，既包括采取外国银行的分行形式所提供的金融服务，亦包括采取子银行的形式提供金融服务。在后者情况下，因为子银行是东道国的法人，诸如存贷款的交易客体——资金完全可能来自于东道国公众的存款，法律事实也通常发生在东道国，所以如严格依国际私法中涉外性认定标准，在主体、客体和法律事实等方面都没有涉外因素，但这种情况确实是 WTO 项下的金融服务贸易。

3. 兜底条款的解释：同质解释规则。兜底条款属于例示式或例举式规定（列举 + 概括），系不完全列举，与列举式规定（完全列举）有别，其是立法机关在特殊情况下所使用的模糊条款，裁判者应当严格限定其适用范围，不得认为条款列举以外的任何事项都可以被兜底条款所包容而对其进行任意解释。[①] 2020 年《最高人民法院涉外

[①] 余文唐：《法律解释的同类规则》，中国法院网，https：// www.chinacourt.org/article/detail/2017/05/id/2860528.shtml，访问时间：2023 年 5 月 10 日。

关系法律适用法解释》第一条规定："……（五）可以认定为涉外民事关系的其他情形。"即属于兜底条款。

涉外性的扩张，通过兜底条款实现。因而对兜底条款的准确解释，直接影响到涉外性外延的准确把握。所谓"同"，表现为两个方面，其一，与例示因素"同"。即与例示的考量因素"主体""标的物""法律事实""同"。故"其他情形"的界定，应当以法律条文已经例举的事项，即主体、标的物及法律事实作为考量基础和参照，只有与列举事项相当的情形才能够被解释而纳入兜底语或兜底条款之中。其二，与例示的地域因素"同"。即与外国国籍，经常居所、标的物、法律事实所在"领域外""同"。而所谓"同""质"或"同""类"，即指能导致法律冲突发生之后果。此乃评断涉外性与否的根本标准。法律冲突是民事关系涉外性之本质，涉外性是民事关系法律冲突的表象。无法律冲突发生的涉外性，不是冲突法意义上的涉外性，从而也是对冲突法产生缘由和存在价值的根本否定。当然，这并不否定在其他语境下或出于其他目的而使用"涉外性"这一标签。

在司法实践中，当事人常以标的物在国外制造事实为依据，来主张案件的涉外性。标的物国外制造事实，可否作为判断因素？一般而言，标的物从外国进口本身，即表明其已脱离制造地的管辖，制造地国行使属地管辖权已无依据。从而亦不引发法律冲突或管辖权竞合行使现象。涉外性无从谈起。

此外，依我国现行立法，涉外性因素仅指客观因素，而不包括主观因素。而联合国国际贸易法委员会2006年《国际商事仲裁示范法》第一条第三款规定，有下列情形之一的，仲裁为国际仲裁："……或（c）各方当事人明确同意，仲裁协议的标的与一个以上的国家有关。"[1] 即采主观因素说。

---

[1] 联合国国际贸易法委员会2006年《国际商事仲裁示范法》第1条第3款规定：有下列情形之一的，仲裁为国际仲裁：(a) 仲裁协议的各方当事人在缔结协议时，其营业地点位于不同的国家；或 (b) 下列地点之一位于各方当事人营业地点所在国以外：(i) 仲裁协议中确定的或根据仲裁协议而确定的仲裁地点；(ii) 履行商事关系的大部分义务的任何地点或与争议事项关系最密切的地点；或 (c) 各方当事人明确同意，仲裁协议的标的与一个以上的国家有关。

二 涉外性事项的可处分性：举证责任

商事案件的涉外性，可否由当事人自由主张，在域内外尚无统一做法。

（一）域外实践

就此事项，除个别国家国内立法外，几乎未作规定。但从域外司法实践观之，基本存在以下三种做法。①

第一，法官职权主义。该说主张法官有义务依职权查明案件中的涉外因素。采此做法的国家有奥地利、意大利、葡萄牙等国家。1978年《奥地利联邦国际私法法规》。该法第2条"选择法律的必要条件的确定"规定："除程序规则要求在那些可以协议选择法律的问题上（第十九条，第三十五条第一款）接受当事人的主张外，对选择哪一法律有决定性意义的事实与法律上的必要条件，应由法官依职权确定。"即奥地利国际私法明确将涉外因素认定这一事实问题以及其他影响法律选择的事实作为特殊的事实，由法院依职权确定而非由当事人证明。

第二，当事人自由处分主义，即将涉外性问题与其他事实问题相同对待，由当事人自由处分。若当事人主张存在涉外因素时，才将案件作为涉外案件处理。而若当事人无意就其案件选择适用域外法律，其则无须主张涉外因素的存在。相应地就法院而言，其既无义务也无权自行认定案件的涉外性。采此做法的国家主要是普通法系国家，但亦包括一些采对抗主义民事诉讼模式的大陆法系国家，如比利时、荷兰等。

第三，折中主义。即涉外因素的证明取决于当事人所主张保护的权利或诉讼程序的性质。以法国为典型，法院根据待决权利的性质以确定涉外因素的确定主体，若待决权利属于当事人可自由处分的私权范畴，则争议案件的涉外因素由当事人自由处分，反之则由法官依职权确定案件事实是否含有涉外因素。

而德国和希腊则是依诉讼程序的性质确定涉外因素的证明主体。

---

① 宋晓：《论冲突规则的依职权适用性质》，《中国国际私法与比较法年刊》2007年卷，北京大学出版社2007年版，第123—125页。

即在对抗式诉讼程序中由当事人主张和证明涉外因素的存在与否,而在询问式诉讼程序中则由法官依职权确定案件事实的涉外性。在德国,由于对抗式诉讼是原则,询问式诉讼是例外,故仅在涉及诸如结婚、离婚等到公共利益的诉讼时方要求对事实进行充分的调查取证。①

(二) 我国实践

在我国,通说认为涉外性的主张和证明非属于当事人证明责任范畴,而由法院依职权为之。但在实践中,亦存在一些特殊做法,表现为两种类型。

1. 当事人未主张,仲裁庭主动认定涉外性。在宁波新汇国际贸易有限公司与美康国际贸易发展有限公司申请撤销仲裁裁决案中,美康公司分别与案外人天成公司签订《合同A》与《合同B》,约定天成公司向美康公司购买原产于境外的相应货物,交货方式为上海保税区现货。天成公司将其合同项下的权利转让给新汇公司后,新汇公司以美康公司未交付《合同A》以及《合同B》项下货物为由提出仲裁申请。新汇公司对于本案争议合同项下的标的物涉及在保税区未清关货物的事实没有异议。同时,新汇公司与美康公司均认可天成公司系在英属维尔京群岛注册成立的企业法人。该案由中国贸仲按照国内仲裁案件受理后,审理期间仲裁庭认为具有涉外因素而转为涉外仲裁,按涉外仲裁程序(经双方当事人同意在有关期限等仲裁程序事宜上适用《仲裁规则2012》国内程序的相关规定)审理作出的涉外裁决。仲裁期间双方当事人对此均未提出异议。仲裁作出后,新汇公司向北京市第四中级人民法院申请撤销该裁决,其理由之一即为此案不具有

---

① Non-Disclosure of Connecting Factors by the Parties. Even if private international law has to be applied by German courts *ex officio*, the parties keep control over the facts which they disclose to the court including the relevant connecting factors for the application of a conflict rule. If, for example, both parties do not reveal to the court that the tort forming the subject matter of the action had been committed abroad, the court has no reason to consider private international law or foreign law. Thus, procedural law may extend the power of the parties to opt for the application of the *lex fori* beyond the limits set to party autonomy in private international law. But this power is restricted, in any event, to proceedings governed by the principle that the parties have to present the facts and the evidence of their case ("Verhandlungsgrundsatz"); as far as the inquisitorial system ("Untersuchungsgrundsatz") applies, as for instance in matters of status and succession, it is up to the court to investigate *ex officio* the facts which entail the applicability of foreign law, and it does not matter whether these facts are pleaded by the parties or not.

涉外因素，仲裁庭将本案确定为涉外案件属于程序错误。法院认为，本案应当以《最高人民法院关于适用〈中华人民共和国民事诉讼法〉若干问题的意见》第304条作为认定本案是否具备涉外因素的法律依据。而第304条规定，"当事人一方或双方是外国人、无国籍人、外国企业或组织、或者当事人之间民事法律关系的设立、变更、终止的法律事实发生在外国，或者诉讼标的物在外国的民事案件，为涉外民事案件。"涉案《合同A》以及《合同B》均约定交货方式为上海保税区现货交付，按照海关管理制度保税区内未清关货物属于未入境货物，故此本案具有涉外因素。基于以上分析，法院认为本案应为涉外仲裁案件。[①]

2. 当事人主张，但仲裁庭拒绝认定涉外性。在上海连尚网络科技有限公司请求撤销仲裁裁决案中，连尚公司（甲方）于2015年12月22日与亿起联公司（乙方）签订《推广协议》，约定甲方委托乙方在其平台或其他相应替代或与乙方合作的推广平台/媒体上推广，乙方为甲方提供推广服务，有效期自2015年11月23日起至2016年11月23日止。双方在上述《推广协议》中约定发生争议提交北京仲裁委员会（以下简称北仲）进行仲裁。2015年12月22日，连尚公司与亿起联公司又签订《Google广告网络推广补充协议》和《海外社交平台网络推广补充协议》。上述合同履行期间，双方发生争议，亿起联公司于2016年10月25日向北仲提出仲裁申请。

北仲于2016年11月4日受理了该仲裁案件，适用普通程序审理该案。期间连尚公司于2016年12月1日提交《申请书》，申请以下事项：1. 请求确认本案具有国际因素，适用北仲关于国际商事仲裁的相关规则；2. 请求延长连尚公司关于管辖权异议申请的举证期限。但仲裁庭未对《申请书》作出回应。后仲裁庭决定于2017年6月27日开庭审理。正式庭审之前，首席仲裁员曾向双方当事人询问对此前进行的仲裁程序（到询问时为止）双方是否有异议，双方均表示无异议。仲裁庭于2017年11月17日作出不利于连尚公司的（2017）

[①] 北京市第四中级人民法院（2015）四中民（商）特字第00152号民事裁定书。

京仲裁字第 1815 号裁决。连尚公司申请撤销该裁决。

法院认为，本案中，涉案仲裁案件属于合同纠纷，亿起联公司在涉案合同项下的主要义务为接受连尚公司的委托，为其在包括 Google、Facebook、Twitter 在内的三大平台提供推广服务，连尚公司向亿起联公司支付相应的服务费用，而众所周知的事实是三大平台运营业务尚未获得进入内地的批准（或者已经撤出）。换言之，三大平台的广告受众主要为境外用户，且三大平台运营服务器亦位于中华人民共和国境外，因此应当认定本案中产生民事关系的法律事实（亿起联公司所提供的推广服务）发生在中华人民共和国境外。根据上述法律规定，该案件明显具有涉外因素，虽然双方当事人均为国内企业法人，但仍然应当认定为涉外案件。因此，本案应当按照申请撤销涉外仲裁裁决审查程序对本案进行审查处理。

至于仲裁庭是否必须适用《仲裁规则》第八章"国际商事仲裁的特别规定"，法院认为，涉外仲裁案件具有涉外因素，并不能当然推导出必须应当适用《仲裁规则》第八章"国际商事仲裁的特别规定"，而应当结合当事人约定以及《仲裁规则》的具体规定，最终确定应当适用的规则条款。本案中双方当事人就仲裁适用程序未作出与《仲裁规则》不一致的书面约定，故应当适用《仲裁规则》的相应规定。《仲裁规则》第八章"国际商事仲裁的特别规定"中第六十条"本章适用"第一款规定，"除非当事人另有约定，国际商事案件适用本章规定"，第三款又规定"当事人对案件是否具有国际因素有争议的，由仲裁庭决定"。在当事人有争议的情况下，由仲裁庭决定仲裁案件中是否存在涉外因素（国际因素）并无不当。但是，在仲裁规则未作出相反或者排除性规定的情况下，法院认为仲裁庭亦应当按照法律明文规定对案件是否具有涉外因素（国际因素）进行审查判断，在判断结论为肯定的情况下，必须适应《仲裁规则》第八章"国际商事仲裁的特别规定"，否则即应认定为违反仲裁规则。本案中，仲裁期间在连尚公司明确要求仲裁庭确认该案件具有涉外因素（国际因素）的情况下，仲裁庭未予回应而是径行适用《仲裁规则》规定的普通程序对案件进行审理，未适用《仲裁规则》第八章"国际商事仲裁的特别规定"，违反了仲裁规则的相应规定。[①]

三 商事案件涉外性的法律效果

商事案件的涉外性对商事案件裁判的影响是全方位的，既包括实体亦包括程序。而就商事案件的评判规则而言，商事案件是否具有涉外性，影响到裁判依据类型或外延，及寻找路径。

（一）争议解决方式的影响

就争议解决方式与裁判依据类型之间关系而言，争议解决方式的不同影响到裁判依据类型。不仅不同国家的裁判机构所适用的裁判依据不尽相同，而且一国内的法院和仲裁机构所适用的裁判依据亦不尽相同。

1. 商事案件的涉外性与商事争议解决方式的选择

然在我国，商事案件的涉外性影响到商事争议解决方式的选择。就商事诉讼而言，《最高人民法院关于适用〈中华人民共和国民事诉讼法〉的解释》第五百二十九条规定，涉外合同或者其他财产权益纠纷的当事人，可以书面协议选择被告住所地、合同履行地、合同签订地、原告住所地、标的物所在地、侵权行为地等与争议有实际联系地点的外国法院管辖。而对于国内商事纠纷，《民事诉讼法》第三十五条规定，合同或者其他财产权益纠纷的当事人可以书面协议选择被告住所地、合同履行地、合同签订地、原告住所地、标的物所在地等与争议有实际联系的地点的人民法院管辖，但不得违反本法对级别管辖和专属管辖的规定。即当事人只能选择国内某一人民法院管辖，否则依相关法定管辖条款确定管辖人民法院。

上诉人金某同创（贵州）科技有限公司与被上诉人贵州慧岭科技有限公司买卖合同纠纷管辖异议案[②]中，上诉人金某同创上诉称，双方签订《联盟合作伙伴协议》及《订单》，约定的实际履行地在中国境外而非在中国境内，故合作协议及《订单》依法属于涉外合同。双方在合作协议中关于准据法和选择美国加利福尼亚州圣克拉拉县的

[①] 上海连尚网络科技有限公司申请撤销仲裁裁决案，北京市第四中级人民法院（2018）京04民特30号民事裁定书。

[②] 贵州省贵阳市中级人民法院（2019）黔01民辖终23号民事裁定书。

州法院和联邦法院作为管辖法院的约定是双方的真实意思表示,对双方具有约束力。请求撤销贵州省贵阳市观山湖区人民法院(2018)黔0115民初1884号民事裁定,告知被上诉人向美国加利福尼亚州圣克拉拉县的州法院和联邦法院提起诉讼。

贵州省贵阳市中级人民法院认为,《最高人民法院关于适用〈中华人民共和国民事诉讼法〉的解释》第五百二十二条规定,标的物在中华人民共和国领域外的为涉外民事案件,该规定是指系争标的物在中华人民共和国领域外,履行标的物交付义务的实际履行地点在中国境外还是中国境内,与案件是否为涉外案件没有关联性。本案系争标的物已在中华人民共和国境内,双方当事人均为中华人民共和国法人,在卷证据材料也未显示本案有其他可以认定为涉外民事案件的情形,本案并非涉外民事案件,不能约定由外国法院管辖,故双方当事人在合作协议中关于外国法院管辖的约定无效。按照《中华人民共和国民事诉讼法》第二十三条规定,本案应由被告住所地或合同履行地法院管辖。本案被告金某同创住所地位于贵州省贵阳市观山湖区,原审法院作为被告住所地法院对本案有管辖权。综上,上诉人的上诉理由不能成立,其上诉请求本院不予支持。原审法院驳回其管辖权异议正确,本院予以维持。

而就商事仲裁而言,涉外经济贸易、运输和海事中发生的纠纷,当事人在合同中订有仲裁条款或者事后达成书面仲裁协议,提交中华人民共和国涉外仲裁机构或者其他仲裁机构仲裁的,当事人不得向人民法院起诉。但现行民事诉讼法仅规定当事人在涉外民商事合同中可选择涉外仲裁机构,却并未明确允许也未明确禁止当事人在非涉外的合同中约定将纠纷提交域外仲裁机构仲裁。

最高人民法院在2012年8月31日作出的(2012)民四他字第2号《关于江苏航天万源风电设备制造有限公司与艾尔姆风能叶片制品(天津)有限公司申请确认仲裁协议效力纠纷一案的请示的复函》,对此问题进行了明确答复。复函称:"由于仲裁管辖权系法律授予的权力,而中国法律没有规定当事人可以将不具有涉外因素的争议交由境外仲裁机构或者在中国境外临时仲裁,故本案当事人约定将有关争议提交国际商会仲裁没有法律依据。"而从执行角度而言,由于所有需要到我国执行的域外仲裁机构作出的仲裁裁决，都需要我国法院依据《纽约公约》进行审查，决定是否予以承认和执行。因此，如果合同当事人将不具有涉外因素的合同争议交由境外仲裁机构仲裁，而由此作出的仲裁裁决又需要到我国执行，因当事人故意规避中国法而不予承认与执行。

最高人民法院在上诉人展讯通信（上海）有限公司与被上诉人虹软科技股份有限公司计算机软件著作权许可使用合同纠纷管辖权异议上述案，对此作了翔实充分论述并明确裁定："本案中，涉案协议的仲裁条款对争议提交域外仲裁机构进行仲裁的意思表示明确，且仲裁机构约定明确具体。但根据《中华人民共和国民事诉讼法》第二百七十一条规定：'涉外经济贸易、运输和海事中发生的纠纷，当事人在合同中订有仲裁条款或者事后达成书面仲裁协议，提交中华人民共和国涉外仲裁机构或者其他仲裁机构仲裁的，当事人不得向人民法院起诉。当事人在合同中没有订有仲裁条款或者事后没有达成书面仲裁协议的，可以向人民法院起诉。'《中华人民共和国仲裁法》第六十五条规定：'涉外经济贸易、运输和海事中发生的纠纷的仲裁，适用本章规定。本章没有规定的，适用本法其他有关规定。'原审裁定作出时施行的《中华人民共和国合同法》第一百二十八条第二款规定，涉外合同的当事人可以根据仲裁协议向中国仲裁机构或者其他仲裁机构申请仲裁。我国法律并未允许国内当事人将不具有涉外因素的争议提请外国仲裁。据此，本案当事人均为国内当事人，在审查涉案协议的仲裁条款的效力时还应审查涉案协议是否具有涉外因素。参照《最高人民法院关于适用〈中华人民共和国民事诉讼法〉的解释》第五百二十二条有关认定涉外民事案件的规定。经审查，本案当事人均为中国法人，涉案协议的订立及标的物均在中国境内，当事人之间法律关系的产生、变更、消灭的法律事实也不具有涉外因素。因此涉案协议中的仲裁条款系国内当事人对不具有涉外因素的争议达成的域外仲裁条款，属无效的仲裁条款。人民法院对本案具有管辖权。"[①]

而在再审申请人领先仿生医疗器械（上海）有限公司与被申请

[①] 最高人民法院（2021）最高法知民辖终90号民事裁定书；浙江省杭州市中级人民法院（2020）浙01知民初406号民事裁定书。

人爱耳时代医疗科技（北京）股份有限公司买卖合同纠纷案①中，上海市高级人民法院审查认为，根据我国相关法律规定，涉外经济贸易中发生的纠纷，当事人可以约定提交我国涉外仲裁机构或者其他仲裁机构仲裁。本案中，爱耳公司和领先公司系依据我国法律登记设立，经营地在中国境内，属于中国企业法人，因此本案在当事人主体上不存在涉外因素。按照系争《经销商协议》的约定，领先公司进口相关产品后向爱耳公司提供，再由爱耳公司在境内销售，故双方当事人的交易标的物不具有涉外因素，且双方当事人涉及的法律关系亦无涉外因素。在系争《经销商协议》实际履行期间，协议项下的部分产品在香港交付给爱耳公司的客户，但是该实际履行行为并未改变双方当事人的基础法律关系，故二审法院认为本案纠纷不具备涉外因素，双方当事人约定提请涉外仲裁机构仲裁的条款应属无效，并裁定一审法院应予受理爱耳公司的起诉，具有事实和法律依据，并无不当。

不过，值得注意的是，就某些特殊的商事纠纷，最高人民法院亦主张当事人可选择域外仲裁。

最高人民法院《关于为自由贸易试验区建设提供司法保障的意见》第九条规定，正确认定仲裁协议效力，规范仲裁案件的司法审查。在自贸试验区内注册的外商独资企业相互之间约定商事争议提交域外仲裁的，不应仅以其争议不具有涉外因素为由认定相关仲裁协议无效。一方或者双方均为在自贸试验区内注册的外商投资企业，约定将商事争议提交域外仲裁，发生纠纷后，当事人将争议提交域外仲裁，相关裁决作出后，其又以仲裁协议无效为由主张拒绝承认、认可或执行的，人民法院不予支持；另一方当事人在仲裁程序中未对仲裁协议效力提出异议，相关裁决作出后，又以有关争议不具有涉外因素为由主张仲裁协议无效，并以此主张拒绝承认、认可或执行的，人民法院不予支持。②《天津高院关于涉外、涉港澳台商事仲裁司法审查案件的审理指南》（2017年）第二十九条亦规定，适用中华人民共和

---

① 上海市高级人民法院（2018）沪民申921号裁定书。
② 该规定是国内案件当事人不得选择外国仲裁机构这一规定的例外，还是涉外性评判标准的例外？值得商榷。

国法律审查涉外商事仲裁协议效力时,该仲裁协议约定将不具有涉外因素的商事争议提交外国仲裁机构仲裁或者在中华人民共和国境外临时仲裁的,应当认定无效。但在自由贸易试验区内注册的外商独资企业相互之间约定将商事争议提交外国仲裁机构仲裁或者在中华人民共和国境外临时仲裁的,不得仅以该争议不具有涉外因素为由认定无效。适用内地法律审查涉港澳台商事仲裁协议效力时,参照适用前述规定。

在上诉人展讯通信(上海)有限公司(以下简称展讯公司)因与被上诉人虹软科技股份有限公司(以下简称虹软公司)计算机软件著作权许可使用合同纠纷管辖权异议案[①]中,展讯公司认为,虹软公司、展讯公司均系中外合资企业,虹软公司签订合同时系外商独资企业,展讯公司系在自贸区注册成立,案涉《软件许可协议》的主体还包括展讯公司的外国关联企业,因此案涉协议的当事人具有涉外因素。对此,浙江省杭州市中级人民法院认为,无论中外合资企业、外商独资企业均是中国境内注册的企业法人,不属于《最高人民法院关于适用〈中华人民共和国民事诉讼法〉的解释》第五百二十二条中规定的"外国企业或组织"。虽然《最高人民法院关于为自由贸易试验区建设提供司法保障的意见》第九条规定"在自贸试验区内注册的外商独资企业相互之间约定商事争议提交域外仲裁的,不应仅以其争议不具有涉外因素为由认定相关仲裁协议无效",但该规定关于外商独资企业的争议可例外认定为涉外民事关系是有严格适用条件的,需要满足双方注册地都在自贸试验区内,且均为外商独资企业的情形,而本案显然不符合该情形。

2. 争议解决方式对裁判依据范围及确定方式的影响

争议解决方式的不同,相应地影响到裁判依据的范围及确定方式。

在涉外商事诉讼中,《涉外关系法律适用法》第二条规定,涉外民事关系适用的法律,依照本法确定。其他法律对涉外民事关系法律适用另有特别规定的,依照其规定。本法和其他法律对涉外民事关系

---

① 最高人民法院(2021)最高法知民辖终90号民事裁定书,浙江省杭州市中级人民法院(2020)浙01知民初406号民事裁定书。

法律适用没有规定的，适用与该涉外民事关系有最密切联系的法律。

而在涉外商事仲裁中，现行《仲裁法》并未就裁判依据的范围及确定方式加以规定而仅规定"仲裁应当根据事实，符合法律规定，公平合理地解决纠纷"（第七条）。司法部公布的《中华人民共和国仲裁法（修订）（征求意见稿）》对此略作完善，其第七条规定"仲裁应当根据事实，符合法律规定，参照交易习惯，公平合理地解决纠纷。"为此一些国内仲裁机构通过仲裁规则予以明确。2022年2月1日起施行的《北京仲裁委员会仲裁规则》第八章"国际商事仲裁的特别规定"第六十九条"法律适用"规定："（一）仲裁庭应当根据当事人选择适用的法律对争议作出裁决。除非当事人另有约定，选择适用的法律系指实体法，而非法律冲突法。（二）当事人未选择的，仲裁庭有权根据案件情况确定适用的法律。（三）根据当事人的约定，或者在仲裁程序中当事人一致同意，仲裁庭可以依据公平合理的原则作出裁决，但不得违背法律的强制性规定和社会公共利益。（四）在任何情况下，仲裁庭均应当根据有效的合同条款并考虑有关交易惯例作出裁决。"

（二）对裁判依据类型的影响

1. 内国法与域外法并存

商事案件涉外因素的存在使得与该涉外商事案件关联的法域，基于属人原则或属地原则或当事人意思自治原则，均有权主张其立法管辖权。因而就涉外商事案件而言，作为裁判依据的国家法不再限于法院地国的国内法，与涉外商事案件相关联的各法域的法律均有可能成为裁判依据，而最终由哪一法域的法律作为裁判者的裁判依据，悉依法院地国冲突规则予以确定。换言之，国内民商事案件裁判遵循典型的逻辑三段的"事实—规则—裁决"的逻辑推理模式，而民商事案件涉外性的介入，因外国法的适用成为可能而使得常规的找法过程节外生枝。即不仅使裁判依据的外延多样化，而且相应地产生一个特殊的规则选择过程。[①]

确定涉外商事案件裁判依据的特殊性，早为德国萨维尼所认识，

[①] 江保国、龚柳青：《论民商事案件涉外性之判断》，《天津市政法管理干部学院学报》2009年第2期。

他指出:"法律规则的功能在于支配法律关系。但是,何为它们支配的程度或范围?何种法律关系将由它们来控制?……实在法在世界范围内并非一致,各民族与国家之间有所不同,其原因在于,在任何社会中,实在法部分源于人类共同的原则,而部分源于专门机构的运作。实在法的这种多样性决定了有必要严格划分它的支配范围,以确定不同实在法各自的界限。唯有通过这种划分才有可能确定产生于有关特定案件裁决的不同实在法体系冲突之间的所有问题。……当一项法律关系提交裁决时,我们就寻找支配它的法律规则,并依据该法律规则对它加以判断;由于必须在归属于不同实在法体系的多种规则之间加以选择,我们又回到对实在法各自支配范围的划分,以及由于这种划分造成的冲突。"①

因而当商事纠纷并不含有涉外因素时,我国法律不允许当事人选择适用外国法,当事人从而并无选择适用外国法的事实和法律依据,裁判者进而亦不得以外国法作为裁判依据。②

《涉外关系法律适用法》第三条规定,当事人依照法律规定可以明示选择涉外民事关系适用的法律。《涉外关系法律适用法解释》第四条规定,中华人民共和国法律没有明确规定当事人可以选择涉外民事关系适用的法律,当事人选择适用法律的,人民法院应认定该选择无效。也就是说,没有涉外因素的民事纠纷当事人不得选择适用域外法。而即使属于涉外民事案件,当事人能否选择适用域外法,亦须依法律规定而定。若法律不允许当事人选择适用域外法,当事人亦无选择适用域外法的权利。

在大连东洋置业有限公司诉大连日创置业有限公司委托合同纠纷

---

① [德]弗里德里希·卡尔·冯·萨维尼:《法律冲突与法律规则的地域和时间范围》,李双元等译,法律出版社1999年版,第1—2页。

② 依欧盟2008年关于合同之债合同适用的《罗马I》,无涉外因素合同当事人可以选择适用域外法律。Article 3 Freedom of choice of REGULATION (EC) No 593/2008 OF THE EUROPEAN PARLIAMENT AND OF THE COUNCIL of 17 June 2008 on the law applicable to contractual obligations (Rome I): Where all other elements relevant to the situation at the time of the choice are located in a country other than the country whose law has been chosen, the choice of the parties shall not prejudice the application of provisions of the law of that other country which cannot be derogated from by agreement.

再审案①中，法院不仅否定无涉外因素当事人选择适用外国法的合同条款的效力，而且亦否认当事人将约定适用外国法的事实作为评判案件涉外性的依据。在该案中，大连日创置业有限公司申请再审称，其与东洋公司签订的委托合同的签订地和付款义务履行地在日本，双方授权签字人均为日本人，合同的文本为日文，约定解决争议的法律为日本法，因此本案为涉外民事案件。根据《中华人民共和国民事诉讼法》第二百四十二条规定，涉外合同当事人可以书面协议选择与争议有实际联系的地方的法院管辖。本案合同第13条明确约定，争议由东京地方法院管辖，而本案又不属于中国法院专属管辖。因此本案合同中的管辖条款不违反中国民事诉讼法规定，大连市中山区人民法院无管辖权，辽宁省高级人民法院则认为，合同履行地在中国境内，日创公司所提付款义务履行地在日本的主张，亦不能成立。而合同文本以何种文字制成，不是确定案件是否具有涉外性的构成要件，选择某一外国作为准据法本身不能使案件具有涉外因素，而准据法的选择亦不会影响到受案法院的管辖权。结合上述意见，法院认为，依据现有证据无法认定本案为涉外民商事案件。

2. 国家法与非国家法规则并存

涉外性商事案件所涉商事交易往往比国内商事案件所涉交易更为多样和复杂。在当今跨境商事交易中，大量跨境电子商务交易引起了大量的跨境民商事纠纷。为此联合国国际贸易法委员会第三工作小组就"在线纠纷解决机制"制定了《程序规则草案》及《关于网上争议解决的技术指引》，试图在全球建立一套统一规则，以便捷、高效地解决目前大量低值跨境电子商务交易引发的纠纷。其中，《程序规则草案》就该类纠纷的解决问题作了创新性规定，即以合同条款为基础，考虑相关事实和情形作出公平善意的决定，并应考虑到交易所使用的任何商业惯例。

而即使就传统的跨境商事交易而言，国际社会亦制定相关国际条约、示范法或商事惯例作为裁判依据。其中国际条约，我国作为当事国的国际货物销售交易的1980年《联合国国际货物销售合同公约》

---

① 辽宁省高级人民法院（2010）辽民三审字第11号民事裁定书。

（以下简称《销售公约》），[①] 2005年7月1日对我国生效的《统一国际航空运输某些规则的公约》（1999年《蒙特利尔公约》）。示范法如国际统一私法协会《国际商事合同通则》。商事惯例，如国际商会所编撰的《国际贸易术语解释通则》《托收统一规则》《联合运输单证统一规则》《跟单信用证统一惯例》《见索即付保函统一规则》等。上述各类国际条约、示范法或商事惯例均有可能以不同的形式成为跨境商事交易的裁判依据。国际统一私法协会《国际商事合同通则》"前言"中宣称："通则旨在为国际商事合同制定一般规则。在当事人一致同意其合同受通则支配时，应当适用通则。如果当事人同意其合同受法律的一般原则、商事法或类似的措辞所指定的规则支配时，亦可适用通则。如果当事人没有选择任何法律支配其合同，亦可适用通则。通则可以用来解释或补充国际统一法律文件。通则可用以解释或补充国内法。通则亦可作为国内和国际立法的范本。"

正基于非国家法规则作为涉外商事案件裁判依据日益频繁，2015年海牙《国际商事合同法律选择通则》第二条第一款规定，合同受当事人选择的法律支配。第三条规定，当事人所选择的法律可以是在国际、跨国或区域层面上被广泛接受的一套中性且衡平的规则，除非法院地法有不同规定。1994年《国际合同法律适用美洲公约》第七条规定，合同应受当事人选择的法律支配。第八条规定，除上述条款外，国际商法的准则、习惯、原则及被广泛接受的商事惯例和当事人之间确立的任何习惯做法应该予以适用以满足特定案件中公平公正的要求。第十一条规定，虽然有上述规定，法院地的法律条款属于强制性规定时应予以适用。且由法院决定适用与合同有密切关系的其他国家法律中的强制性规定。

（三）对寻"法"路径影响

商事案件的涉外性，使得商事案件的裁判依据呈现多元化态势，除传统的准据法外，还可能是强制性法律规范、国际条约及商人法等。这些不同的裁判依据，不仅其适用于商事案件的身份各不相同，

[①] 香港立法会于2021年9月29日通过香港法例第641章《货物销售（联合国公约）条例》，而根据2022年6月24日《〈货物销售（联合国公约）条例〉（生效日期）公告》，《销售公约》将从2022年12月1日起在香港生效。

相应地裁判者寻"法"路径亦显然不同。

1. 国内法作为裁判依据

国内法是商事纠纷的基本裁判依据。就国内案件而言，法院或仲裁庭依职权适用法院地或仲裁地国内法毋庸置疑，然就涉外商事案件而言，由当事人选择国内法作为裁判依据是一项常规做法。

《涉外关系法律适用法》第三条规定，当事人依照法律规定可以明示选择涉外民事关系适用的法律。此规定包含以下几层意思：其一，当事人仅就涉外民事关系可选择适用的法律；其二，仅可明示选择；其三，能否选择依照法律规定。《涉外关系法律适用解释》对此予以明确。其第四条规定，中华人民共和国法律没有明确规定当事人可以选择涉外民事关系适用的法律，当事人选择适用法律的，人民法院应认定该选择无效。至于可选择适用法律的涉外民事关系，其中就涉外合同而言，《涉外关系法律适用法》第四十一条规定，当事人可以协议选择合同适用的法律。当事人没有选择的，适用履行义务最能体现该合同特征的一方当事人经常居所地法律或者其他与该合同有最密切联系的法律。《民法典》第四百六十七条第二款规定，在中华人民共和国境内履行的中外合资经营企业合同、中外合作经营企业合同、中外合作勘探开发自然资源合同，适用中华人民共和国法律。据此，其一，中国法律只赋予当事人就涉外民事关系选择法律适用的权利，而对于非涉外民事关系，当事人没有选择法律的权利，只能适用中华人民共和国法律；其二，三类涉外投资合同，虽然属于涉外合同，但在我国境内履行的，须以中国法为评判规则；其三，涉外商事案件，其中合同纠纷，由当事人协议选择合同适用的法律，当事人没有选择的，适用履行义务最能体现该合同特征的一方当事人经常居所地法律或者其他与该合同有最密切联系的法律。而非合同纠纷，当事人能否选择适用的法律，视法律规定而定，法律没有明确规定当事人可以选择，则依法定的法律选择规则确定涉外民事关系适用的法律。可见，在涉外商事案件中，裁判依据的确定显然比国内商事案件的裁判更为复杂。

新鑫海航运有限公司（NEW GOLDEN SEA SHIPPING PTE. LTD.）与深圳市鑫联升国际物流有限公司、大连凯斯克有限公司海上货物运输合同纠纷案①充分显示了确定涉外商事案件评判规则的复杂性。

在该案中，中远大连公司于2017年2月25日代理新鑫海公司签发提单，载明托运人为鑫联升公司，装货港中国大连，卸货港印度那瓦舍瓦，共6个集装箱。提单背面的首要条款第26条第1项："本提单适用起运国1924年8月25日开始实施、于布鲁塞尔签订的《统一提单若干法律规定的国际公约》中的海牙规则。若此规则在起运国未实施，则适用目的地国的相应法规；但若无相应强制法规，则应适用前述公约条款。"第2项海牙—维斯比规则适用的贸易："对于海牙—维斯比规则强制适用的贸易，相应条款适用本提单。"提单背面第27条法律及管辖权条款第1项适用法律："本提单条款未尽事宜受新加坡法律管辖。无论如何本提单条款适用新加坡法律解释。"第3项："虽有第27（1）（2）款中的规定，当某项运输业务包含驶往或来自或经由美利坚合众国的某一港口或地点的运输时，本提单便应受美国海上货物运输法的规定的约束，……"该提单下的货物于2017年3月23日在卸货港卸船，新鑫海公司的卸货港代理向收货人发出提货通知，但截至2019年12月5日，该提单下的集装箱货物仍堆存在码头，处于印度海关监管之下，无人提货。新鑫海公司遂起诉请求鑫联升公司返还集装箱或赔偿集装箱价值及利息，并连带支付滞箱费、堆存费、港杂费等费用及利息。

对于法律适用，大连海事法院认为：就本案合同的涉外性问题，"新鑫海公司住所地为新加坡，卸货港在印度，依照《最高人民法院关于适用涉外关系法律适用法若干问题的解释》第一条第一项和第四项的规定，本案为涉外民事案件。"

就本案所涉法律关系的性质问题，法院指出："新鑫海公司以货物在卸货港卸船后收货人一直未办理提货手续和返还集装箱为由，根据海上货物运输合同提起诉讼，要求鑫联升公司和凯斯克公司分别作为契约托运人和实际托运人连带给付卸货港集装箱的滞箱费及利息、堆存费、港杂费等费用，并返还12个集装箱或赔偿集装箱价值，本

---

① 最高法发布第三批涉"一带一路"建设典型案例，https://www.court.gov.cn/fabuxiangqing-347711.html，访问时间：2023年5月10日；大连海事法院（2018）辽72民初758号民事判决书。

案的基础法律关系为新鑫海公司作为承运人与托运人之间的海上货物运输合同关系。"

就本案合同中的首要条款、地区条款与法律适用条款之间关系，法院指出："依照《中华人民共和国海商法》第二百六十九条规定，合同当事人可以选择合同适用的法律。各方当事人对涉案两份提单的真实性没有异议，且这两份提单的背面条款相同，提单背面条款第 26 条、第 27 条均涉及法律适用问题。第 26 条首要条款第 1 项约定：'本提单适用起运国 1924 年 8 月 25 日开始实施、于布鲁塞尔签订的《统一提单若干法律规定的国际公约》中的海牙规则。若此规则在起运国未实施，则适用目的地国的相应法规；但若无相应强制法规，则应适用前述公约条款。'按照该约定，海牙规则在起运国中国未实施，则适用目的地国印度的相应法规，但若印度无相应强制法规，则应适用海牙规则的条款。该条款强调的是与海牙规则相应的强制法规，即印度法律中与海牙规则相应的强制法规。本案争议焦点除了法律适用外，主要是各方当事人之间的法律关系、承运人向托运人主张滞箱费等损失是否超过诉讼时效、收货人未提货的法律责任以及诉讼请求的合理性。这些争议焦点问题在海牙规则中没有规定，印度法律中即使存在与海牙规则相应的强制法规，也不适用于本案。故本案不适用提单背面条款第 26 条首要条款第 1 项。本案亦不符合提单背面条款第 26 条首要条款第 2 项和 3 项约定的情形。提单背面条款第 27 条法律及管辖权第 1 项适用法律约定：'本提单条款未尽事宜受新加坡法律管辖。无论如何本提单条款适用新加坡法律解释。'第 27 条第 3 项则是针对运输业务包含驶往或来自或经由美利坚合众国的某一港口或地点的运输作了约定。该条款属于法律适用条款，但本案的海上货物运输不符合第 27 条第 3 项约定的情形，所以提单背面条款第 27 条第 1 项为本案的法律适用条款。"

就本案的准据法问题，法院指出："鑫联升公司向中远大连公司提交的电放申请保函明确记载'同意将提单中的所有条款（包括所有背面条款以及管辖权及法律适用条款）作为我司与贵司签订的运输合同的一部分'，表明鑫联升公司同意将中远大连公司代表承运人新鑫海公司签发的提单的背面条款作为运输合同的一部分。在鑫联升公司未举证证明提单背面条款同鑫联升公司和新鑫海公司签订的运输合同内容不同的情况下，鑫联升公司与新鑫海公司就法律适用达成了一致的意思表示，即适用提单背面条款第 27 条第 1 项约定的新加坡法律。……综上，新鑫海公司基于海上货物运输合同提起本案诉讼，在新鑫海公司与鑫联升公司之间适用双方约定的新加坡法律。"

2. 国际条约作为裁判依据

虽然国内已有学者主张国际条约亦可作为国内商事案件的裁判依据，① 然而与国内案件不同的是，就涉外商事纠纷而言，国际条约不仅是常见的裁判依据，而且作为裁判依据的方法多样和复杂。观诸我国立法和实践，国际条约作为裁判依据不外乎以下几种方法。

（1）当事人合意选择。《涉外关系法律适用法解释》第七条规定，当事人在合同中援引尚未对中华人民共和国生效的国际条约的，人民法院可以根据该国际条约的内容确定当事人之间的权利义务，但违反中华人民共和国社会公共利益或中华人民共和国法律、行政法规强制性规定的除外。即当事人可以合意选择未对我国生效的国际条约作为其纠纷的评判规则，而选择对我国生效的国际条约，自然是意思自治的应有之意。

（2）依据自身效力。我国最高人民法院曾早在 1987 年制定的《关于处理涉外案件若干问题的规定》② 中明确指出："涉外案件应依照我国法律规定办理，以维护国家主权。同时亦应恪守我国参加和签订的多边或双边条约的有关规定。当国内法以及某些内部规定同我国所承担的条约义务发生冲突时，应适用国际条约的有关规定。根据国际法一般的原则，我国不应以国内法规定为由拒绝履行所承担的国际条约规定的义务。"《民法通则》第一百四十二条第二

---

① 对于国际条约能否适用于国内案件，学者主张，应从国际条约制定的妥协性和国家缔结或者参加条约的复杂性出发，国家对每一具体国际条约是否可适用于国内无涉外因素的民事关系具有主权意义上的自主选择权，除在其缔结或者参加某国际条约时根据条约规定提出保留外，也可以在国内明确限缩该条约不适用于无涉外因素的民事关系，但该种限缩不应违背国家承诺的或者有关国际条约规定的国民待遇等国际法义务。而司法机关在无涉外因素的民事关系中决定是否适用国际条约，应当慎重考察国家缔结或者参加国际条约的意图和立法机关的意见。参见万鄂湘、余晓汉《国际条约适用于国内无涉外因素的民事关系探析》，《中国法学》2018 年第 5 期。

② 1987 年《关于处理涉外案件若干问题的规定》。

款规定，中华人民共和国缔结或者参加的国际条约同中华人民共和国的民事法律有不同规定的，适用国际条约的规定，但中华人民共和国声明保留的条款除外。除《民法通则》之外，我国许多其他法律和行政法规中也都有类似规定。如《海商法》《民用航空法》及《票据法》等。2022年《全国法院涉外商事海事审判工作座谈会会议纪要》第18条"国际条约未规定事项和保留事项的法律适用"规定，中华人民共和国缔结或者参加的国际条约对涉外民商事案件中的具体争议没有规定，或者案件的具体争议涉及保留事项的，人民法院根据涉外民事关系法律适用法等法律的规定确定应当适用的法律。第19条"《联合国国际货物销售合同公约》的适用"规定，营业地位于《联合国国际货物销售合同公约》不同缔约国的当事人缔结的国际货物销售合同应当自动适用该公约的规定，但当事人明确约定排除适用该公约的除外。人民法院应当在法庭辩论终结前向当事人询问关于适用该公约的具体意见。第20条"法律与国际条约的一致解释"规定，人民法院审理涉外商事案件所适用的中华人民共和国法律、行政法规的规定存在两种以上合理解释的，人民法院应当选择与中华人民共和国缔结或者参加的国际条约相一致的解释，但中华人民共和国声明保留的条款除外。上述规定贯穿了国际条约优先和直接或强制适用的精神。这一思路亦贯穿于司法实践之中。在智傲物流有限公司诉法国航空公司、上海浦东国际机场货运站有限公司、上海市浦东汽车运输总公航空货物运输合同违约赔偿纠纷案[1]即为典型实例。

在该案中，GE Aircraft Engine Services Ltd（GE公司）于2005年9月委托原告智傲公司运输一台飞机引擎，原告智傲公司定妥被告法航的航班。原告于2005年9月7日签发的空运单（分运单）载明如下事项：托运人GE公司，收货人东方航空公司西北分公司，始发港伦敦、目的港上海，航班法航AF761D/07、AF6740/08，货物名称CMF56-5B飞机引擎（序列号为779385），收费重量4500公斤。被告法航的空运单（主运单）载明如下事项：托运人智傲公司，收货

---

[1] 上海市浦东新区人民法院（2006）浦民二（商）初字第4384号民事判决书；上海市第一中级人民法院（2007）沪一民五（商）终字第27号民事判决书。

人东环公司，始发港伦敦、目的港上海。两份空运单上均特别批注"给承运人预警提示：请注意所有陆路运输必须总是使用气垫悬挂车"。两份空运单均印制有以下条款：托运人已经注意到承运人的责任限制。如果运输涉及目的地或经停地与出发地不同，华沙公约将被适用，在大多数情况下承运人就货物损失、遗失和延迟的责任限制为每公斤250金法郎。该票货物于2005年9月10日随被告法航航班到达上海浦东机场，进入机场货运站仓库。机场货运站为法航在浦东机场提供地面服务。机场货运站指定被告浦东汽运公司负责机场内的陆地短驳运输。而东航西北分公司发现后，认为飞机引擎为精密设备，极有可能造成货损，因此拒绝收货。原告智傲公司于2006年9月诉至法院，称三被告未严格按照空运单的约定履行航空货物运输合同而使原告遭受重大经济损失。要求三被告赔偿经济损失9万美元以及相应的利息损失。

上海市浦东新区人民法院认为：本案系一起涉外的货物运输合同纠纷。关于本案应适用的法律，涉案的法航的空运单背面条款列明"如果运输涉及目的地或经停地与出发地不同，华沙公约可被适用"，"华沙公约指一九二九年十月十二日在华沙签订的《统一国际航空运输某些规则的公约》或者一九五五年九月二十八日订于海牙的《修订一九二九年十月十二日在华沙签订的统一国际航空运输某些规则的公约的议定书》"。为使《华沙公约》及其相关文件现代化和一体化，一九九九年五月二十八日订于蒙特利尔的《统一国际航空运输某些规则的公约》生效，法航空运单的选择公约条款已显得陈旧。英国、中国均是《华沙公约》《海牙议定书》和《蒙特利尔公约》的缔约国，且三公约均已对两国生效。《蒙特利尔公约》第五十五条明确规定，该公约与其他华沙公约关系为：该项国际航空运输在本公约缔约国之间履行，而这些当事国同为其他华沙公约的缔约国，本公约应当优先于国际航空运输所适用的任何规则。所以，当一个国际运输不在两个《蒙特利尔公约》缔约国之间履行时，可能适用《华沙公约》；而本案的国际运输是在两个《蒙特利尔公约》之间履行时，应该优先适用《蒙特利尔公约》。《蒙特利尔公约》未规定的，当事人在庭上一致表示依照最密切联系原则适用中国法。

上海市第一中级人民法院认为，本案系国际航空货物运输合同纠纷，合同履行的当事国中、英两国均为《统一国际航空运输某些规则的公约》（1929年《华沙公约》、1999年《蒙特利尔公约》）的缔约国，故本案争议应适用公约处理。

而在朝鲜豆满江船舶会社与韩国 C. S. 海运株式会社船舶碰撞损害责任纠纷案[①]中，法院亦直接适用《1972年国际海上避碰规则》的规定确定涉案双方船舶各自过错程度。在该案中，朝鲜籍船舶"秃鲁峰3"（"TU RU BONG 3"）轮根据与案外人先锋事业所之间的租船合同，作为捕捞作业渔船的辅助船，自2015年9月21日起在朝鲜半岛东部海域从事捕鱼加工作业。2015年10月1日，"秃鲁峰3"轮在作业中与韩国籍货船"海霓"轮相撞。其后，原告与被告就涉案纠纷协商不成，于2017年3月20日达成管辖协议，约定就涉案船舶碰撞事故所产生的或与该碰撞事故有关的一切纠纷交由上海海事法院管辖。

上海海事法院一审认为，"原、被告均系外国法人，本案具有涉外因素。双方当事人诉前签订管辖权协议，合意选择本院行使涉案纠纷管辖权，本院予以确认。庭审中，双方当事人均选择适用中华人民共和国法律处理本案纠纷，本院予以确认。"同时，法院依法适用《1972年国际海上避碰规则》的规定确定涉案双方船舶应当遵守的航行规则。根据事发当时情况和双方的过错程度，法院最终认定"海霓"轮应承担本起事故80%的责任，"秃鲁峰3"轮应承担20%的责任。

（3）作为准据法予以适用。除上述路径外，在我国司法实践中尚存在依国际条约优先适用条款而将国际条约作为准据法而成为涉外商事争议裁判依据的实践。

《民法通则》第一百四十二条第二款规定，中华人民共和国缔结或者参加的国际条约同中华人民共和国的民事法律有不同规定的，适用国际条约的规定，但中华人民共和国声明保留的条款除

[①] 上海海事法院（2017）沪72民初844号民事判决书；上海市高级人民法院（2018）沪民终504号民事判决书。上海市高级人民法院研究室、中国上海司法智库：《上海海事法院发布涉外海事审判白皮书（含十大典型案例）》，https://www.163.com/dy/article/HAVAPO6H0514C9DN.html，访问时间：2023年8月9日。

外。除《民法通则》之外，我国许多其他法律和行政法规中也都有类似规定。如《海商法》《民用航空法》及《票据法》等。而在司法实践中，法院则依据该等条款而将国际条约作为涉外商事纠纷裁判依据的准据法。

美特高公司诉环行货运公司国际货物运输合同纠纷案①中，美特高公司于2017年6月13日委托环行货运公司托运一批货物。环行货运公司向美特高公司发送账单，载明托运货物的数量、重量和应付运费，运输方式为"UPS－美国专线"，运输目的地为美国。美特高公司于当日支付运费并于6月14日交货托运。货物于6月19日通过海关清关，空运经首尔、东京等地后到达美国，并于7月10日送达收货人。在货物运输期间，环行货运公司称运输时间约15天，美特高公司未持异议。2017年7月27日，美特高公司向其客户康曼科技主张涉案货物的运费8754元，康曼科技以涉案货物迟延送达为由拒绝支付此批货物的运费。美特高公司向环行货运公司请求赔偿未果，后诉至法院。法院认为，本案中，原告美特高货运公司与被告环行货运公司虽未签订书面委托合同，但据查明的事实，被告接受原告办理货物托运的委托，且通过QQ聊天确定了货物运输的主要事项，并实际履行了运输行为，据此可确定双方之间形成运输合同关系。又因涉案货物是从中国空运至美国，并通过陆路派送至客户手中，故本案为国际货物运输合同纠纷。根据《民法通则》第一百四十二条第二款规定，中华人民共和国缔结或者参加的国际条约同中华人民共和国的民事法律有不同规定的，适用国际条约的规定，但中华人民共和国声明保留的条款除外。我国与涉案货物运抵目的地美国均属于1999年《蒙特利尔公约》的成员国，对于涉案货物纠纷中涉及航空运输部分应以《蒙特利尔公约》为准据法，航空运输以外的应以我国法律作为解决本案纠纷的准据法。

3. 商事惯例作为裁判依据

在国内案件中，商事惯例作为裁判依据早为合同法所确认。《最高人民法院关于适用〈中华人民共和国合同法〉若干问题的解释

---

① 《深圳前海合作区人民法院依法适用域外法审判商事案件十大典型案例》，https：//m.thepaper.cn/baijiahao_18235080，访问时间：2023年6月10日。

（二）》［以下称《合同法解释（二）》］第七条规定，下列情形，不违反法律、行政法规强制性规定的，人民法院可以认定为合同法所称"交易习惯"：（一）在交易行为当地或者某一领域、某一行业通常采用并为交易对方订立合同时所知道或者应当知道的做法；（二）当事人双方经常使用的习惯做法。对于交易习惯，由提出主张的一方当事人承担举证责任。《民法典》进一步提升了商事惯例的地位和价值。其第十条规定，处理民事纠纷，应当依照法律；法律没有规定的，可以适用习惯，但是不得违背公序良俗。

而在涉外案件中，商事惯例作为涉外商事案件裁判依据的方法显然有别于作为国内案件裁判依据的商事惯例，体现为商事惯例作为涉外案件裁判依据的方法、范围、身份、效力及查证方法等方面。

2015年海牙《国际商事合同法律选择通则》第2条第1款规定，合同受当事人选择的法律支配。第3条规定，当事人所选择的法律可以是在国际、跨国或区域层面上被广泛接受的一套中性且衡平的规则，除非法院地法有不同规定。显然《通则》仅将部分商事惯例作为"法律"由当事人选择作为准据法。《销售公约》第9条规定：（1）双方当事人业已同意的任何惯例和他们之间确立的任何习惯做法，对双方当事人均有约束力。（2）除非另有协议，双方当事人应视为已默示地同意对他们的合同或合同的订立适用双方当事人已知道或理应知道的惯例，而这种惯例，在国际贸易上，已为有关特定贸易所涉同类合同的当事人所广泛知道并为他们所经常遵守。据此，《公约》将商事惯例分为三类而设置作为评判规则的不同方法。相同规定亦可见于《国际商事合同通则》第9条规定。

而在我国司法实践，对于商事惯例在涉外商事案件中的适用，法院显然采取不同于国内案件中的处理方法。在原告上海宽娱数码科技有限公司诉被告福州市嘀哩科技有限公司、福州羁绊网络有限公司、福建天下无双投资集团有限公司侵害作品信息网络传播权纠纷案[①]中，Avex Pictures Inc. 作为许可方于2018年6月与被许可方

---

① 上海市杨浦区人民法院（2019）沪0110民初8708号民事判决书。浦江天平微信公众号：《上海法院域外法查明典型案例》，https://mp.weixin.qq.com/s/YVbEoOOmlv2lZ-Qmlb-DELQ，访问时间：2023年6月15日。

Bilibili Inc. 签订许可协议，将涉案作品《碧蓝之海》互联网权利授予 Bilibili Inc.，许可期限为 5 年，Bilibili Inc. 有权亲自或委托第三方向侵权者维护自身合法权利。Bilibili Inc. 于 2019 年 4 月 2 日出具《授权与确认函》，授权上海宽娱数码科技有限公司在中华人民共和国境内行使其于 2016 年 1 月 1 日至 2025 年 12 月 31 日期间取得的所有作品的著作权或被许可权（包括但不限于信息网络传播权），宽娱公司有权以自身名义采取任何及全部的必要法律行动，包括但不限于有权以自身名义针对涉嫌侵权行为人提起诉讼或采取任何法律行动，以要求并获得任何和全部损害赔偿、补偿以及依据中华人民共和国法律可获得的其他救济。宽娱公司提交的（2018）泰祥证民内字第 774 号等公证书显示福州市嘀哩科技有限公司、福州羁绊网络有限公司、福建天下无双投资集团有限公司共同经营的网站为涉案作品《碧蓝之海》提供在线播放、下载服务，所播放、下载的内容与宽娱公司上述享有信息网络传播权的作品相同。宽娱公司以嘀哩公司、羁绊公司、天下无双公司侵害其作品信息网络传播权为由提起诉讼。上海市杨浦区人民法院认为，本案的主要争议焦点为宽娱公司是否对涉案作品《碧蓝之海》享有信息网络传播权，对该焦点的认定涉及日本法相关内容的查明。法院委托华东政法大学外国法查明研究中心查明日本法相关内容，中心根据法院委托出具《法律意见书》。上海市杨浦区人民法院认为，虽然本案不存在直接适用域外法的情形，但《法律意见书》中有关日本动漫影视作品的制作方式、作品署名、权益分配、作品授权等行业惯例的介绍，具有客观反映一定法律事实的功能，可作为认定涉案作品权属的参考。

第二节　涉外商事争议裁判依据的基本类型

一　涉外商事争议的裁判依据：准据法抑或非准据法

（一）法律冲突的两种解决方法

《中华人民共和国民事诉讼法》第七条规定，人民法院审理民事案件，必须以事实为根据，以法律为准绳。《中华人民共和国仲裁法》第七条规定，仲裁应当根据事实，符合法律规定，公平合理地解决纠纷。据此，当所涉案件为国内案件时，裁判者以本国法律为依据，对所涉案件加以裁判。然当所涉案件含有涉外因素时，则引发法律冲突现象。[1] 而法律冲突系两个以上国家法律，在同一涉外案件上有并存适用的竞合现象。有此现象，必须予以解决。而如何解决，从学理而言，存在两种基本方法，即冲突法方法和实体法方法。

如果从竞合的两国或数国法律中，依据冲突规范选择其中一国法律作为裁判依据予以适用，则此种依冲突规范决定某一国家法律予以适用之方法，为法律冲突的传统解决方法，同时亦为法律冲突解决之效果或目的。[2] 所谓冲突法方法即通过冲突规范来确定各种不同性质涉外民商事关系所应适用的法律。故为间接调整方法，该作为裁判依据的法律被称为准据法。

但解决两个以上国家法律并存适用的竞合现象，并非唯有冲突法方法可资运用。国际社会就某一事项亦可通过制定国际统一实体法规范，以消弭两个以上国家法律并存适用的竞合现象。即所谓实体法方法或直接调整方法。

此外，在一国法律体系中所存在的强制性法律规范和公法规范，其基于自身强制适用效力亦同样具有排除两个以上国家法律竞合适用之实际效果。

与上述两种法律冲突的解决方式相对应的两类裁判依据，其差异不仅体现在裁判依据的获取路径有别，而且亦体现在裁判依据的称谓和外延差异。准据法系经由冲突规范之援引而确定适用的国内法，其仅为涉外商事争议裁判依据之一。而统一实体规范、强制性法律规范及纯公法规范等实体规范，则通过排除冲突规范的适用而依据其自身法律效力或其他方法予以确定适用，裁判者直接将其用以确定当事人的权利义务关系，因而与准据法并行而成为涉外商事争议的裁判依据

---

[1] 法律冲突之发生，应具备以下三个条件：第一，法律冲突的发生，必须有涉外案件的存在；第二，必须因法院对涉外案件之受理；第三，必须涉及两个以上国家法律体系间有竞相适用的现象。参见柯泽东《国际私法》，中国政法大学出版社2003年版，第57页。

[2] 柯泽东：《国际私法》，中国政法大学出版社2003年版，第57—58页。

之一。①

（二）涉外商事争议裁判依据的范围：国家法与非国家法

非国家法律规范作为涉外商事争议的裁判依据，远早于准据法。早在中世纪的欧洲，涉外商事争议由商人法（lex mercatoria）加以解决。而商人法属于习惯法，是由商人"从其需要和视野"出发创造的不成文习惯法，包括海商法和商业法。对应的法庭包括海商法庭和商业法庭。② 英国学者斯密托夫（Schmitthoff）教授甚至指出，由于商人法的存在，在17世纪之前不存在有关跨国商事交易的冲突规范。欧洲各商业中心的商事法庭将商人法适用于跨国商事纠纷。商人法起到统一效果。③

然至欧洲主权国家的出现，商人法开始被主权国家纳入到自己的法律体系之中，商人法开始衰落，而跨国商事纠纷的解决取而代之的是将之委诸特定国家法律体系加以解决。④ 涉外商事争议的裁判依据由非国家法的商人法转变为国家法。

但至第二次世界大战后，国际社会现实需求导致国际商事法律领域历史性变更，商人法复兴并再次迅猛发展。而传统冲突规范因其将评判标准锢于国家法而备受斥责。国际商事团体或机构为使其所从事的国际商事活动摆脱国内法的桎梏，就积极推动一种带有"自治"性质的新法律的产生。由于这种新产生的法律在渊源、性质、特征及形式，都根源于中世纪的商人法，因而被人们称为"新商人法"或"现代商人法"。⑤ 正如斯米托夫于1957年在赫尔辛基大学演讲时所指出："我们正在开始重新发现商法的国际性，国际法—国内法—国际法这个发展圈子已经自行完成，各地商法的总趋势是摆脱国内法的

---

① 柯泽东：《国际私法》，中国政法大学出版社2003年版，第61页。
② 徐浩：《中世纪西欧商人法及商事法庭新探》，《史学月刊》2018年第10期。
③ Filip De Ly, *International Business Law and Lex Mercatoria*, Elsevier Science Publishers B. V., 1994, pp. 15 – 16.
④ Filip De Ly, *International Business Law and Lex Mercatoria*, Elsevier Science Publishers B. V., 1994, pp. 8, 16 – 17；郑远民：《现代商人法理论的提出及其对我国的影响》，《法学评论》2002年第3期。
⑤ 郑远民：《现代商人法理论的提出及其对我国的影响》，《法学评论》2002年第3期。

限制，朝着普遍性和国际性概念的国际贸易法的方向发展。"[①]

（三）我国现行法律项下的两类裁判依据

《涉外关系法律适用法》第 2 条规定，涉外民事关系适用的法律，依照本法确定。其他法律对涉外民事关系法律适用另有特别规定的，依照其规定。本法和其他法律对涉外民事关系法律适用没有规定的，适用与该涉外民事关系有最密切联系的法律。故实务和学术界一般认为，不论涉外商事案件通过诉讼还是仲裁方式加以解决，裁判依据即为法律。

但这一传统认知，随着现行立法的与时俱进而值得商榷。不过，需要澄清的核心问题在于：作为裁判依据的"法律"的外延是什么？是否仅限于准据法？如何获取？

在司法实践中，最高人民法院早在 2007 年全国民商事审判工作会议上指出，要树立尊重商事交易规则和惯例的意识。基于商事交易实践中对商事交易习惯的高度依赖，我国《合同法》第 61 条已经赋予交易习惯以补充合同条款的一般解释性功能的效力。因此，商事交易习惯可谓民商事审判的法律渊源之一。民商事法官在确定当事人权利义务和责任时，应当尊重并重视一些行业组织的章程，会计师协会和交易所等中介机构的业务规则，并可以将其作为审理商事案件时重要参考依据。

而在立法上，《民法通则》率先确立国际条约优先适用原则、国际惯例补缺原则及不得违背公共秩序原则。其第 142 条规定，涉外民事关系的法律适用，依照本章的规定确定。中华人民共和国缔结或者参加的国际条约同中华人民共和国的民事法律有不同规定的，适用国际条约的规定，但中华人民共和国声明保留的条款除外。中华人民共和国法律和中华人民共和国缔结或者参加的国际条约没有规定的，可以适用国际惯例。第一百五十条规定，依照本章规定适用外国法律或者国际惯例的，不得违背中华人民共和国的社会公共利益。

基于运输领域大量国际条约和商事惯例存在之事实，就海商事关系，《海商法》将《民法通则》第一百四十二条、第一百五十条引入

[①] [英]斯密托夫著，程家瑞编：《国际贸易法文选》，赵秀文选译，中国大百科全书出版社 1996 年版，第 246 页。

其中而分别在第二百六十八条、第二百七十六条规定，中华人民共和国缔结或者参加的国际条约同本法有不同规定的，适用国际条约的规定；但是，中华人民共和国声明保留的条款除外。中华人民共和国法律和中华人民共和国缔结或者参加的国际条约没有规定的，可以适用国际惯例。依照本章规定适用外国法律或者国际惯例，不得违背中华人民共和国的社会公共利益。就民用航空关系，《民用航空法》将《民法通则》上述条款引入其中。《民用航空法》第一百八十四条规定，中华人民共和国缔结或者参加的国际条约同本法有不同规定的，适用国际条约的规定；但是，中华人民共和国声明保留的条款除外。中华人民共和国法律和中华人民共和国缔结或者参加的国际条约没有规定的，可以适用国际惯例。第一百九十条规定，依照本章规定适用外国法律或者国际惯例，不得违背中华人民共和国的社会公共利益。

金融领域亦同样存在大量国际条约和商事惯例，为此《票据法》第九十五条规定，中华人民共和国缔结或者参加的国际条约同本法有不同规定的，适用国际条约的规定。但是，中华人民共和国声明保留的条款除外。本法和中华人民共和国缔结或者参加的国际条约没有规定的，可以适用国际惯例，即《票据法》将《民法通则》所确立的国际条约优先适用原则和国际惯例补缺原则引入其中。

上述立法肯定了国际条约和商事惯例对涉外商事案件的规范价值，但其适用领域相对狭窄，适用方式相对单一。为高标准高质量建设中国（上海）自由贸易试验区临港新片区、加快打造更具国际市场影响力和竞争力的特殊经济功能区，上海市高级人民法院2019年12月30日发布《上海法院服务保障中国（上海）自由贸易试验区临港新片区建设的实施意见》，就国际条约和国际商事惯例的适用问题，进行了创新探索。其第8条规定，充分尊重当事人对法律适用的选择权。依法保障离岸交易纠纷当事人自由选择适用外国法律或者国际商事通行规则、商事惯例的权利，但违反我国法律基本原则或者损害国家主权、安全和社会公共利益的除外。第10条规定，积极对接国际通行规则。按照打造国际一流自贸试验区的目标，在涉新片区案件审判中正确适用国际条约、公约和多边协定，积极推动建立与国际通行规则相衔接的制度体系。在依照冲突规范确定的准据法和相关国际条约、公约及多边协定均缺乏明文规定时，积极借鉴其他司法管辖区已有司法成果，准确适用国际商事惯例和交易习惯，努力形成合理的裁判规则，稳定市场预期，保障交易自由和安全，增强中外投资者信心，促进新片区对全球市场的吸引力和资源配置能力提升。

然而，国际条约和商事惯例的适用亦凸显其复杂性。

就国际条约而言，针对任意性条约的适用方式、条约未规定事项的法律适用、未生效条约的适用身份、条约内容的解释等诸多问题，上述立法捉襟见肘。其中，2020年《涉外关系适用法解释》就对我国未生效条约的适用身份问题作了明确规定，统一了对提单或空运单中首要条款性质或功能的认识。其第七条规定，当事人在合同中援引尚未对中华人民共和国生效的国际条约的，人民法院可以根据该国际条约的内容确定当事人之间的权利义务，但违反中华人民共和国社会公共利益或中华人民共和国法律、行政法规强制性规定的除外。

最高人民法院2021年《全国法院涉外商事海事审判工作座谈会会议纪要》就任意性条约的适用方式、条约未规定事项的法律适用及条约内容的解释等诸多问题作了较为详细的规定。其第18条"国际条约未规定事项和保留事项的法律适用"规定，中华人民共和国缔结或者参加的国际条约对涉外民商事案件中的具体争议没有规定，或者案件的具体争议涉及保留事项的，人民法院根据涉外民事关系法律适用法等法律的规定确定应当适用的法律。第19条"《联合国国际货物销售合同公约》的适用"规定，营业地位于《联合国国际货物销售合同公约》不同缔约国的当事人缔结的国际货物销售合同应当自动适用该公约的规定，但当事人明确约定排除适用该公约的除外。人民法院应当在法庭辩论终结前向当事人询问关于适用该公约的具体意见。第20条"法律与国际条约的一致解释"规定，人民法院审理涉外商事案件所适用的中华人民共和国法律、行政法规的规定存在两种以上合理解释的，人民法院应当选择与中华人民共和国缔结或者参加的国际条约相一致的解释，但中华人民共和国声明保留的条款除外。

而最高人民法院2021年发布的《关于依法妥善审理涉新冠肺炎疫情民事案件若干问题的指导意见（三）》重述了条约未规定事项法律适用的解决思路。其第7条规定："人民法院根据《最高人民法院关于适用〈中华人民共和国涉外民事关系法律适用法〉若干问题的解释（一）》第四条的规定，确定国际条约的适用。对于条约不调整的事项，应当通过我国法律有关冲突规范的指引，确定应当适用的法律。人民法院在适用《联合国国际货物销售合同公约》时，……根据公约第4条的规定，公约不调整合同的效力以及合同对所售货物所有权可能产生的影响。对于这两类事项，应当通过我国法律有关冲突规范的指引，确定应当适用的法律，并根据该法律作出认定。"

而随着对商事惯例认识的不断深入，现行立法随之认可商事惯例多种价值或功能。

《民法典》第十条规定，处理民事纠纷，应当依照法律；法律没有规定的，可以适用习惯，但是不得违背公序良俗。第一百四十二条规定，有相对人的意思表示的解释，应当按照所使用的词句，结合相关条款、行为的性质和目的、习惯以及诚信原则，确定意思表示的含义。无相对人的意思表示的解释，不能完全拘泥于所使用的词句，而应当结合相关条款、行为的性质和目的、习惯以及诚信原则，确定行为人的真实意思。第四百八十四条规定，以通知方式作出的承诺，生效的时间适用本法第一百三十七条的规定。承诺不需要通知的，根据交易习惯或者要约的要求作出承诺的行为时生效。第五百一十条规定，合同生效后，当事人就质量、价款或者报酬、履行地点等内容没有约定或者约定不明确的，可以协议补充；不能达成补充协议的，按照合同相关条款或者交易习惯确定。

在国际立法方面，1980年联合国《国际货物销售合同公约》全面肯定了商事惯例的解释和规范价值。其第8条第（3）款规定，在确定一方当事人的意旨或一个通情达理的人应有的理解时，应适当地考虑到与事实有关的一切情况，包括谈判情形、当事人之间确立的任何习惯做法、惯例和当事人其后的任何行为。而第9条规定，(1) 双方当事人业已同意的任何惯例和他们之间确立的任何习惯做法，对双方当事人均有约束力。(2) 除非另有协议，双方当事人应视为已默示地同意对他们的合同或合同的订立适用双方当事人已知道或理应知道的惯例，而这种惯例，在国际贸易上，已为有关特定贸易所涉同类合同的当事人所广泛知道并为他们所经常遵守。

除上述国际条约和商事惯例外，国内法中的强制性规定亦业已成为涉外商事争议的一项独立的裁判依据。2010 年《涉外关系法律适用法》对此予以确认。其第四条规定，中华人民共和国法律对涉外民事关系有强制性规定的，直接适用该强制性规定。

上述一系列法律规定揭示了这样一个现象：作为涉外商事案件的裁判依据，并非限于国内法，还包括国际条约和商事惯例；亦并非限于准据法，还包括作为非准据法的强制性法律规范、国际条约和商事惯例。[①]

二　涉外商事争议裁判依据的多元化：准据法与非准据法的并存

涉外商事争议的裁判依据，就国家法而言，主要通过适用法院地冲突规范来确定具体国家的法律。如此确定的裁判依据即为准据法。但国家法中的某些法律规定，以及非国家法，诸如国际条约和商事惯例，并非基于冲突规范的援引而得以适用，而是基于其他路径适用于涉外商事争议的解决。

（一）裁判依据中准据法的地位

萨维尼早已指出，无论何种涉外私法纠纷，人和权利客体都要从属于某一特定有效规则体系。由于牵涉于同一法律关系之中的两个人是否归属于相同的或不同的法域具有很大偶然性，在支配法律关系的法律规则之间就会产生不同的大量的冲突。[②] 其进而认为，现代各国对于他国法律互为认许，因而内外国家的法律形成一法律共同体。任何法律基于各国及人民利益的要求，均为对等。故因内外国人民交往而发生的法律关系，在确定应适用的法律时，与同一国家内因各地方法律不同所致地方与地方间法律冲突问题，并无二致。而仅须依该法律关系的性质以决定适用何法律，无须考虑该项应适用的法律究为内国法抑或外国法。而法律关系之所以应适用某一法域的依据，则为法律关系的本座。各种法律关系应适用其本座所在地法律。为确定法律关系的本座所在，萨维尼将法律关系区分为身份能力、物权关系、债

[①] 柯泽东：《国际私法》，中国政法大学出版社 2003 年版，第 61 页。
[②] ［德］弗里德里希·卡尔·冯·萨维尼：《法律冲突与法律规则的地域和时间范围》，李双元等译，法律出版社 1999 年版，第 5—6 页。

权债务、亲属继承、法律行为形式、诉讼程序而定各法律关系的本座。①

而至当代,作为涉外商事争议裁判依据的国家法,依然主要基于法院地冲突规范的援引作为准据法予以适用。所谓准据法即指经冲突规范指定援用来调整涉外民事法律关系双方当事人权利与义务的特定国家的法律。其具有以下特点:1. 准据法必须是通过冲突规范所援引的法律,未经冲突规范指引而直接适用于涉外商事案件的法律不能被称为准据法;2. 准据法是能够确定当事人的权利与义务的实体法。②虽经冲突规范的指定但不能用来直接确定当事人权利义务的法律,如在接受反致、转致时,内国冲突规范所援用的外国冲突规范就不是准据法;3. 准据法不是冲突规范逻辑结构的组成部分,其必须结合具体的案情才能确定;4. 准据法不是笼统的法律制度或法律体系,而只是一项项具体的法,即具体的实体法律规则或法律文件。③因而不具备此特点的裁判依据即不能谓之为准据法,而属于非准据法的裁判依据。

在英美法系国家,美国1971年《第二次冲突法重述》第1条"冲突法规则的原因"规定,世界由拥有领土的州组成,其法律体系彼此独立,相互差异。事件和交易的发生,问题的产生,可能与一个以上的州具有重要联系,因而需要有一整套特别的规则和方法加以调整和确定。而所谓"州",第3条"州的定义"规定,在本冲突法重述中,"州"一词指具有独立法律体系的区域。④第2条"冲突法的主旨"规定,冲突法是各州法律的一部分,它确定对有关事件可能与一个以上的州具有重要联系这一事实赋予何种效力。所谓"法律",第4条"法律的定义"规定,在本冲突法重述中,州的"本地法",指除该州冲突法规则以外的,该州法院用以解决所受理的争议的一整套标准、原则和规则。州的"法律"指该州的本地法及该州的冲突法规则。进而第6条"法律选择的原则"规定,法院,除受宪法约束

---

① 刘铁铮、陈荣传:《国际私法论》,三民书局1996年版,第42—43页。
② 国内诸多教材均把准据法限于实体法,但程序问题适用法院地法,这亦是一条冲突规范,由此援引所确定的程序法规范,又该如何称谓或定性?!
③ 肖永平:《肖永平论冲突法》,武汉大学出版社2002年版,第37—40页。
④ 本《重述》中的"州"有两种含义:一是第3条意义上的州,包括国家,也包括联邦制国家中的州、省、特区等;二是专指美国的州。

外，应遵循本州关于法律选择的立法规定。在无此种规定时，与适用于选择法律的规则有关的因素包括：（1）州际及国际体制的需要；（2）法院地的相关政策；（3）其他利害关系州的相关政策以及在决定特定问题时这些州的有关利益；（4）对正当期望的保护；（5）特定领域法律所依据的政策；（6）结果的确定性，可预见性和一致性；以及（7）将予适用的法律易于确定和适用。而在英国，国际私法是英国法律的一部分，当法院处理的争议与外国法律有密切联系以至于有必要委诸该国法律，其即发生作用，为每一类争议案件指引最适当的法律体系。[1]

而在大陆法系国家，1999年德国《〈民法典〉施行法》第3条第（1）款规定，除欧洲联盟可直接适用的现行规定及国际条约中已成为可直接适用的内国法的各项规定外，对于与某一外国法律有联系的案件事实，按照本章规定来确定应适用的法律。1978年奥地利《关于国际私法的联邦法律》第1条第1款规定，具有外国因素的私法案件适用与该案件有最密切联系的国家的法律。

而我国《涉外关系法律适用法》第一条规定，为了明确涉外民事关系的法律适用，合理解决涉外民事争议，维护当事人的合法权益，制定本法。第二条规定，涉外民事关系适用的法律，依照本法确定。其他法律对涉外民事关系法律适用另有特别规定的，依照其规定。本法和其他法律对涉外民事关系法律适用没有规定的，适用与该涉外民事关系有最密切联系的法律。

故对涉外商事案件的解决，准据法是最基本的裁判依据，相应地通过适用冲突规范以确定所应适用的国家法，成为确定裁判依据的最基本路径。

但在英美法系和大陆法系一些国家，由于不认为冲突规范具有强制效力而赋予法官在当事人不主张适用外国法的情况下依职权适用法院地国法。在此情况下，所适用的法院地法难谓涉外商事争议的准据法。

（二）准据法之外的裁判依据

准据法之外的裁判依据即为非准据法的裁判依据。依上所述，其

---

[1] P. M. North, J. J. Fawcett, *Cheshire and North's Private International Law*, Oxford University Press, 2004, p. 5.

主要包括：强制性法律规范、国际条约和商事惯例。而其之所以不属于准据法的范畴，是由于自身的确定路径使然。其作为裁判依据大致有以下两种：基于其自身强制性效力而得以适用，及基于契约自由而由当事人选择予以适用。

1. 非准据法的裁判依据的确定：效力路径

（1）国内强制性法律规定。各国民商事立法，主要由任意性规定组成，但不乏存在数量不等效力不同的强制性法律规范。这一现象早为萨维尼所认识。萨维尼指出，在审理与不同独立主权国家具有联系的案件时，法官应适用案件所属的本地法，不论其系法官本国的法律抑或外国的法律。但该项原则的适用是有限制的，因诸多法律基于其特殊性质而不允许自由地适用不同国家之间的共同法。在此情况下，法官宁愿适用其内国法而不适用依该原则所应适用的外国法。从而产生该原则的例外。其中之一的例外情况即为强行性的实在法。而强行性的实在法又包括两类：其一仅为保护所有者利益的强行法，包括根据人的年龄、性别来限制行为能力及涉及转移财产的法律。此类法律不属于例外情况之列，每一个国家可允许这一类外国的强行法在本国发生效力；另一类强行法具有超出纯粹法律范围之外的抽象的目标，该类法律的实施不仅仅是为了保护所有者的利益，还具有自己的道德基础。这样的法律也可能与政治、治安和政治经济有关，从而建立在公共利益的理由之上。[①]

萨维尼所表述的此类强行性实在法业已得到诸多国家立法的认可，并存在于司法实践之中。瑞士《关于国际私法的联邦法》第18条规定即为典型代表。该条就"瑞士法律的强制性规定的适用"问题规定，不论本法所指定的法律为何，因其特殊目的应予适用的瑞士法律的强制性规定，应予以保留。第19条"外国法的强制性规定的考虑"规定：（1）依瑞士法律观念为合理且明显占优势的利益要求考虑本法所指定的法律以外的另一法律的强制性规定时，如果所涉及的情况与该另一法律有密切的联系，得考虑其强制性规定；（2）为

[①] ［德］弗里德里希·卡尔·冯·萨维尼：《法律冲突与法律规则的地域和时间范围》，李双元等译，法律出版社1999年版，第17—18页。例外情况包括两类：第一类为强行性的实在法；第二类为未为法院国所完全认识的外国法律制度，如民事死亡制度。

决定前款所称的外国法的强制性规定是否应予考虑，应考虑其所要达到的目的及其适用对于作出依瑞士法律观念为适当的判决所可能产生的后果。

而欧盟2008年《关于合同之债法律适用的第593/2008号条例》（以下简称《罗马条例Ⅰ》）第3条第3款规定，选择法律时，如果与当时情况有关的所有其他因素均位于所选择的法律所属国之外的其他国家，则当事人的法律选择不得影响该其他国家的那些不得通过协议减损的法律条款的适用。第9条第2款规定，本条例的任何规定均不得限制法院地法中强制性规定的适用。同条第3款规定，应在其境内或已在其境内履行合同债务的国家，其强制性法律规定也可被赋予强制性效力，但该强制性规定不得使合同的履行归于非法。"序言"第（37）条规定，出于对公共利益的考虑，成员国法院有权在特殊情形下适用公共政策与强制性条款。"强制性条款"的概念应区别于"不得通过协议加以减损的条款"这种表述，并应作更严格的解释。

而我国亦不例外。《涉外关系法律适用法》第四条规定，中华人民共和国法律对涉外民事关系有强制性规定的，直接适用该强制性规定。而《涉外关系法律适用法解释》第八条规定，涉及中华人民共和国社会公共利益、当事人不能通过约定排除适用、无须通过冲突规范指引而直接适用于涉外民事关系的法律、行政法规的规定，人民法院应当认定为涉外民事关系法律适用法第四条规定的强制性规定。

（2）商事条约。将涉外商事合同归由国内法规范，已不足以因应现代经贸发展，国际商事条约遂成为实体法及冲突法在法律适用上的补充。就其功能和目的而言，商事条约统一国际商事交易有关的实体法，避免国内实体法之间的冲突，而且国际商事条约可以部分消弭各国冲突规范之间的分歧，从而成为法律冲突的实体法解决方法或直接调整方法的基本手段。[1] 为此，诸多国家对商事条约作为准据法之外的涉外商事争议裁判依据予以明确规定。如1999年德国《〈民法典〉施行法》第3条第（2）款规定，国际法条约中的规定，如果已成为可直接适用的国内法，则优先于本法规定适用。

---

[1] 柯泽东：《国际私法》，中国政法大学出版社2003年版，第259页。

我国亦如此，早在1986年的《民法通则》第一百四十二条第2款规定，中国缔结或参加的国际条约同中国的民事法律有不同规定的，适用国际条约的规定，但中国声明保留的除外。《海商法》第二百六十八条第1款、①《民用航空法》第一百八十四条第1款②《票据法》第五章"涉外票据的法律适用"第九十六条第1款均作了相同规定。③而就《销售公约》适用问题，1987年对外经济贸易部《关于执行联合国国际货物销售合同公约应注意的几个问题》第1条规定，根据公约第1条（1）款的规定，自1988年1月1日起我国各公司与上述国家（匈牙利除外）的公司达成的货物买卖合同如不另作法律选择，则合同规定事项将自动适用公约的有关规定，发生纠纷或诉讼亦须依据公约处理。故各公司对一般的货物买卖合同应考虑适用公约，但公司亦可根据交易的性质、产品的特性以及国别等具体因素，与外商达成与公约条文不一致的合同条款，或在合同中明确排除适用公约，转而选择某一国的国内法为合同适用法律。第3条规定，公约并未对解决合同纠纷的所有法律都作出规定。我国贸易公司应根据具体交易情况，对公约未予规定的问题，或在合同中作出明确规定，或选择某一国国内法管辖合同。2021年《全国法院涉外商事海事审判工作座谈会会议纪要》第19条就《联合国国际货物销售合同公约》的适用问题规定，营业地位于《联合国国际货物销售合同公约》不同缔约国的当事人缔结的国际货物销售合同应当自动适用该公约的规定，但当事人明确约定排除适用该公约的除外。人民法院应当在法庭辩论终结前向当事人询问关于适用该公约的具体意见。我国的

---

① 《海商法》第十四章"涉外关系的法律适用"第二百六十八条：中华人民共和国缔结或者参加的国际条约同本法有不同规定的，适用国际条约的规定；但是，中华人民共和国声明保留的条款除外。中华人民共和国法律和中华人民共和国缔结或者参加的国际条约没有规定的，可以适用国际惯例。

② 《民用航空法》第十四章"涉外关系的法律适用"第一百八十四条：中华人民共和国缔结或者参加的国际条约同本法有不同规定的，适用国际条约的规定；但是，中华人民共和国声明保留的条款除外。中华人民共和国法律和中华人民共和国缔结或者参加的国际条约没有规定的，可以适用国际惯例。

③ 《票据法》第五章"涉外票据的法律适用"第九十五条：中华人民共和国缔结或者参加的国际条约同本法有不同规定的，适用国际条约的规定。但是，中华人民共和国声明保留的条款除外。本法和中华人民共和国缔结或者参加的国际条约没有规定的，可以适用国际惯例。

上述实践与国际实践相吻合。早在1979年，联合国国际贸易法委员会秘书处的《联合国国际货物销售合同公约草案评论》（以下简称《秘书处评论》）就进行了说明。其指出：如果当事双方营业地所在的两个国家均为公约缔约国，则公约应予适用，即使法院地国国际私法规则指定适用诸如合同签订地国等第三国法律。联合国国际贸易法委员会2008年"关于《联合国国际货物销售合同公约》判例法摘要汇编"（以下简称《案例摘要》）中对"公约优先于国际私法规则"也作了更为具体而翔实说明。其指出："根据判例法，缔约国法院在诉诸法院地的国际私法规则之前，必须先确定本公约是否适用。换言之，即对本《公约》的适用优先于对法院地的国际私法规则的适用。这是因为作为一部实体法公约，《销售公约》的规则更加具体，并能直接带来实质性解决办法，而诉诸国际私法则要求采取两步走的方法（确定适用的法律，然后再适用该法律）"。

2. 非准据法的裁判依据的确定：选择路径

非国家法主要由商事惯例、国际商事条约、一般法律原则等组成。① 除国际商事条约可基于其自身效力得以直接适用外，非国家法作为裁判依据尚可由当事人选择而得以实现。所谓选择，大凡基于契约自由与意思自治而进行。

（1）契约自由与意思自治之关系

对于契约自由与意思自治之间的关系，不同学者有不同的认识和理解。有曰契约自由原则应属于意思自治原则的构成内容；也有曰意思自治源自于契约自由，而又有别于契约自由。② 还有学者认为，意思自治原则在实体法即为契约自由原则。③ 但契约自由常见于合同实体法领域，意指当事人所享有的订立合同、选择相对人、确定合同内容、确定合同方式的自由。而意思自治常见于国际私法领域，意指合同当事人可以自由选择处理合同争议所适用的法律。④

意思自治原则通说认为来源于16世纪法国的理查世·杜摩兰

---

① 柯泽东：《国际私法》，中国政法大学出版社2003年版，第26—27页。
② 张普：《商事条约的约定适用：契约自由与意思自治的二元路径》，《中国海商法研究》2021年第4期。
③ 刘铁铮、陈荣传：《国际私法论》，（台北）三民书局1996年版，第123页。
④ 刘铁铮、陈荣传：《国际私法论》，（台北）三民书局1996年版，第123—124页。

(1500—1566) 的意思自治说。其主张合同应适用当事人自己选择的习惯，法院也应推定当事人意欲适用于合同的实质要件和效力的习惯。意思自治包括明示意思选择和默示意思选择。但在英美法系尤其在英国，还包括推定选择，即在合同中既未发现当事人明示意思，也未发现当事人默示意思时，确定合同准据法的方式。推定意思在学说上存在两种形式：准据法个别确定方式和准据法一般确定方式。前者是指法官应在个别的具体的合同中推定当事人的意思，以决定应适用的法律。又分当事人假设意思说，即主观说和真实牵连关系说，即客观说。依主观此说，虽然不存在当事人明示或默示意思，但在订立合同时，当事人必然存在适用某国法律的意念。在此情况下，法官的任务即在确定当事人的意思，以发现当事人推定的意思。而依客观说，在不存在当事人明示或默示意思，即根本不存在当事人假设意思时，法官的任务在于从当事人订约时的客观环境和相关联事实中，分析比较以发现与合同关系最密切的国家。换言之，即以该国法律作为当事人推定的意思，据此确定合同的准据法。准据法一般确定方式是指在无从发现当事人明示或默示意思时，一国立法者或法院应以明文规定或法院判例，确立一些硬性规则，作为确定准据法的方法。具体包括非绝对性规则和硬性规定。非绝对性规则是指在无法发现当事人明示或默示意思时，仅作为法官适用法律的起点或辅助参考而可依职权决定是否予以适用的非绝对性硬性规则。与之相反，硬性规定即指在无法发现当事人明示或默示意思时为法官必须予以适用的绝对性的硬性规则。[1]

由于契约自由中的确定合同内容的自由，既包括双方有权决定如何订立合同的具体条款，亦包括双方有权在合同成立后通过协商变更合同内容，故基于这种契约自由，当事人可以将商事惯例或商事条约并入合同成为合同的一部分，以明确其权利和义务。该方式又被称为"实体法上的选择"或"实体法上的指定"。而意思自治则是当事人可以协议选择合同适用的法律，即"冲突法上的选择"，或称为"冲

---

[1] 刘铁铮、陈荣传：《国际私法论》，（台北）三民书局1996年版，第126—129页；柯泽东：《国际私法》，中国政法大学出版社2003年版，第220—221页；[德] 马丁·沃尔夫著：《国际私法》（下），李浩培、汤宗舜译，北京大学出版社2009年版，第469—470页；P. M. North, J. J. Fawcett, *Cheshire and North's Private International Law*, Oxford University Press, 2004, pp. 561–564.

突法上的指定"。①基于意思自治,当事人选择商事惯例或商事条约为商事合同的准据法。故虽然基于契约自由和意思自治原则均可将商事惯例或商事条约作为确定商事合同当事人权利义务的依据,成为商事争议的裁判依据,但基于契约自由仅使商事惯例或商事条约作为合同条款之身份,而基于意思自治则使商事惯例或商事条约取得准据法之身份。

(2) 意思自治原则适用对象的理论之争：斯密托夫"新商人法理论"与戈德曼 (B. Goldman) "自治性商人法理论"

但对于商事惯例或商事条约等非国家法,能否基于意思自治而作为准据法予以适用的,则涉及冲突规范结构之重大理论和立法问题。

由于传统冲突法理论认为,准据法的选择应严格限制在各国国内法的范围之内,当事人并不能选择商事惯例或商事条约作为准据法。基于此,英国学者斯密托夫认为,商人法的存在不影响国内冲突法和实体法在商事争议解决中的固有地位,商人法的适用应与国内法结合起来进行。第一,商人法的渊源具有国际性,其由国际公约、统一法和惯例所组成。而惯例已不再由自发性行为而由诸如国际商会之类的国际组织所创设。除非由这些组织所赋予,否则其拘束效力取决于当事人将其并入合同的行为；第二,商人法的国际渊源存在于应适用的国内法之中。②

商人法是国内法律体系之内的具有某些自身特征的规则总和,而非存在于国内法律体系之外的自治性法律体系。也正基于对国内法律体系的依附,商人法不能作为自治的完全独立于国内法体系的法律体系而直接适用于国际商事问题,其适用应与国内法结合起来进行。由于斯密托夫理论丝毫未动摇国内实体法与冲突法在调整国际商事交易活动中所处的支配性地位,因而当事人的合意选择若被视为一项确定准据法的法律选择行为,其则必须将所选择的对象限于国家法律体系。任何对国际惯例等商人法规则的选择显然不可视为选法行为,而

---

① 李旺：《国际私法》,法律出版社 2011 年版,第 163 页；转引自张普《商事条约的约定适用：契约自由与意思自治的二元路径》,《中国海商法研究》2021 年第 4 期。

② Filip De Ly, *International Business Law and Lex Mercatoria*, Elsevier Science Publishers B. V., 1992, p. 57.

仅是将商人法并入合同之内的意思表示行为，被选择的商人法规则由此取得被并入的契约规则之身份。而并入商人法规则的合同的效力基础依然在于应适用的国内法。

而法国学者戈德曼则认为，第一，商人法正处于逐渐演变为法律体系的过程之中，是一个虽未臻完善，但完全独立于国内法的自治的法律体系。第二，商人法的自治性不仅体现为商人法是由国际商业社会自身所创设的一系列跨国实体规则所组成的独立于国内法体系的法律体系，而且也体现为这些跨国实体规则无需借助各国国内的冲突法规则而凭借该商人法体系自身所发展的冲突法规则——"自治性冲突规则"而成为国际商事交易的准据法。第三，商人法与国际商事仲裁之间的相互依存关系。①

戈德曼视商人法与国际商事仲裁为一对孪生兄弟，为避免由于仲裁地国冲突法和调整实体事项的国内法的适用所导致的不当结果，戈氏强调发展适用于国际商事仲裁的"实体性跨国规则"——自治性仲裁冲突规则的必要性，并赋予当事人合意选择以基本的自治性仲裁冲突规则之地位，使其具有与国内冲突规范类似的功能，以实现仲裁领域商事交易准据法商人法化的目标。在国际商事仲裁这一制度化的法的空间，商人法通过"自治性仲裁冲突规则"的援引而予以适用。②

（3）契约自由与意思自治原则运用的相应立法

综观国际社会以及各国立法和司法实践，可以归纳为如下几类：第一，允许当事人选择现代商人法而不参照任何国内法。法国是这一实践最具代表性的国家；第二，将现代商人法与国内法结合起来适用。世界上大多数国家都采取这种做法；第三，适当限制现代商人法规则的适用，以英国为代表。③

而我国实践亦并不统一。2005 年《最高人民法院关于审理信用证纠纷案件若干问题的规定》第二条规定，人民法院审理信用证纠纷

---

① Filip De Ly, *International Business Law and Lex Mercatoria*, Elsevier Science Publishers B. V., 1992, p. 214.
② Fillp De Ly, *International Business Law and Lex Mercatoria*, Elsevier Science Publishers B. V., 1992, pp. 268 – 290.
③ 郑远民：《现代商人法理论的提出及其对我国的影响》，《法学评论》2002 年第 3 期。

案件时，当事人约定适用相关国际惯例或者其他规定的，从其约定；当事人没有约定的，适用国际商会《跟单信用证统一惯例》或者其他相关国际惯例。第六条规定，人民法院在审理信用证纠纷案件中涉及单证审查的，应当根据当事人约定适用的相关国际惯例或者其他规定进行；当事人没有约定的，应当按照国际商会《跟单信用证统一惯例》以及国际商会确定的相关标准，认定单据与信用证条款、单据与单据之间是否在表面上相符。然而，当事人约定适用的国际惯例，以及无约定时所适用的《跟单信用证统一惯例》或者其他相关国际惯例，其性质为何，则语焉不详。

2016年《最高人民法院关于审理独立保函纠纷案件若干问题的规定》第五条规定，独立保函载明适用《见索即付保函统一规则》等独立保函交易示范规则，或开立人和受益人在一审法庭辩论终结前一致援引的，人民法院应当认定交易示范规则的内容构成独立保函条款的组成部分。即将约定适用的《见索即付保函统一规则》作为合同条款予以适用。

上海市高级人民法院2019年12月30日《上海法院服务保障中国（上海）自由贸易试验区临港新片区建设的实施意见》第八条规定，充分尊重当事人对法律适用的选择权。依法保障离岸交易纠纷当事人自由选择适用外国法律或者国际商事通行规则、商事惯例的权利，但违反我国法律基本原则或者损害国家主权、安全和社会公共利益的除外。第十条规定，积极对接国际通行规则。按照打造国际一流自贸试验区的目标，在涉新片区案件审判中正确适用国际条约、公约和多边协定，积极推动建立与国际通行规则相衔接的制度体系。在依照冲突规范确定的准据法和相关国际条约、公约及多边协定均缺乏明文规定时，积极借鉴其他司法管辖区已有司法成果，准确适用国际商事惯例和交易习惯，努力形成合理的裁判规则，稳定市场预期，保障交易自由和安全，增强中外投资者信心，促进新片区对全球市场的吸引力和资源配置能力提升。与最高人民法院的上述司法解释不同的是，该实施意见明确将当事人选择适用的商事惯例，提升至准据法的高度。

第 二 章

涉外商事争议的基本裁判依据：准据法

每一商事争议，均须依所描述的事实，探究当事人之间何等请求权的发生。请求权主要系以债的关系为基础，基于合同或法律规定或事实契约而来。[1] 而就商事合同争议而言，其解决首先得依当事人约定内容，而非贸然地以法律规定为唯一依归。在合同内容自由下，法律原则上不积极规定合同所应有的内容，而仅消极地以负面表列的方式，规定合同不该有的内容。约定的内容因而成为判断合同当事人权利义务关系最主要对象，更是解决合同争议的出发点。只有当事人无约定，或约定内容被法律否认具有法律上的拘束力时，方有探求客观的法律规定的必要。[2]

然与国内案件不同的是，对于涉外案件，尤其是涉外商事合同而言，裁判者得首先确定据以判定该等合同效力的裁判依据。而依上所述，准据法为涉外商事争议的基本裁判依据。

第一节 寻找准据法的基本流程

至现阶段，所有涉外商事合同均受一国法律所规范，没有一个涉外商事合同可成为浮动合同而不受一国控制。冲突规范系为解决法律冲突而制定，是各种法律选择理论的条文化。其与实体规范和程序规

---

[1] 黄立：《民法债编总论》，中国政法大学出版社2002年版，第19—25页。
[2] 陈自强：《民法讲义Ⅱ：契约之内容与消灭》，法律出版社2004年版，第42—48页；黄立：《民法债编总论》，中国政法大学出版社2002年版，第78—82页。

范共同构成法律规范的三大类型。故涉外商事合同与冲突规范之间存在密切的依存关系。① 这是认识涉外商事合同、冲突规范、国内法与裁判依据四者之间关系的基本思路。

然国际社会是由并存的各国法律体系组成的法律共同体，而各法律体系则由处理各类民商事项的法律规范构成。此乃国际私法赖以存在的事实基础。② 当商事争议与某一域外法律体系存在密切关联以至于有赖于该法律体系加以解决时，裁判者则首先依据其本国的冲突规范来确定该法律体系，继而去寻找并确定该法律体系之中的法律规范。但由于各国的冲突规范是由处理各类事项的各种冲突规范构成，这些不同的冲突规范为每一类争议案件指引最适当的法律体系，③ 因而在处理具体涉外商事争议时，裁判者首先得确定适用于眼下具体商事争议的具体冲突规范。

一　冲突规范的确定与适用

（一）冲突规范的形态

法律规范一般由事实构成与法律后果构成。"事实构成"就是具体的事实关系，即各种法律事实组成的关系；"法律后果"就是法律规定的当事人之间的具体权利和义务。而就冲突规范的规范结构而言，"事实构成"在冲突法中通常被称为"范围"，"法律后果"则被称为"系属"。④ 冲突规范依其条文中"范围"和"法律后果"具体表述或内容不同，而分为单边冲突规范、双边冲突规范、重叠适用的冲突规范和选择适用的冲突规范。而有学者认为冲突规范由指定原因、联结因素和准据法三部分构成。⑤ 然在司法实践中，不乏存在以

---

① 柯泽东：《国际私法》，中国政法大学出版社2003年版，第258页。参见最高人民法院民四庭负责人就《关于适用〈中华人民共和国涉外民事关系法律适用法〉若干问题的解释（一）》答记者问。

② See Robert Jennings and Arthur Watts (ed.), *Oppenheim's International Law*, Longman Group UK Limited, 1992, p.6.

③ P. M. North, J. J. Fawcett, *Cheshire and North's Private International Law*, Oxford University Press, 2004, p.5.

④ 杜涛、陈力：《国际私法》，复旦大学出版社2004年版，第159页。

⑤ 刘铁铮、陈荣传：《国际私法论》，（台北）三民书局1996年版，第257—258页；柯泽东：《国际私法》，中国政法大学出版社2003年版，第25页。

似是而非的法律条款作为冲突规范来寻找准据法的实例。

1. 似是而非的法律条款

在我国，冲突规范散见于各单行法之中，其一般容易识别，但在实践中，冲突规范往往与一些特殊的实体规范相混淆。主要体现为以下两种情况。

(1) 与"地域适用范围规范"之间的区别

"地域适用范围规范"系指规定某一立法的地域适用范围的规范。① 在立法中规定"地域适用范围规范"条款，是我国一项传统做法。如《民法典》第八条规定，在中华人民共和国领域内的民事活动，适用中华人民共和国法律，法律另有规定的除外。本法关于公民的规定，适用于在中华人民共和国领域内的外国人、无国籍人，法律另有规定的除外。《保险法》第三条规定，在中华人民共和国境内从事保险活动，适用本法。

"地域适用范围规范"非常类似于单边冲突规范，但两者显然有别。两者是从不同的角度解决法律冲突问题，但各自适用的对象不同。在私法领域，由于各国私法之间等价性和互换性，各国普遍采用双边冲突规范的形式来确定涉外民事关系的准据法，从而并无"地域适用范围规范"的适用余地。而对于具有强行性质的法律规范和公法规范，就需要立法者确定其地域适用范围。②

(2) 与国际货物多式联运经营人责任条款之间关系

国际货物多式联运是指以至少两种不同的运输方式，由多式联运经营人把货物从一国境内接管地点运至另一国境内指定交付地点的货物运输，与单式运输相对应。而多式联运经营人亦是自成一类的特殊责任主体，其是指其本人或通过其代表订立多式联运合同的任何人，他是事主，而不是发货人的代理人或代表或参加多式联运的承运人的代表人或代表，并且负有履行合同的责任。③ 由于国际货物多式联运是一种新颖的运输模式，而当今国际货物单式运输公约对各种单式运输承运人设置了强制性责任承担制度，为使多式联运经营人的责任承

---

① 杜涛、陈力：《国际私法》，复旦大学出版社2004年版，第164页。
② 杜涛、陈力：《国际私法》，复旦大学出版社2004年版，第169页。
③ 1980年《国际货物多式联运公约》第1条。

担与单式运输承运人的责任承担保持协调,在多式联运领域出现了四种关于多式联运经营人责任承担方案:纯统一责任体制与修正统一责任体制,纯网状责任体制与修正网状责任体制。而我国《海商法》则采用了修正网状责任体制。其第一百零四条规定,多式联运经营人负责履行或者组织履行多式联运合同,并对全程运输负责。多式联运经营人与参加多式联运的各区段承运人,可以就多式联运合同的各区段运输,另以合同约定相互之间的责任。但是,此项合同不得影响多式联运经营人对全程运输所承担的责任。第一百零五条规定,货物的灭失或者损坏发生于多式联运的某一运输区段的,多式联运经营人的赔偿责任和责任限额,适用调整该区段运输方式的有关法律规定。第一百零六条规定,货物的灭失或者损坏发生的运输区段不能确定的,多式联运经营人应当依照本章关于承运人赔偿责任和责任限额的规定负赔偿责任。

《海商法》中多式联运经营人责任条款本是一项实体法条款,但在司法实践中作为冲突规范加以适用的现象亦不鲜见。

这一现象全面展现在最高人民法院再审的再审申请人(一审被告、二审上诉人)新加坡长荣海运股份有限公司[Evergreen Marine (Singapore) Pte. Ltd.]与被申请人(一审原告、二审被上诉人)第一产物保险股份有限公司海上货物运输合同纠纷案中。[①]

在该案中,新加坡长荣公司于2012年9月接受泰立国际货运代理(上海)有限公司订舱,将一批电脑从中国上海出运至墨西哥曼萨尼亚。同年9月20日,泰立公司向新加坡长荣公司、长荣公司出具改港保函,要求将目的港曼萨尼亚改为目的地墨西哥城,并表示承担由此产生的费用。9月22日,上海航华国际船务代理有限公司代表新加坡长荣公司签发两份提单。该两份提单均载明:货物接收地上海,交货地墨西哥城,卸货港曼萨尼亚,托运人为华硕科技公司,收货人为单一贸易经纪物流公司。案涉货物到达曼萨尼亚后,长荣公司、新加坡长荣公司安排货物从曼萨尼亚运至墨西哥城。10月23日,货物在运往墨西哥城的过程中发生灭失。

---

① 最高人民法院(2018)最高法民再196号民事判决书。

案涉货物的保单由第一产物公司与泰安产物保险股份有限公司、新光产物保险股份有限公司、兆丰产物保险股份有限公司联合签发。

2013年1月30日，第一产物公司向华硕科技公司支付3082795.78美元，华硕科技公司向第一产物公司签发权利转让同意书，确认提单项下的货物所受毁损、灭失而向运送人等应负责之人主张的一切契约及侵权行为损害赔偿请求权全部转让给第一产物公司。同年9月30日，泰安保险公司、新光保险公司及兆丰保险公司签发声明书，确认由第一产物公司作为共同保险领导者处理上述保险合同中有关理赔及索赔事宜。

第一产物公司于2013年10月18日向上海海事法院起诉称：第一产物公司承保该批货物的运输保险，向华硕科技公司支付保险赔款3082795.78美元，取得代位求偿权，已从案外人天豪全球物流股份有限公司（以下简称天豪公司）处获得500万元新台币的赔偿，长荣公司与新加坡长荣公司应对其掌管期间的货损承担赔偿责任。据此请求法院判令长荣公司与新加坡长荣公司赔偿第一产物公司货物损失2630394.95美元及利息。

一审法院上海海事法院认为，关于本案的适用法，根据《海商法》第一百零五条规定："货物的灭失或者损坏发生于多式联运的某一运输区段的，多式联运经营人的赔偿责任和责任限额，适用调整该区段运输方式的有关法律规定。"因案涉货物灭失于曼萨尼亚至墨西哥城的陆路运输过程中，关于承运人责任及责任限制等问题应适用墨西哥当地陆路运输民商事法律。新加坡长荣公司和长荣公司提供的墨西哥法律未经公证认证，且墨西哥为联邦制国家，仅凭新加坡长荣公司和长荣公司提供的墨西哥法律不能排除适用该国州法律的可能性，新加坡长荣公司和长荣公司提交的墨西哥法律不具完整性，使相关条文的解释不具有唯一性，故不能作为案涉纠纷准据法予以适用。一审法院通过相关途径无法查明墨西哥法律，故本案适用中华人民共和国法律。[①]

二审法院上海市高级人民法院认为，关于法律适用问题。根据

---

① 上海海事法院（2013）沪海法商初字第1633号民事判决书。

《海商法》第二百六十九条之规定，合同当事人可以选择合同适用的法律，法律另有规定的除外。合同当事人没有选择的，适用与合同有最密切联系的国家的法律。本案为多式联运，一审法院根据《海商法》规定，认定关于涉案纠纷承运人责任及责任限制等应适用墨西哥当地陆路运输民商事法律规定，二审中新加坡长荣公司、长荣公司和第一产物公司对此均予同意。关于墨西哥法律的查明，一审法院通过合理途径无法查明与本案纠纷相关的墨西哥法律规定，依法确认本案纠纷处理适用中华人民共和国法律，符合法律规定。①

最高人民法院认为，关于本案的法律适用，《海商法》第二百六十九条规定："合同当事人可以选择合同适用的法律，法律另有规定的除外。合同当事人没有选择的，适用与合同有最密切联系的国家的法律。"各方当事人对于一、二审法院整体上适用中华人民共和国法律审理本案纠纷并无异议，并在再审中一致表示同意，故本院予以确认。各方当事人在同意本案审理整体上适用中华人民共和国法律的前提下，对于认定新加坡长荣公司的赔偿责任和责任限额以及有关诉讼时效是否应当适用墨西哥法律有争议。《海商法》第一百零五条规定："货物的灭失或者损坏发生于多式联运的某一运输区段的，多式联运经营人的赔偿责任和责任限额，适用调整该区段运输方式的有关法律规定。"多式联运经营人新加坡长荣公司的赔偿责任和责任限额应适用墨西哥调整当地公路运输的民商事法律。《海商法》第一百零五条规定多式联运经营人赔偿采用"网状责任制"，主要目的是尽可能使多式联运经营人的赔偿责任与各区段承运人的赔偿责任保持一致，尽量避免多式联运经营人在可向区段承运人追偿的损失数额之外对货损另作赔付，以促进多式联运的发展。

但在上海仲裁委员会受理的一起国际货物多式联运合同纠纷案中，仲裁庭则准确把握了两者之间的关系。在该案中，申请人于2019年8月与被申请人签署《货运代理协议》。《货运代理协议》约定，被申请人为申请人的商品提供货运服务，并约定"双方同意，任何情况下，本协议下被申请人的赔偿责任，参照《中华人民共和国海

---

① 上海市高级人民法院（2015）沪高民四（海）终字第55号民事判决书。

商法》（适用于海运、内河运输或海陆、海河、河陆等联运、及与前述运输有关的仓储中）或《中华人民共和国民用航空法》（适用于空运、或涉及空运的联运、及与前述运输有关的仓储中）承运人责任的有关规定"。2020年3月，申请人依据《货运代理协议》将一批网络电话机委托被申请人自中国厦门港海运至荷兰鹿特丹港并送往内陆目的地。被申请人业务人员发送的所有邮件下方均有格式文字："除另有书面约定，在任何情况下，对以上邮件所涉及的运输或代理合同中的责任，本公司可享受《中华人民共和国海商法》第56条和57条（适用于海运、内河和/或卡车运输中）和/或《中华人民共和国民用航空法》第129条（适用于国际航空运输）规定的责任限制标准"。2020年4月8日，被申请人的母公司签发了记名已装船清洁电放提单，适用的国际贸易术语为DAP，收货地址为荷兰内陆某城市，货物装船。5月8日集装箱货物抵达鹿特丹港被提取并装上卡车运往内陆目的地。5月10日夜间，集装箱内货物遭遇盗窃，箱内货物全部遗失。后经保险公司及当地警察局认定，涉案货物被盗，下落不明。

　　申请人与被申请人沟通货物赔偿事宜未果，遂向上海仲裁委员会提交仲裁申请，认为被申请人实际负责货物的全程运输，并收取全程运费，双方成立海上多式联运合同关系，依据《海商法》第一百零四条、一百零五条和《合同法》第三百一十一条等规定，被申请人应向申请人赔偿货物灭失的全部损失300万元。

　　庭审中，双方当事人均确认本案的法律适用为中国法，但对货损赔偿和责任限额应适用的法律存在分歧。然而，令人困惑的是本案争议焦点之一即是《海商法》第一百零五条是否系冲突规范？

　　而仲裁庭意见是：关于本案的准据法，因双方《货运代理协议》第3条约定了关于被申请人的赔偿责任，参照《海商法》（适用于海运、内河运输或海陆、海河、河陆等联运、及与前述运输有关的仓储中）的规定，且庭审中双方均明确本案的法律适用为中国法，因此仲裁庭认定本案的准据法为《海商法》。因本案运输方式涉及海运及陆地运输，涉案合同性质为多式联运合同，应适用《海商法》第四章第八节关于多式联运合同的特殊规定，该节第一百零五条规定了多式联运区段内货物损坏的赔偿责任应适用的法律，故本案应按照第一百零五条约定处理双方的货损赔偿问题。

关于《海商法》第一百零五条是否为冲突规范，进而导致本案应适用荷兰关于货损的相关法律规定？申请人认为，我国《海商法》第一百零五条不能被理解为冲突规范，在本案已经明确适用中国法的情况下，因中国法律对于公路货物运输并未规定承运人可以限制赔偿责任，故被申请人应根据中国《合同法》的相关规定，按照交付或者应当交付时货物到达地的市场价格计算货物灭失的赔偿额。被申请人认为，如果其构成多式联运的承运人，则根据我国《海商法》第一百零五条，因陆路运输发生的货损承运人应该适用荷兰法的规定享有限制赔偿责任权利。被申请人提交的荷兰律师法律意见书，对于荷兰法有引用，对相关的法律有描述，在本案中可参照适用。

针对双方当事人的意见，仲裁庭认为，依照我国《涉外关系法律适用法》的规定，当事人可以协议选择合同适用的法律，即使当事人没有选择的，也可适用履行义务最能体现该合同特征的一方当事人经常居所地法律或者其他与该合同有最密切联系的法律。既然本案的准据法为《海商法》，以此来确定多式联运经营人的赔偿责任，根据《海商法》第一百零五条"货物的灭失或者损坏发生于多式联运的某一运输区段的，多式联运经营人的赔偿责任和责任限额，适用调整该区段运输方式的有关法律规定"，本案货损地为荷兰境内，则本案应以荷兰内陆地货物运输法律作为依据进行处理。[①]

而在三井住友海上火灾保险株式会社诉中远海运集装箱运输有限公司多式联运合同纠纷案[②]，法院则引入分割法灵活处理了在涉及多式联运承运人责任问题时的网状责任体制与法律选择之间关系问题。

在该案中，2015年3月，被告中远海运集装箱运输有限公司承运一批液晶显示面板先经海运自马来西亚巴生港至希腊比雷埃夫斯，再

[①] 上海仲裁委员会报送案例：《上海仲裁委员会就申请人对被申请人国际货物多式联运合同纠纷法律适用进行涉外仲裁案》，见中国法律服务网司法行政（法律服务案例库）http://alk.12348.gov.cn/Detail?dbID=75&sysID=106，访问时间：2023年3月10日。

[②] 中华人民共和国上海海事法院（2016）沪72民初288号民事判决书；上海市高级人民法院（2018）沪民终140号民事裁定书。上海高级人民法院研究院、中国上海司法智库：《上海海事法院发布涉外海事审判白皮书（含十大典型案例）》，https://mp.weixin.qq.com/s?，访问时间：2023年9月30日。

经铁路至斯洛伐克尼特拉，货物在位于希腊境内的铁路运输区段因火车脱轨而遭受货损。原告三井住友海上火灾保险株式会社作为涉案货物保险人，在保险理赔后取得代位求偿权，向被告提出追偿。

被告抗辩称，火车脱轨的原因是事故时段当地持续暴雨，引起地质塌陷，属不可抗力，承运人可以免责；即使不能免责，其也依法可以享受承运人的单位赔偿责任限制。

法院经审理认为，原告成立注册于日本、运输目的地为斯洛伐克、事故发生地位于希腊，案件争议属于涉外民事法律关系下的纠纷，当事人可以选择解决纠纷适用的法律。庭审中，双方当事人达成一致，对于涉案货物铁路运输区段的责任认定、责任承担方式等选择适用希腊法律，其余争议问题选择适用中华人民共和国法律，法院对此选择予以尊重。希腊是《国际铁路运输公约》的成员国。根据公约若货物的灭失、损坏或迟延交付是由于承运人无法避免并且无法阻止其发生的原因所造成的，承运人无须承担赔偿责任。本案事故系地质作用引起地层塌陷的结果，其发生非人力所能预见和控制，被告得以援引公约规定，对货损不负赔偿责任。遂判决对原告的诉讼请求不予支持。

基于司法实践中对于《海商法》中多式联运经营人责任条款与冲突规范之间关系存在一些不同认识。最高人民法院2021年《全国法院涉外商事海事审判工作座谈会会议纪要》对此予以进一步明确。其第68条"涉外多式联运合同经营人的'网状责任制'"规定，具有涉外因素的多式联运合同，当事人可以协议选择多式联运合同适用的法律；当事人没有选择的，适用最密切联系原则确定适用法律。当事人就多式联运合同协议选择适用或者根据最密切联系原则适用中华人民共和国法律，但货物灭失或者损坏发生在国外某一运输区段的，人民法院应当根据《海商法》第一百零五条的规定，适用该国调整该区段运输方式的有关法律规定，确定多式联运经营人的赔偿责任和责任限额，不能直接根据中华人民共和国有关调整该区段运输方式的法律予以确定；有关诉讼时效的认定，仍应当适用中华人民共和国相关法律规定。此规定一方面将多式联运合同经营人的网状责任制条款与法律选择条款相区分，另一方面亦明确网状责任制条款所指向的适用于某一运输区段的外国法律，法院有义务予以适用，从而也就不存在所谓外国法的查明问题。

2. 冲突规范精准化趋向

总的来说，与民商事实体立法相比较，冲突法是一门亟须进一步完善的法律部门。简略的条款和笼统的语言，无不影响到冲突规范与具体案件之间的对应性，进而减损由此所指引的准据法作为具体案件的裁判标准的精准性。然而，涉外商事交易类型的多样化和复杂化，促使立法者不断提升冲突法的立法质量，以提升准据法作为涉外商事交易裁判依据的适当性。

（1）涉外商事关系的细化与冲突规范的具体化

萨维尼曾把涉外民事关系分为人、物、债、行为、程序等几类，进而形成据以确定本座法的相应冲突规范。然而，随着涉外商事关系的多样化和复杂化，笼统的冲突规范缺乏与具体涉外商事案件之间的对应性，难以确保所指引的准据法适于作为具体涉外商事纠纷的评判标准。因而，对涉外商事关系予以进一步细化，依其不同性质或类型设计更为精准具体的冲突规范，成为提升冲突法立法科学性的措施之一。如合同关系的再类型化，将其进一步细分为劳动合同、消费合同、雇佣合同等类型；侵权关系的再类型化为产品责任、交通事故、环境污染、隐私权侵害、名誉权诽谤、不正当竞争、船舶碰撞、航空器侵权等。

欧盟2008年《罗马条例Ⅰ》不仅规定了合同之债的一般性冲突规范，而且设计了运输合同、消费者合同、保险合同和个人雇佣合同的冲突规范。在第3、4条关于合同之债的一般性冲突规范条款项下又就当事人未选择适用于合同的法律的情况下，分别设计了货物销售合同、服务合同、有关不动产物权或租赁合同、特许销售合同、分销合同和拍卖合同等几类特殊合同的冲突规范。冲突规范自简单到复杂，从单一到多样的发展，成为冲突法国际国内立法的特点和趋势。

在我国，2007年《关于审理涉外民事或商事合同纠纷案件法律适用若干问题的规定》第五条在先作原则性规定（当事人未选择合同争议应适用的法律的，适用与合同有最密切联系的国家或者地区的法律。人民法院根据最密切联系原则确定合同争议应适用的法律时，应根据合同的特殊性质，以及某一方当事人履行的义务最能体现合同的本质特性等因素，确定与合同有最密切联系的国家或者地区的法律作为合同的准据法）基础上，又分门别类地规定了买卖合同、成套设备供应合同等17类具体合同的冲突规范。《涉外关系法律适用法》亦采取类似处理思路。其第四十一条规定，当事人可以协议选择合同适用的法律，当事人没有选择的，适用履行义务最能体现该合同特征的一方当事人经常居所地法律或者其他与该合同有最密切联系的法律。然后又就消费合同和劳动合同分别设计了相应冲突规范。其第四十二条规定，消费者合同，适用消费者经常居所地法律；消费者选择适用商品、服务提供地法律或者经营者在消费者经常居所地没有从事相关经营活动的，适用商品、服务提供地法律。第四十三条规定，劳动合同，适用劳动者工作地法律；难以确定劳动者工作地的，适用用人单位主营业地法律。劳务派遣，可以适用劳务派出地法律。

侵权之债冲突规范的设计亦如此。《涉外关系法律适用法》第四十四条规定，侵权责任，适用侵权行为地法律，但当事人有共同经常居所地的，适用共同经常居所地法律。侵权行为发生后，当事人协议选择适用法律的，按照其协议。继而第四十五条又规定，产品责任，适用被侵权人经常居所地法律；被侵权人选择适用侵权人主营业地法律、损害发生地法律的，或者侵权人在被侵权人经常居所地没有从事相关经营活动的，适用侵权人主营业地法律或者损害发生地法律。第四十六条规定，通过网络或者采用其他方式侵害姓名权、肖像权、名誉权、隐私权等人格权的，适用被侵权人经常居所地法律。

（2）分割法的运用

在冲突法中，所谓"分割法"（Dépecage, picking and choosing）是指将一个涉外民商事纠纷分割成若干方面，根据各方面具体实体问题的特性来设计相应冲突规范以选择相应的准据法，最终对不同方面问题适用不同准据法，从而可能产生数个准据法并行适用情形的一种法律选择方法。其主要建立在法院对各方面问题逐个进行法律选择分析的基础之上。"分割方法"可追寻至中世纪。早在中世纪，有学者就主张有关违反契约的问题适用履行地法，而有关契约的其他问题适用契约订立地法支配。而时至今日，分割方法业已成为国际国内冲突立法中提升选法质量的重要措施之一。

欧盟《罗马条例Ⅰ》第3条规定，当事人可选择适用于全部或部分的法律。显然这与1980年《合同之债法律适用罗马公约》（以下简称《罗马公约》）规定相同。然而，分割法在《罗马条例Ⅰ》中的运用与在《罗马公约》中的运用却有所不同，体现在当事人未选择法律场合。换言之，在《罗马公约》中，无论主观还是客观的法律选择方法，分割法均可适用。合同当事人就合同争议的不同部分选择不同的准据法，固然为意思自治原则的应有之义。在审判实践中，法官依当事人约定确定合同争议不同部分的准据法，一般也不存在实践性难题。而在运用客观选择方法，即在当事人未选择准据法时，《罗马公约》第4条第1款则设置了分割法运用的两个条件：其一，合同是可分割的；其二，该可分割部分与其他国家联系更加紧密。①《罗马条例Ⅰ》则将分割法仅运用于当事人意思自治场合，在当事人未选择准据法时，原则上适用整体法确立合同准据法。例外的是：履行的方式以及瑕疵履行情况下应采取的步骤，则应考虑履行地国家的法律。②

与欧盟实践有所不同的是，海牙国际私法会议2015年《海牙国际商事合同法律适用通则》仅将分割法运用于当事人意思自治场合，至于履行的方式以及瑕疵履行问题是否应考虑履行地国家的法律，则尚付阙如。

而在我国，虽然国际私法理论界早就这一概念予以介绍研究，但在实践中"分割方法"的运用则比较凌乱。在涉外合同领域，无论是

---

① 有学者称，这两个条件都较为模糊。在实践中，如何分割，各国理解不一。依英国冲突法，合同大体可分为合同的成立、缔约人的能力、合同的形式、合同的内容或实质效力、合同的解释与效力、合同的消灭等方面。而依德国实践，合同分为合同的解释、合同的履行、完全或部分不履行合同义务的后果、合同义务的消灭的不同方式以及时效和期限届满时权利的丧失。至于何为与合同更紧密联系？各国理解也存在偏差。对这两个条件运用标准的不统一，影响了法律适用的确定性和预见性，与《罗马公约》期待的统一成员国冲突法的目标不相吻合。参见谢宝朝《论罗马条例Ⅰ对欧盟合同冲突法的影响及对我国启示》，《西南政法大学学报》第12卷第3期。

② 欧盟《罗马条例Ⅰ》第12条第2款：In relation to the manner of performance and the steps to be taken in the event of defective performance, regard shall be had to the law of the country in which performance takes place.

1987年的《最高人民法院关于适用〈涉外经济合同法〉若干问题的解答》、《合同法》、2007年《最高人民法院关于审理涉外民事或商事合同纠纷案件法律适用若干问题的规定》，还是《涉外关系法律适用法》，均原则上适用整体法确立合同准据法。然在非合同领域，如涉外继承、涉外票据等事项上，则充分运用"分割方法"以确定不同事项的准据法。《涉外关系法律适用法》第三十二条、第三十三条和第三十四条分别就遗嘱方式、遗嘱效力和遗产管理等事项设置了相应的冲突规范。同样，《票据法》亦分别就票据行为能力、票据形式、票据行为、票据追索行使期限等事项规定了相应冲突规范，以因应票据纠纷不同方面的特殊性。

而在司法实践中，"分割方法"为法院所认可。在黄艺明、苏月弟、周大福代理人有限公司、亨满发展有限公司、宝宜发展有限公司股权转让合同纠纷[①]中，尽管当事人在合同中明确约定适用香港法，但法院将主体适格性问题与合同争议问题相区别，分别适用不同的法律加以裁判。原告是否适格的问题首先是程序法上的问题，程序法事项适用法院地法律即内地法律。

在三井住友海上火灾保险株式会社诉中远海运集装箱运输有限公司多式联运合同纠纷案，[②] 法院亦认可"分割方法"的运用，将多式联运中承运人责任认定的法律适用问题与其他事项的法律适用问题分别处理。在该案中，被告中远海运集装箱运输有限公司于2015年3月承运一批液晶显示面板，先经海运自马来西亚巴生港至希腊比雷埃夫斯，再经铁路至斯洛伐克尼特拉。货物在位于希腊境内的铁路运输区段因火车脱轨而遭受货损。原告三井住友海上火灾保险株式会社作为涉案货物保险人，在保险理赔后取得代位求偿权，向被告提出追偿。被告抗辩称，火车脱轨的原因是事故时段当地持续暴雨，引起地质塌陷，属不可抗力，承运人可以免责；即使不能免责，其也依法可以享受承运人的单位赔偿责任限制。上海海事法院经审理认为，原告

---

① 最高人民法院（2015）民四终字第9号民事判决书。
② 中华人民共和国上海海事法院（2016）沪72初288号民事判决书；上海市高级人民法院（2018）沪民终140号民事裁定书。上海高级人民法院研究院、中国上海司法智库：《上海海事法院发布涉外海事审判白皮书（含十大典型案例）》，https// mp. weixin. qq. com/s?，访问时间：2023年9月30日。

成立注册于日本、运输目的地为斯洛伐克、事故发生地位于希腊,案件争议属于涉外民事纠纷,当事人可以选择解决纠纷适用的法律。庭审中,双方当事人达成一致,对于涉案货物铁路运输区段的责任认定、责任承担方式等选择适用希腊法律,其余争议问题则选择适用中华人民共和国法律。法院对此选择予以尊重。希腊是《国际铁路运输公约》的成员国。根据公约规定,若货物的灭失、损坏或迟延交付是由于承运人无法避免并且无法阻止其发生的原因所造成的,承运人无须承担赔偿责任。本案事故系地质作用引起地层塌陷的结果,其发生非人力所能预见和控制,被告得以援引公约规定,对货损不负赔偿责任。遂判决对原告的诉讼请求不予支持。

(二)冲突规范的适用方式:职权主义抑或当事人主义

涉外商事争议裁判者在寻找裁判依据时,是否首先得适用本国的冲突规范以确定作为裁判依据的准据法?这就涉及冲突规范的强制性抑或任意性效力问题。

1. 冲突规范适用的域外实践

古罗马有法谚云:"当事人给法官以事实,法官给当事人以法律。"法官应依职权适用法律规则,这是天经地义的事。然在冲突法领域,冲突规则能否构成例外?在当事人未依据冲突规则主张适用外国法时,法官可否不必依职权适用冲突规则?

观诸域外实践,存在三种不同做法:职权主义,以德国实践为代表,主张法官应依职权适用冲突规则;当事人主义,以英美实践为代表,主张法官不应依职权适用冲突规则;折中主义,法国、瑞士、荷兰等国实践,视所涉权利之性质而采不同主义。[①]

(1)英美的当事人主义。在普通法国家,法院采用的是一种典型的当事人主义诉讼模式。根据当事人主义,外国法必须由当事人作为一个事实向法官提出并通过专家意见予以证实。故如果当事人不提出适用外国法的主张,则法官不得主动依职权适用外国法,从而也不会依职权适用本国冲突规范。法官只能适用法院地法进行裁判。[②]

---

① 宋晓:《论冲突规则的依职权适用性质》,《中国国际私法与比较法年刊》,2007年,第95页。
② 杜涛:《法律适用规则的强制性抑或选择性》,《清华法学》2010年第3期。

在适用外国法问题上，英国法上有两项原则：第一，外国法的适用应由当事人主张，外国法为事实，由专家或以其他方法证明至法官满意；第二，在无法证明至法官满意时，法官应适用英国法。①

美国司法实践，略同于英国法：除非当事一方向法庭提出应适用外国法的主张，否则法官无须主动询问适用外国法问题。② 这一结论在 Carey 诉 Bahama Cruise Lines 案中再次得到确认。该案涉及依《美国联邦诉讼规则》第 44.1 条之规定，法官是否承担依职权适用外国法的义务问题。《美国联邦民事诉讼规则》第 44 条之一"外国法的确定"规定，当事人提起涉及外国法争点的诉讼时，应在诉答文书中记载通知或向其他当事人提交合理的通知书。为确定外国法，法院可以考虑包括证言在内的任何相关材料或典籍，不管其是否由当事人提供或依联邦证据规则是否具有可采性。法院的认定应该被视为对法律问题的裁定。法庭认为，上述规定虽授予联邦法院确定外国法的适用之权力，但并未施加适用的义务。法庭同意其他巡回法院的观点，即当事人如果没有提出法律选择的请求，则视为默示地同意案件适用法院地法。同时，法庭认为，该项原则须具备两个条件：法院地州与争端有合理联系；即使在案件可能适用他国（州）法的情况下，当事人也没有试图去规避该外国（州）的公共政策。③

(2) 大陆法系国家的实践。在大陆法系国家，冲突规范原则上被认为具有强制性。这一法律传统在德国等国家仍被坚守。即法官依职权适用冲突法，而不取决于当事人的选择。奥地利 1978 年《关于国际私法的联邦法律》第 3 条亦明确规定，如果准据法为外国法，则应由法官依职权并在该法本来的适用范围内予以适用。同时该法第 2 条规定，对于应选择适用何国法具有决定性意义的事实和法律要件，也由法官依职权决定（法律准许当事人协议选择准据法的情况除外）。在日本，由于冲突法的适用具有强制性，对于冲突法适用范围内的所有案件，法官必须适用冲突法，而不管当事人意愿如何。④

---

① 柯泽东：《国际私法》，中国政法大学出版社 2003 年版，第 184 页。
② 柯泽东：《国际私法》，中国政法大学出版社 2003 年版，第 185 页。
③ 杜涛：《法律适用规则的强制性抑或选择性》，《清华法学》2010 年第 3 期。
④ 柯泽东：《国际私法》，中国政法大学出版社 2003 年版，第 189 页；杜涛：《法律适用规则的强制性抑或选择性》，《清华法学》2010 年第 3 期。

然而，在另一些国家，则通过立法或判例方式更改了冲突规范具有强制性的传统认知，或将冲突规范的强制适用仅限于一定范围之内，而使冲突规范的适用具有任择性。换言之，有些国家依立法方法，在立法时加以规定：何种权利得以由当事人自由处分而得适用法院地法；有些国家则以判例确立之。[1] 其中最为典型的当属法国。

法国最高法院早在1959年Bisbal案中确立了冲突规范任择适用的规则。该案判决确立了两项原则：第一，双方当事人均未主张适用外国法时，法官即适用法院地的法国法。法官亦可适用外国法，但非义务。第二，本国冲突规则对法官的拘束力性质不同于实体法，"法国法律冲突规则，至少当它们规定适用某一外国法时，并不具有公法性质，不属于保护公共利益的强制性规范，从这种意义上说，应由当事人主张适用外国法时始予适用，而不能指责实质审法官不依职权适用外国法律……"然此后又经反复。至1990年和1991年，情况又发生了变化，非职权主义再次回归。最高法院再次支持1959年彼斯巴尔案判决所确立的原则，即下级法院没有义务主动适用冲突法。其后法国实践重返彼斯巴尔案判决所确立的原则。[2]

上述案例提出了运用冲裁规范寻找准据法时所面临的一个基本问题，即冲突规范的强制性，是其适用于全部法律关系，还是部分法律关系？如果有限适用，则应适用于何类法律关系？而法国实践则给予了明确答案。冲突规范的任择适用取决于案涉权利的性质，即区别两类不同性质的权利，即在冲突规则中区别两种法律关系：一类法律关

---

[1] 柯泽东：《国际私法》，中国政法大学出版社2003年版，第189页。

[2] 1959年法国最高法院审理的彼斯巴尔（Bisbal）案：在该案中，居住在法国的一对西班牙夫妻，诉请将夫妻法律上别居变更为离婚。该夫妻均为西班牙国籍。而法国不成文冲突规则是：夫妻为同一国籍时，其离婚，依共同国籍国法，即西班牙法。但双方当事人均未主张适用外国法（西班牙法）时，法国法院应依法国法作出裁判，因法国私法应适用于由法国法院管辖的一切私法关系。其结果适用法院地法国法。该判决维持历经达30年之久。然至1988年，最高法院在阿尔及利亚籍子女之母告其父亲子认领法律关系案及有住所于瑞士的瑞士籍人的赠予他人案中，推翻了Bisbal案上述原则。在前案中，最高法院批评二审法院适用法院地法的法国法，违背民法的规定，认为法官须依职权调查本案所应适用的法律，即阿尔及利亚法。后案中，法国最高法院认为冲突规则在法庭上应具有强制性，依死亡人所属国籍国法，瑞士法应予适用，以决定继承及赠予问题。法院应依职权调查本案诉讼依瑞士法是否有侵害其女的权利。结果适用瑞士法。参见柯泽东《国际私法》，中国政法大学出版社2003年版，第186—188页。

系的实质权利容许当事人自由安排（不涉及公共利益保护）；而一类法律关系的实质权利则禁止由当事人自由安排处分（涉及公共利益保护）。而所谓"当事人得自由安排处分的权利"，应指"金钱债权请求的案件"。该类权利发生纠纷时，既然当事人有权自由处理，当事人自然有权选择适用法院地法。冲突规范的本来目的即在于服务于实体法，故基于此类请求权性质，应许可当事人选择适用法院地法。而对于国际条约中冲突规范的任择适用问题，法国最高法院亦曾就一起公路交通事故案中对此作出裁判。该案所涉交通事故发生在吉布提共和国，依《海牙公路交通事故法律适用公约》第3条规定，适用交通事故发生地国法。二法国籍当事人请求适用共同国籍的法国法。公约本应具有强制性，不得任择，但法国最高法院否定了二审法院认为应适用侵权行为地法的判决，而适用共同国籍的法国法。法国最高法院之所以适用当事人所选择的法国法，系基于业已确立的当事人有权自由处分其权利的原则而排除适用公约中的冲突规范。[1]

受法国司法实践及英美法影响，在20世纪70年代大陆法国家出现了任择性冲突法理论（facultative choice of law theory）。该理论将冲突规范的适用与当事人意思自治原则结合起来，主张只有在当事人要求适用外国法并且能够像对待事实问题一样证明外国法时，才能适用冲突规范。否则，法院依职权适用法院地法。其依据是冲突规范原则上以追求法的安定性为目标，同时为尊重各法域立法管辖权的划分，故应具有强制性，尤其对于身份法律关系。而在无第三人利益介入时，因允许当事人选择法院地法。不过该选择应为双方合意，单纯的默认不足以构成。[2] 该理论为诸多国家所接受而主张法院在审理案件时，认可当事人选择适用法院地法或在当事人未主张适用外国法时，法院有权依职权适用法院地法。斯堪的纳维亚国家的司法实践也倾向于这种做法。[3] 而德国，尽管学者弗莱斯纳（Flessner）较早接受了选择性冲突法理论并得到了茨威格特（Zweigert）以及西米提斯（Simitis）和施图尔姆（Sturm）等学者的赞同。但选择性冲突法理论在德

---

[1] 柯泽东：《国际私法》，中国政法大学出版社2003年版，第188—190页。
[2] 柯泽东：《国际私法》，中国政法大学出版社2003年版，第190页。
[3] 杜涛：《法律适用规则的强制性抑或选择性》，《清华法学》2010年第3期。

国受到更多学者的批判。总的来看，在德国等传统大陆法国家占主导地位的意见是，应继续保持目前的法律传统，即法官依职权适用冲突法，而不取决于当事人的选择。①

各国在冲突规范强制性效力问题上分歧亦体现在冲突法国际立法上。大多数冲突法公约将此问题留待各成员国自行解释，如海牙国际私法会议所制定的诸多公约，欧盟《罗马条例Ⅱ》②亦不例外，其亦没有明文规定法律适用规则的强制性或选择性，而仅少数国际公约，如1979年在蒙得维的亚签订的《美洲国家间关于国际私法一般规则的公约》明确要求成员国司法机关必须依照公约的冲突规则选择准据法。③

2. 我国相关实践

我国司法实践中常见现象是，一方面，各级人民法院在审理涉外案件时，若当事人不主张适用外国法，就直接适用我国实体法进行裁判；另一方面，依我国现行法律和司法解释，冲突规范具有强制性。《涉外关系法律适用法》第二条规定，涉外民事关系适用的法律，依照本法确定。其他法律对涉外民事关系法律适用另有特别规定的，依照其规定。最高人民法院2021年《全国法院涉外商事海事审判工作座谈会》第18条规定，中华人民共和国缔结或者参加的国际条约对涉外民商事案件中的具体争议没有规定，或者案件的具体争议涉及保留事项的，人民法院根据涉外民事关系法律适用法等法律的规定确定应当适用的法律。据此，我国法院审理涉外民事纠纷案件必须依照我国冲突法的规定确定准据法，冲突规范具有强制性效力。

与上述规定不同的是，《涉外关系法律适用法解释》第八条第二款规定，各方当事人援引相同国家的法律且未提出法律适用异议的，人民法院可以认定当事人已经就涉外民事关系适用的法律作出了选择。这也就意味着容许当事人选择法院地法或于当事人未主张适用外

---

① 杜涛：《法律适用规则的强制性抑或选择性》，《清华法学》2010年第3期。
② 欧洲议会和欧盟理事会于2007年7月11日通过《关于非合同义务法律适用的第864/2007号条例》[REGULATION (Ec) No 864/2007 OF THE EUROPEAN PARLIAMENT AND OF THE COUNCIL of 11 July 2007 on the law applicable to non—contractual obligations (RomeⅡ)，以下简称《罗马条例Ⅱ》]。
③ 杜涛：《法律适用规则的强制性抑或选择性》，《清华法学》2010年第3期。

国法时,法院得自动适用法院地法。这显然与冲突规范任择性适用理论相吻合。从而法院可据此适用法院地法以代替冲突规范所指向外国法适用,即冲突规范非强制性或当事人主张适用外国法,且举证上相对于法院地法规定有异时,始例外适用外国法,否则适用法院地法。①即所谓适用法院地法或法律适用的"回家"趋势。然而,该条款并未限定其适用范围,不论合同纠纷抑或其他类型纠纷;也未设置任何条件,而不论案涉权利是否为当事人所自由处分或涉及公益。故亟须进一步研究。

(三) 冲突规范的确定:案件与冲突规范的对接

法律所规范的乃是具有规范上意义的生活事项。冲突规范亦如此,萨维尼把涉外民事关系分为人、物、债、行为、程序等几类,并且提出相应的本座法。各国立法者均就各类不同民商事关系制定相应的冲突规范。以往社会生活相对简单,冲突规范亦相对笼统简单。而随着社会关系的复杂化和立法技术的提升,冲突规范渐趋精致。立法者将冲突立法所调整的法律关系再类型化,对同类法律关系再进行细分,依其不同性质设置不同的连结因素和冲突规范。联结因素与冲突规范自简到繁,从单一到多样的发展,应为冲突法的各国国内立法和国际公约的发展趋势。

而另一方面,冲突规范的准据法选择方法,不外三要素:"法律关系""联结因素"与"国家法律"。即以某"法律关系"涉讼,继而罗列该"法律关系"的所有联结因素,并从该诸多联结因素中确定哪个或哪些联结因素最切合,再以该等切合的联结因素所牵连的"国家法律"为准据法,择之适用于涉讼的某"法律关系"以解决争议。②

青岛海事法院审理的错误扣船损害赔偿案精准展示了涉讼争议与特定冲突规范之间的对接过程。在该案中,住所地为中国青岛的 C 公司以租船合同纠纷为由向韩国法院申请扣押住所地在英属维尔京群岛的 A 公司所有的马绍尔籍 B 船舶。韩国法院裁定,对债务人 A 公司所有的船舶 B 实施财产保全,并实际扣押 B 轮。后 A 公司向韩国法

---

① 柯泽东:《国际私法》,中国政法大学出版社2003年版,第190、192—193页。
② 柯泽东:《国际私法》,中国政法大学出版社2003年版,第25页。

院提出异议，韩国法院经审查认为保全的船舶为案外人 D 公司所有，因此撤销财产保全裁定并驳回 C 公司的财产保全申请。A 公司后向青岛海事法院提起诉讼，主张 C 公司赔偿因错误扣船而导致其遭受的船期损失等。青岛海事法院首先依《涉外关系法律适用法》第八条"涉外民事关系的定性，适用法院地法律"之规定对诉争法律关系进行定性。虽然诉争事实为错误扣船，但《海商法》并没有就扣船错误纠纷专门设置冲突规范，故应将之归入侵权纠纷，由此该诉争法律关系即为侵权法律关系。而《海商法》中亦并无涉外侵权的冲突规范。但《法律适用法》第二条第 1 款规定，涉外民事关系适用的法律，依照本法确定。其他法律对涉外民事关系法律适用另有特别规定的，依照其规定。故在《海商法》没有规定时应依照《法律适用法》中关于涉外侵权的冲突规范来确定错误扣船纠纷所应适用的准据法，从而实现了案涉错误扣船纠纷与《涉外民事关系法律适用法》中涉外侵权冲突规范之间的对接。而《涉外关系法律适用法》第四十四条规定，侵权责任，适用侵权行为地法律，但当事人有共同经常居所地的，适用共同经常居所地法律。侵权行为发生后，当事人协议选择适用法律的，按照其协议。依此规定，在双方当事人没有对法律适用达成合意时，该错误扣船纠纷应适用侵权行为地法律，即韩国法。①

1. 实现对接的制度：定性

（1）定性制度的功能。依上所述，究竟哪一条冲突规范与裁判者手中的涉外商事案件相对应，应通过国际私法中定性制度的适用加以解决。

定性制度的产生源于识别冲突的存在。所谓识别冲突，是指依据不同国家的法律观点和法律概念对有关事实进行定性或归类所产生的抵触或差异，又称"隐存冲突"。从而所谓定性，即在确定某一法律上概念或名词的意义，选择适当的冲突规范而加以正确的适用。若当事人间的讼争事实符合某一特定属类时，法院即适用该特定冲突规

---

① 周洁：《从一起错误扣船案件看涉外案件处理思路及外国法如何查明》，http://news.sol.com.cn/html/2017-12-12/AE96582E46A18401C.shtml，访问时间：2023 年 6 月 5 日。

范，进而确定准据法。① 故定性制度的功能在于确定某一具体涉外案件所应适用的特定冲突规范。

定性系因不同法律制度或国家间就法律关系性质、概念、用语、归属或归类不同，在法律选择之前须先予确定，以便决定准据法。换言之，系争法律关系，在涉外案件的性质概念必先加以确定，始能选择准据法。因而在程序上，定性系于法律冲突解决前，应先予解决的事项。② 而所谓解决，便是实现特定涉外案件与特定冲突规范之间的对接。该过程，从逻辑视角而言，仍又是逻辑三段论的运用。即大前提是可资适用的冲突规范，小前提是涉外商事案件事实，结论即为应适用的具体冲突规范。但冲突规范与案件事实之间的连接或对应并不是一个自然而然的涵摄过程。其中不仅涉及逻辑推理，而且还涉及价值判断。此外，连接是一个目的之间往返流转的多个过程。这就需要对连接过程进行反复论证。③

在最高人民法院再审的新加坡长荣海运股份有限公司（Evergreen Marine）与第一产物保险股份有限公司国际货物多式联运合同纠纷案中，最高人民法院认为，案涉货物运输系从中国上海经海路和公路运输至墨西哥内陆城市墨西哥城的国际货物多式联运，货物灭失发生于墨西哥公路运输区段，各方当事人之间由此发生货损赔偿民事纠纷，该纠纷具有涉外因素。依照《涉外关系法律适用法》第八条的规定，涉外民事关系的定性，适用法院地法律。本案首先应当根据中华人民共和国法律认定当事人诉争的民事法律关系的性质，然后依次确定本案的法律适用以及有关赔偿责任和责任限额问题。鉴于该合同双方约定的运输为多式联运，华硕科技公司与新加坡长荣公司之间的法律关系为国际货物多式联运合同关系，货物保险人第一产物公司行使保险代位求偿权，其与新加坡长荣公司之间的纠纷仍应按该合同关系进行审理，故本案当事人诉争的民事法律关系应当定性为国际货物多式联运合同关系。一、二审法院将本案案由认定为海上货物运输合同纠纷欠准确，本案案由应确定为国际货物多式联运合同纠纷。

---

① 刘铁铮、陈荣传：《国际私法论》，（台北）三民书局1996年版，第594—595页。
② 柯泽东：《国际私法》，中国政法大学出版社2003年版，第71—75页。
③ 参见许中缘《论法学方法论与中国法学发展》，《比较法研究》2012年第4期。

进而关于本案的法律适用，因《涉外关系法律适用法》第二条第1款规定，涉外民事关系适用的法律，依照本法确定。其他法律对涉外民事关系法律适用另有特别规定的，依照其规定。最高人民法院并未适用《涉外关系法律适用法》中的相关冲突规范，而适用《海商法》中的相关相关冲突规范。最高人民法院认为，《海商法》第二百六十九条规定："合同当事人可以选择合同适用的法律，法律另有规定的除外。合同当事人没有选择的，适用与合同有最密切联系的国家的法律。"各方当事人对于一、二审法院整体上适用中华人民共和国法律审理本案纠纷并无异议，并在再审中一致表示同意，故本院予以确认。各方当事人在同意本案审理整体上适用中华人民共和国法律的前提下，对于认定新加坡长荣公司的赔偿责任和责任限额以及有关诉讼时效是否应当适用墨西哥法律有争议。《海商法》第一百零五条规定："货物的灭失或者损坏发生于多式联运的某一运输区段的，多式联运经营人的赔偿责任和责任限额，适用调整该区段运输方式的有关法律规定。"多式联运经营人新加坡长荣公司的赔偿责任和责任限额应适用墨西哥调整当地公路运输的民商事法律。①

（2）程序与实体的区分对应适用的冲突规范的影响。程序与实体问题的区分是定性制度的基本功能。但由于如何区分实体与程序，国际社会并无确定的统一的标准，因而程序与实体的区分具有一定的不确定性，进而影响到冲突规范的选择，并最终影响到裁判依据的确定。

从我国目前司法实践看，程序与实体的区分主要体现在诉讼主体、诉讼时效问题上。

①诉讼主体问题的程序性与实体性之分歧。诉讼主体问题主要包括当事人能力问题和当事人适格性问题。当事人能力通常仅指诉讼权利能力，但亦经常将诉讼行为能力纳入其中。诉讼权利能力是指成为民事诉讼当事人，享有诉讼权利、承担诉讼义务的资格。其强调的是具有作为当事人的资格。诉讼行为能力是指通过自身实施诉讼行为，行使权利、承担义务的资格。其不仅意味行为人具有当事人资格，亦

---

① 最高人民法院（2018）最高法民再196号民事判决书。

表示行为人本人具有参加诉讼的能力。而所谓当事人适格，是指就具体案件的诉讼，作为该具体案件当事人起诉或者应诉的资格。诉讼权利能力问题与当事人适格性问题之间，既相区别又相联系。诉讼权利能力不以特定的诉讼存在为前提，凡具有诉讼权利能力者，不论有无诉讼，恒有此种能力。而当事人适格则是以特定诉讼存在为前提，旨在解决在某一具体案件中，谁应作为原告或者被告的问题。在判断当事人是否适格时，当事人诉讼能力是前提，当事人适格必须以有诉讼权利能力为前提，虽然有诉讼权利能力则未必当事人一定适格，但无诉讼权利能力时当事人必然不适格。[1]

与国内诉讼不同的是在涉外民事诉讼中，当事人能力问题和当事人适格性问题存在准据法的选择问题。而这则取决于当事人能力问题和当事人适格性问题系属于程序问题抑或实体问题。在我国学术界和实务界，在该方面存在相当大的分歧。

从学界观之，林欣先生等认为：诉讼权利能力依法院地法；诉讼行为能力依法院地法；而案件合适的当事人问题，则依案件的准据法。[2] 而李浩培先生则认为，当事人能力指在一个民事案件中作为原告、被告或诉讼参加人的能力。原则上，任何人具有当事人能力以其具有权利能力，即具有享有权利和承担义务的能力为前提。按照各国现行的国际私法，关于自然人的权利能力，或者适用当事人本国法，或者适用当事人住所地法。关于法人的权利能力，或者适用其管理中心地法，或者适用其创立和登记地法。诉讼能力指有权为诉讼行为的能力，即有这种能力的自然人或法人所为的诉讼行为会产生诉讼法上效果的能力。具有这种能力，以具有法律行为能力为前提。具有当事人能力的法律主体并非必然具有诉讼能力。自然人或法人的诉讼能力问题，须适用法院地国冲突规范对法律行为能力指示应适用的准据法。此外，我国法律规定，外国人在我国领域内进行民事活动，如依其本国法律为无民事行为能力，而依我国法律为有民事行为能力，应

---

[1] 姚瑞光：《民事诉讼法论》，中国政法大学出版社2011年版，第56—73页。
[2] 林欣、李琼英：《国际私法理论诸问题研究》，中国人民大学出版社1996年版，第25—32页。

当认定为有民事行为能力。①

而在司法实践中，对于当事人能力问题，我国法院似将之作为程序问题加以处理。在姜辉诉马来西亚航空公司北京办事处人格权纠纷案②中，原告姜辉诉称：原告系 MH370 乘客家属之一，被告马来西亚航空公司在 2014 年 4 月 25 日通过网站和多种渠道公然宣称家属在北京丽都酒店扣留马航人员、限制其人身自由。此事经世界各大媒体转发，严重误导和伤害了家属。原告为了寻找亲人已经身心疲惫并倍受伤害，被告这一极其不负责任的宣传给原告带来无法形容的伤害，故原告起诉至本院，请求判令被告公开向原告赔礼道歉并消除影响，同时要求被告赔偿原告精神损失费 15.4 元并承担本案诉讼费。法院认为：起诉应符合法定受理条件。本案中，马来西亚航空公司北京办事处系外国企业驻华代表机构，属于从事与该国企业业务有关的非营利性活动的办事机构，并不具备法人资格，虽取得《外国（地区）企业常驻代表机构登记证》，但没有领取营业执照，其在我国境内的一切业务活动，应由其所代表的外国企业承担法律责任。外国企业在我国境内设立的代表机构不具有诉讼主体资格。原告提起本案诉讼不符合《中华人民共和国民事诉讼法》第一百一十九条所规定的起诉条件，应予驳回。

对于当事人适格性问题的法律适用，则存在不同的认识，或将之作为程序性问题而适用法院地法，或将之作为实体问题，适用其他法域的法律。

在黄艺明、苏月弟、周大福代理人有限公司、亨满发展有限公司、宝宜发展有限公司股权转让合同纠纷案③中，最高人民法院认为，关于周大福公司、亨满公司提出的黄艺明、苏月弟并非本案适格原告的问题，这是程序法上的问题，参照国际私法理论，应适用法院地法律——内地法律。我国《民事诉讼法》第一百一十九条规定："原告是与本案有直接利害关系的公民、法人和其他组织"。本案中，黄艺

---

① 李浩培：《国际民事程序法概论》，法律出版社 1996 年版，第 104—106 页。
② 外国公司驻华代表处是否具有主体资格纠纷案？姜辉诉马来西亚航空公司北京办事处人格权纠纷案，北京市东城区人民法院（2016）京 0101 民初 11556 号民事裁定书。
③ 最高人民法院（2015）民四终字第 9 号民事判决书。

明系是以黄冠芳法定继承人的身份主张权益，苏月弟系以黄冠芳夫妻财产共有权人的身份主张权益。黄冠芳去世后，黄艺明、苏月弟分别作为其财产继承人和财产共有人，提起本案诉讼，显然符合《中华人民共和国民事诉讼法》第一百一十九条关于"原告"的规定，是本案适格的原告。

同样在单某、邱某侵权责任纠纷案①中，就该案焦点问题境外公司的股东能否在我国提起股东代表诉讼问题，最高人民法院认为，《公司法》第一百五十一条规定的股东代表诉讼的条件仅适用于在我国内地设立的公司，而不适用于在境外设立的公司。案涉公司系在香港特别行政区设立的公司，鉴于我国内地民事诉讼法对境外公司的股东代表诉讼，没有作出相应的限制性规定。而案涉公司的相关登记股东，属于与本案有直接利害关系的自然人，有权代表公司提起诉讼。

但亦有法院认为适格性问题属于实体问题。在徐某芬诉林某、东莞长旺公司房屋买卖合同纠纷案②中，法院依照香港法律确认遗产管理人身份，香港遗产管理人有权主张被继承人的合同权利。在该案中，经东莞长旺公司居间，香港居民李某和于2013年12月11日向广西居民林某购买位于东莞市樟木头镇某商铺，由东莞长旺公司代表林某与李某和签订一份《长旺地产房屋买卖合同》。2014年2月13日，林某与李某和、东莞长旺公司签订《买卖协议》，约定林某以公证委托形式出售案涉商铺，自林某收到房款17万元之日起物业产权归李某和所有。李某和付清全部购房款，但未办理过户手续，案涉商铺至今仍登记在林某名下。2017年6月2日，李某和在香港去世后，其配偶香港居民徐某芬提起诉讼，请求广西居民林某、东莞长旺公司协助办理案涉商铺房地产权转移登记手续。

东莞市第三人民法院一审判决驳回徐某芬的诉讼请求。但东莞市中级人民法院二审认为，徐某芬提交了继承遗产声明书、死亡证明、结婚证书、李某和父母的死亡证明以及香港法院颁发的遗产管理人任

---

① 最高人民法院（2017）最高法民终869号民事判决书。
② 《广东法院第五批粤港澳大湾区跨境纠纷典型案例》，广东法院网：https://www.gdcourts.gov.cn/index.php?v=show&cid=170&id=56859，访问时间：2022年11月15日。

命书，可以证明徐某芬系李某和的遗产管理人。徐某芬作为李某和的遗产管理人，权利和义务应依据香港法律确定。依据查明的香港法律，徐某芬具有提起本案诉讼的主体资格。

②诉讼时效：实体问题抑或程序问题

时效问题是程序问题还是实体问题，是国际私法中常见的问题之一。民法法系国家把时效分为取得时效和消灭时效。取得时效是指在一定时期内，连续公开和平与明确地占有某物而取得权利。消灭时效是指在一定时期内，权利因未行使而产生阻却请求的效力或失权效力。普通法系国家则把时效分为权利时效与诉讼时效。权利时效是指经过一定时期，由于没有占有而使财产权利消灭。国际私法中时效问题的发展变化表现为两个方面：第一，在识别问题上，普通法系国家向民法法系国家趋近；第二，在国际货物销售方面，出现了统一实体法。1974年6月12日签订的《国际货物买卖时效期限公约》第1条第1款规定，由于国际货物买卖契约所引起的或与此项契约的违反，终止或无效有关的，买方与卖方彼此间的请求权在何时由于某段时间的届满而不能行使。此种期间即为下文所称的"时效期限"。第3条规定，一、本公约仅在订立契约时，国际货物买卖契约当事各方的缔约国有营业所的情况下适用。二、除本公约另有规定外，本公约不问依照国际私法的规则原应适用的法律如何，应一律适用。三、本公约在当事各方明白表示排除其适用时，应不适用。第7条规定，有解释和适用本公约的各项规定时，应考虑到本公约的国际性质及促进统一的必要性。①

而在我国，无论立法还是司法实践中，诉讼时效均作为实体问题加以处理。《涉外关系法律适用法》第七条规定，诉讼时效，适用相关涉外民事关系应当适用的法律。国际运输代理（中国）有限公司与俄罗斯航空公司航空货物运输合同纠纷案②即为典型案例之一。

该案基本案情是：2016年10月14日，原告国际运输代理（中国）有限公司接受案外人博世汽车部件（苏州）有限公司委托，为

---

① 林欣、李琼英：《国际私法理论诸问题研究》，中国人民大学出版社1996年版，第106—115页。

② 上海市浦东新区人民法院（2019）沪0115民初81742号民事判决书。

其进口的两批共 12 台设备（其中 10 台旧设备、2 台新设备），提供从法国巴黎戴高乐机场运往中国的运输代理服务。同日，原告（托运人）就案外人博世汽车部件（苏州）有限公司的上述货物与被告（承运人）签订《空运单》一份。该《空运单》约定涉案货物的始发站机场为法国巴黎戴高乐机场，目的地机场为上海浦东国际机场。涉案货物数量为 12 件。

然而当 12 台设备运到法国航空公司仓库，在进行粘贴航空标签时粘贴错误，使本应发往上海的止回阀安装机、贴膜机发至苏州，而将本应发至苏州的打螺丝机、激光刻码机发至上海，致使在苏州申报进口时申报的货物品名与实际货物品名不符，从而影响海关监管秩序。

后原、被告双方未就贴标错误赔偿事宜达成一致，原告遂诉至法院，请求判决被告赔偿原告的损失。审理中，被告认为，根据《蒙特利尔公约》35 条的规定，原告向被告主张权利的期限为 2 年，该规定系除斥期间，不得中止或中断计算。现该期间已然经过，原告已经丧失了主张损害赔偿的权利。故本案的争议焦点之一即为《蒙特利尔公约》（1999 年版）第 35 条第 1 款所规定的 2 年，究系诉讼时效期间还是除斥期间。

对于本案原告起诉有无超过《蒙特利尔公约》所规定的 2 年期间？一审法院上海市浦东新区人民法院认为，《蒙特利尔公约》第 35 条第 1 款规定"自航空器到达目的地点之日、应当达到目的地点之日或者运输终止之日起两年期间内未提起诉讼的，丧失对损害赔偿的权利"。同时，第 35 条第 2 款规定"上述期间的计算方法，依照案件受理法院的法律确定"，故本案关于期间的计算方法，应适用中华人民共和国相关法律规定。其次，《中华人民共和国民事诉讼法》第 82 条规定"期间包括法定期间和人民法院指定的期间"。其中法定期间是指由法律直接作出规定的诉讼期间。故本案在适用《蒙特利尔公约》第 35 条第 1 款所规定的 2 年期间规定时，应结合我国的相关法律规定。对于被告提出《蒙特利尔公约》第 35 条第 1 款所规定的 2 年期间为除斥期间的观点，因无相关法律依据予以支持，故本院不予采信。最后，原告在案外人博世汽车部件（苏州）有限公司损失发生后，亦于2018年9月19日通过电子邮件的方式向被告主张赔偿，根据《中华人民共和国民法通则》第140条规定，本案原告于2018年9月15日向被告主张权利，符合诉讼时效中断情形。现原告于2019年10月8日诉至本院主张权利，其并未超出《蒙特利尔公约》所规定的2年期间，其诉权依法受到法律保护。后一审法院于2020年9月8日作出一审判决，判决被告赔偿原告的损失。被告不服一审判决，上诉至上海市第一中级人民法院，二审驳回上诉，维持原判。

而在黄某、苏某、周某公司、亨某公司、宝某公司股权转让合同纠纷案①中，最高人民法院认为，关于本案的诉讼时效问题。《中华人民共和国涉外民事关系法律适用法》第七条规定："诉讼时效，适用相关涉外民事关系应当适用的法律。"本案诉讼时效即应当根据合同纠纷所适用的法律——香港特别行政区法律确定。香港《时效条例》第4条（1）（a）规定，基于合约或侵权行为的诉讼，于诉讼因由产生之日起计6年。一审法院根据该规定认定本案诉讼时效为6年正确。各方当事人对此并无异议，但对于该时效期间的起算点存在争议。本案诉讼因由产生于2006年5月30日，而不是2002年5月31日。因此，一审判决认定本案并未超过诉讼时效期间是正确的。周某公司、亨某公司关于本案已超过诉讼时效期间的上诉理由，不能成立。

2. 定性对象的误解

特定涉外案件与特定冲突规范的对接，系通过对一些特定事项的解释或分析或归类加以实现。这些特定事项，即为定性或识别的对象。

但究竟哪些事项属于定性的对象，古今中外皆有不同认识。19世纪法国学者法国法学家巴丁（Bartin）主张只限于范围中法律关系，不包括对联结点。此为限制说。而德国学者卡恩（Kahn）却主张包括上述两者。此为从宽说。而至20世纪，英国学者戚希尔（Cheshire）和诺斯（North）把识别区分为两个阶段，即对诉由的识别（classification of the cause of action）阶段和对某一项具体法律规则的识别（classification of a rule of law）阶段。前阶段定性的对象为争议

---

① 最高人民法院（2015）民四终字第9号民事判决书。

事实中的法律问题，后阶段定性的对象则为准据法所属国的某一具体的法律规范。美国耶鲁大学教授劳伦茨（Lorenzen）则将识别对象分为三类：案件所涉及的事实；冲突规范当中的联结点；外国的具体法律规范。[1]

而在我国，学界和实务界亦对此问题有不同认识。定性对象涉及涉外性、案件事实、法律条款中的名词术语包括冲突规范中名词术语、联结点和准据法中名词术语等事项。

在实践中，存在定性对象的扩大化现象，涉外性也被纳入定性对象的范畴。在美克斯海洋工程设备股份有限公司与被申请人上海佳船机械设备进出口有限公司、江苏大津重工有限公司仲裁协议效力案[2]中，上海海事法院即将案件的涉外性的确定问题作为定性问题加以处理。法院指出，对于涉案法律关系的定性问题，根据《中华人民共和国涉外民事关系法律适用法》第八条的规定，涉外民事关系的定性，适用法院地法律。因此，就本案合同关系是否属于涉外民事关系的认定，应适用法院地法律即中华人民共和国法律。

如何厘定定性对象的范围，应立足于定性制度产生的缘由及定性制度的功能加以认识为宜。定性制度之所以产生，源于识别冲突的存在。故某些事项是否归入定性的范畴，当应视其是否存在识别冲突问题而定。诸如冲突规范或准据法的术语或概念的解释，自然应依该立法所属国的相应标准加以解释，不存在所谓的识别冲突。故将之归入识别的对象，显然有违于定性制度据以产生的根由。又，定性的目的，旨在为某一特定涉外案件确定特定的冲突规范加以适用，以据此寻找某一特定法域的法律作为案件的评判标准。故定性制度既不能用以确定司法管辖权的归属问题，亦不能用以解决准据法中某一具体条款的适用问题。其仅适用于法律适用阶段。而仅适用于此阶段的定性，亦应采限制性为宜。

---

[1] 阎卫军：《冲突法上的识别与识别冲突》，《政治与法律》2009年第7期。
[2] 上海海事法院（2017）沪72民特181号民事裁定书。法院关于该问题的认识，值得商榷。涉外性问题，由《涉外关系法律适用解释》予以规定，非由实体法规定，故不属于定性问题。而第8条的适用，以案件存在涉外性为前提。故存在适用法律错误之嫌。涉外性的判断及就冲突规范中法律术语的解释，属于冲突规范自身适用和解释问题，如同就准据法中相关术语的解释属于准据法自身解释问题，而非二级识别问题一样。

其实，观诸我国立法，《涉外关系法律适用法》显然亦采限制说。中国国际私法协会《中华人民共和国涉外民事关系法律适用法建议稿》第九条却规定，涉外民事关系的分类和定性，适用法院地法。按照法院地法律不能适当解决的，可以参照适用被选择适用的法律。第十条规定，联结点的认定，除自然人和法人的国籍外，适用法院地法。第十一条规定，应当适用的法律的解释，适用其所属国家的法律及其解释规则。《涉外关系法律适用法》谨小慎微。其第八条规定，涉外民事关系的定性，适用法院地法律。即将范围仅限于涉外民事关系，而不包括联结点。由此可见，冲突规范中的联结点并未被纳入定性对象的范畴。诸如经常居所、国籍等联结点，本身即为涉外性的判断标准，是识别制度适用的前提条件，因而非为识别的对象。而在司法实践中，亦有法院并未将之纳入定性对象的范畴而对此予以独立解释。郭某、李某与青岛某公司股东资格确认纠纷案[1]即是典范。

在该案中，涉及的其中一个争议问题即是郭某的股东资格是否可以继承。而该问题的解决又取决于能否将中国大陆地区确定为郭某的经常居所地以及其与李某的共同经常居所地，进而适用中国大陆地区法律作为解决本案包括夫妻财产关系争议和继承关系争议的准据法。但法院并未将经常居所地的确定问题作为定性问题加以对待，而是将之作为独立问题加以解决。

3. 定性的依据

定性依据或定性标准问题，即关于法律关系的性质以及法律名词的意义，究竟依何种法律而确定。实践中长期存在"准据法说"与"法院地法说"之争，并产生了介于其间的诸多混合理论。[2]

在美克斯海洋工程设备股份有限公司与被申请人上海佳船机械设备进出口有限公司、江苏大津重工有限公司仲裁协议效力案[3]中，上海海事法院经审理后认为，本案主要围绕法律适用，涉案法律关系的定性以及涉案仲裁协议的效力等问题展开。关于法律适用问题，具体

---

[1] 山东省高级人民法院（2016）鲁民终2270号民事判决书。
[2] 柯泽东：《国际私法》，中国政法大学出版社2003年版，第74—81页；刘铁铮、陈荣传：《国际私法论》，（台北）三民书局1996年版，第598—602页。
[3] 上海海事法院（2017）沪72民特182号民事裁定书；上海市高级人民法院（2018）沪民辖终45号民事裁定书。

可分为两部分：一是关于涉案法律关系是否具有涉外因素，即涉案法律关系的定性问题。根据《涉外关系法律适用法》第八条的规定，涉外民事关系的定性，适用法院地法律。因此，就本案合同关系是否属于涉外民事关系的认定，应适用法院地法律即中华人民共和国法律。《涉外关系法律适用法》第八条明确："涉外民事关系的定性，适用法院地法律。"在立法上确立"法院地法说"为定性依据，有助于形成相对统一的实践。

二 联结点的功能与准据法的检索

（一）联结点的功能[1]

对冲突规范范围中所涉及的案件事实的定性识别，实现特定涉外案件与其所对应的某一具体冲突规范之间的对接。然而，传统上，国际私法之基本方法，乃透过联结因素决定选择一国家法律之适用为主轴解决争议。准据法的选定或确定，必因有联结因素或事实与其所联结的国家法律为其基础。因有联结因素的存在，始有法院适用外国法的可能。故联结因素系确定准据法的根本，为涉外案件与各国实体法之间的桥梁。[2] 联结点的确定，则实现该特定案件与某一国家国内法之间的衔接。

所谓联结点或联结因素是指涉外民商事案件所存在的使该涉外案件与各国法律体系之间发生联结关系的诸因素。或者说是使一个或一个以上国家法律体系在涉外案件中发生竞合适用的诸相关因素或事实。故若联结因素仅为一个，则不可能有一国以上的法律，亦无所谓竞合适用问题，该案件亦即为国内案件。反之则为涉外案件。故涉外案件在法律适用上，有本国法与一以上外国法的竞合，或两个以上外国法的竞合。这些联结因素经历时间考验，逐渐形成某联结因素与某国家法律体系之间的确定密切联结。国际私法即基于某特定事实或因素与特定涉外法律关系之间的最密切合理的联系之事实，以该联结因

---

[1] 关于联结因素问题，主要包括以下几个问题：（一）有何功能？（二）如何解释？包括解释依据？有无识别冲突？是否属于识别对象？（三）如何确定？（四）确定联结点的四种特殊情况：1. 联结点缺漏；2. 联结点修正；3. 联结点替代；4. 冲突规范缺漏。

[2] 柯泽东：《国际私法》，中国政法大学出版社2003年版，"自序"第63—67页。

素所联结的国家法律为该涉外案件所应适用的法律。[1]

对于联结点与准据法之间关系问题，郭某、李某与青岛某公司股东资格确认纠纷案[2]对此予以展示。在该案中，山东省高级人民法院指出，本案二审的争议焦点之一即是本案能否将中国大陆地区确定为郭某的经常居所地以及其与李某的共同经常居所地，进而适用中国大陆地区法律作为解决本案包括夫妻财产关系争议和继承关系争议的准据法。《中华人民共和国涉外民事关系法律适用法》第二十四条规定："夫妻财产关系，当事人可以协议选择适用一方当事人经常居所地法律、国籍国法律或者主要财产所在地法律。当事人没有选择的，适用共同经常居所地法律；……"第三十一条规定："法定继承，适用被继承人死亡时经常居所地法律，但不动产法定继承，适用不动产所在地法律。"对于如何判断经常居所地的问题，《最高人民法院关于适用〈中华人民共和国涉外民事关系法律适用法〉若干问题的解释（一）》第十五条规定："自然人在涉外民事关系产生或者变更、终止时已经连续居住一年以上且作为其生活中心的地方，人民法院可以认定为涉外民事关系法律适用法规定的自然人的经常居所地，但就医、劳务派遣、公务等情形除外。"从上述规定来看，在处理涉外民事关系中的继承关系和夫妻财产关系时，我国涉外民事关系法律适用法将经常居所作为联结点。而在自然人经常居所的判定上，最高人民法院司法解释采取的是一种叠加标准，即包含两个构成要素：一是"连续居住1年以上"；二是"作为其生活中心的地方"。只有具备了上述两个要素，才能被认为是经常居所。本案中，从郭某在青岛的财产状况、投资活动、居住证明、驾驶执照、公用事业收费服务便民卡持有情况等可以得出结论，郭某生前是以中国青岛作为其生活中心。李某在本案中虽然提交的证明其在中国青岛生活的证据相对较少，但从其与郭某的夫妻关系、郭某对其委托授权情况以及在青岛连续居住情况等也可以看出李某在郭某生前是以中国青岛作为其生活中心。综合以上两个方面，本院可以判定，中国大陆地区既是郭某的经常居所地，也是郭某与李某的共同经常居所地。因此，一审法院适用中国大

---

[1] 柯泽东：《国际私法》，中国政法大学出版社2003年版，第62—64、67页。
[2] 山东省高级人民法院（2016）鲁民终2270号民事判决书。

陆地区法律作为解决本案中夫妻财产关系争议和继承关系争议的准据法并无不当。

(二) 联结点的确定及依据

依上所述，联结因素确定问题本身并无识别冲突现象存在，因而不属于定性对象的范畴。联结因素的确定主要体现为联结因素的解释和确定的准据法的确定。但《涉外关系法律适用法》并未对此作出规定，形成法律漏洞。而与此相反，中国国际私法协会《中华人民共和国涉外民事关系法律适用法建议稿》第十条则规定，联结点的认定，除自然人和法人的国籍外，适用法院地法。

而域外立法，除就个别联结因素的确定和解释有规定外，鲜见相关条款。欧盟2008年《罗马条例Ⅰ》在第19条就惯常居所和履行地作了统一规定。而欧盟2012年《关于民商事管辖权和判决执行条例》[以下简称欧盟《布鲁塞尔条例Ⅰ(修订)》]除在第63条就法人或其他法人或自然人社团或法人社团的住所作出统一明确规定外，其第62条还规定，为确定某一当事人在受理案件的法院所属成员国是否有住所，法院应适用其国内法；如果某一当事人在受理案件的法院所属成员国无住所，为确定其是否在另一成员国有住所，法院应适用该成员国法律。第63条第3款规定，为确定受托人在受理案件的法院所属成员国是否有住所，法院应适用其国际私法规则。

虽然联结因素的确定依据问题，亟须研究，但惯常居所准据法的确定问题，学界存在不同的主张：有主张法庭地法说，即认为以惯居地作为联结因素，其概念的确定，应与解释住所概念的标准相同，即依法庭地法。有本国法说，即认为应以当事人之本国法决定当事人在何国有习惯居所。1955年12月13日在巴黎签署的《关于定住地的欧洲条约》第30条第2项之附注载明，习惯居所应依当事人本国适用之规则而判定。有主张属地法说，即认为当事人在何国或何地是否有惯居地，应依该国或该地之法律为准据法。其主要根据不外认为惯居地与国籍相同，在某人与某国或某地间建立社会与政治的关系。①

在我国司法实践中，虽然有诸多案例涉及我国现行立法中惯常居

---

① 赖来焜：《当代国际私法学之构造论》，神州图书出版有限公司2001年版，第477—478页。

所的认定问题,但尚未见论述惯常居所准据法确定问题的案例。在郭某、李某与青岛某公司股东资格确认纠纷案①中,虽然山东省高级人民法院对于如何判断经常居所地的问题,进行了充分说理,但法院亦仅就当事人是否在中国大陆地区有经常居所问题加以裁判,而未论及如何确定经常居所所在地的评判依据问题。

(三) 联结点确定中的特殊现象

在联结点确定过程中,亦常需关注以下几种现象。

1. 联结点的缺漏

所谓联结点缺漏即指在依冲突规范中的联结点确定具体案件中的联结点时,并无该联结点的现象。但司法实践中往往将之作为冲突规范的缺漏现象予以处理。

(1) 冲突规范的缺漏与补全。如同实体法领域一样,在涉外案件中,一国法院有时并不能在其冲突法中找到直接可资适用的条文,这种现象称为冲突规范的缺漏。在此情况下,又该如何寻找涉外商事争议的裁判依据?

在学术界,学者将冲突规范的缺漏分为两种:法规的完全缺漏及法规的不完全缺漏。前者系指对特定的涉外民商事关系,在冲突法中完全没有可资适用的条文。而后者系指对特定涉外民商事关系,在冲突法中虽非完全没有可资适用条文,但该涉外民商事关系的一部分事实,与该条文规定的要件,不完全吻合,因而不能直接适用该条文。与冲突规范缺漏类型相对应,冲突规范缺漏的补全亦相应分为冲突规范完全缺漏的补全和冲突规范不完全缺漏的补全。在前者场合,冲突规范完全缺漏时,依法理补全。而在后者场合,由于冲突规范不完全缺漏一般是由于单边冲突规范而发生,学说上通常采平衡适用法加以补全。②

---

① 山东省高级人民法院(2016)鲁民终2270号民事判决书。
② 刘铁铮、陈荣传:《国际私法论》,(台北)三民书局1996年版,第551—554页。作者指出,所谓法理,是指由法律精神演绎而出的一般法律原则,为谋求社会生活事务的圆满和谐所不得不然的道理。但以法理补全,在法规完全缺漏和法规不完全缺漏情况下,有不同的补全方法。所谓平衡适用法,其补全步骤可分三点说明:首先确定单边冲突规范中,该涉外民商事关系准据法是以何种联结因素为基础所构成;其次则以该联结因素为基础,拟定一抽象准据法;最后在具体案件中,将涉外民商事关系的事实,适用于所拟定的抽象准据法,由此即可实现对冲突规范不完全缺漏现象进行补全的目的。

而在实践中，亦存在其他的一些补全模式，常见的即适用最密切联系原则。《涉外关系法律适用法》即运用最密切联系原则的补漏功能来解决该问题，其第二条规定，涉外民事关系适用的法律，依照本法确定。其他法律对涉外民事关系法律适用另有特别规定的，依照其规定。本法和其他法律对涉外民事关系法律适用没有规定的，适用与该涉外民事关系有最密切联系的法律。

（2）冲突规范缺漏与联结点缺漏之间的区别。在实践中，冲突规范缺漏与联结点缺漏经常发生混淆。前者是指就某一类涉外商事纠纷，无冲突规范可资适用；而后者则是指就某一类涉外商事纠纷有相应的冲突规范可资适用，但在某一具体涉外商事案件中，并不存在冲突规范中所规定的联结点。

林某、周某婚姻财产纠纷案[1]中，法院则以《涉外关系法律适用法》第2条第2款规定为依据解决联结点缺漏问题，进而适用美国法律。在该案中，原告林甲与被告周某原为夫妻，并育有一子林乙，婚后周某前往美国打工谋生，并于美国纽约购买一房屋的房屋股份，该房屋的产权性质为合作公寓。2009年10月，原告与儿子林乙一同前往美国与被告团聚，父子俩人后来获得了美国的永久居住卡。2011年，原告在美国起诉离婚，美国法院在被告未到庭情形下作出离婚判决，该判决未经过我国法院承认。2011年9月30日，被告将其于纽约购买的房屋股份无偿转让给林乙。2011年10月，被告向我国法院起诉离婚并要求分割原告在国内的相关财产，2012年10月12日，一审法院作出（2011）马民初字第1079—2号民事判决准予原被告双方离婚并分割了共同财产。2012年11月，被告周某加入美国国籍。2013年4月18日，二审法院作出（2012）榕民终字第3491号判决维

---

[1] 福建省福州市马尾区人民法院（2014）马民初字第347号民事判决书；福建省福州市（2012）榕民终字第3491号民事判决书。关联条文：《涉外关系法律适用法》第二十四条规定，夫妻财产关系，当事人可以协议选择适用一方当事人经常居所地法律、国籍国法律或者主要财产所在地法律。当事人没有选择的，适用共同经常居所地法律；没有共同经常居所地的，适用共同国籍国法律。第二条规定，涉外民事关系适用的法律，依照本法确定。其他法律对涉外民事关系法律适用另有特别规定的，依照其规定。本法和其他法律对涉外民事关系法律适用没有规定的，适用与该涉外民事关系有最密切联系的法律。第四十四条规定，侵权责任，适用侵权行为地法律，但当事人有共同经常居所地的，适用共同经常居所地法律。侵权行为发生后，当事人协议选择适用法律的，按照其协议。

持了原判决。后原告以被告未取得共有人同意，私自转让房屋股份给林乙的行为侵害了原告共有财产的合法权益为由，于2014年4月15日向我国法院提起诉讼，要求被告承担赔偿责任。

法院认为，对于该房屋股份是否属于原被告婚姻关系存续期间的夫妻共同财产问题，《涉外关系法律适用法》第二十四条规定，夫妻财产关系，当事人可以协议选择适用一方当事人经常居所地法律、国籍国法律或者主要财产所在地法律。当事人没有选择的，适用共同经常居所地法律；没有共同经常居所地的，适用共同国籍国法律。但原被告双方之间未能就法律适用问题达成协议，没有共同经常居所地；2012年11月周某加入美国国籍时，其与林甲之间的离婚诉讼民事判决尚未生效，双方还是夫妻关系，故俩人也没有共同国籍。对此种情况，应适用"与该涉外民事关系有最密切联系的法律"，即适用本案讼争的美国房屋股份所在地的美国法律。①

2. 联结点的修正

即在依冲突规范中的联结点指示确定具体案件中的联结点时，无法确定该联结点所在地理位置的现象。这种现象往往存在于引致争议的法律事实发生在公海领域或线上交易之场合。

羊某某诉英国嘉年华邮轮有限公司、浙江省中国旅行社集团有限公司海上人身损害责任纠纷案②即为较为典型的案例。在该案中，2015年8月1日，原告（7岁，未成年）和其母同第三人签订了浙江省出境旅游合同，购买了"蓝宝石公主"号邮轮"上海—济州—福冈—上海"四晚五日的旅游产品。8月5日下午2时许，邮轮航行至公海海域时，原告在邮轮泳池溺水致残，经司法鉴定为致残程度一级，完全护理依赖。原告之母作为其法定代理人向法院提起诉讼，认为被告未尽到安全保障义务，应对原告所遭受的损害承担侵权责任，并以被告为英国法人，涉案邮轮船旗国亦为英国为由，基于《涉外关系法律适用法》第四十四条关于侵权行为适用侵权行为地法律之规定，认为应适用英国法。

---

① 曹莎莎：《正确适用法律适用法第2条——林某、周某婚姻财产纠纷一案法律适用问题评析》，https:// wenku. baidu. com，访问时间：2023年7月20日。

② 上海海事法院（2016）沪72民初2336号民事判决书。

被告辩称：不能依据浮动领土的学说观点认定本案适用英国法，应依据《涉外关系法律适用法》侵权行为地法的规定适用中国法。

第三人辩称：原告和第三人均在国内有经常居所地，应适用中国法。同时，即使适用侵权行为地法律，中国为侵权结果发生地，故本案应适用中国法。

上海海事法院经审理认为，本案主要争议焦点之一是本案纠纷的准据法应为中国法还是英国法。本案为涉外海上人身损害责任纠纷，应以《涉外关系法律适用法》来确定本案的准据法。根据《涉外关系法律适用法》第四十四条对选择涉外侵权纠纷准据法的规定，本案因当事人在侵权行为发生后没有协议选择适用的法律，原告与被告之间不存在共同经常居住地，故当事人约定准据法和共同经常居所地法均不适用，只能就侵权行为地法律原则进行考量。

对于冲突规范中联结点"侵权行为地"的矫正问题，法院指出，《涉外关系法律适用法》及其相关的司法解释未就"侵权行为地"予以明确规定。《最高人民法院关于贯彻执行〈中华人民共和国民法通则〉若干问题的意见》第一百八十七条规定"侵权行为地的法律包括侵权行为实施地法律和侵权结果发生地法律。如果两者不一致，人民法院可以选择适用"。本案的侵权行为地的特殊性和非典型性，本案无法适用《涉外关系法律适用法》第四十四条来确定其准据法，相较之下，适用最密切联系原则确定本案复杂涉外侵权案件的准据法更为科学、公平，亦符合侵权损害赔偿的"填补原则"。而根据最密切联系原则，本案在确定准据法时应综合考虑以下联结点：侵权行为发生地、侵权行为结果地、受害人的住所地和经常居住地、涉案船舶的船旗国、船舶所有人国籍、船舶经营人国籍、合同签订地、邮轮旅客运输的出发港和目的港、被告公司营业地。

对于最密切联系地的确定，法院指出，从数量因素上看，上述较多的联结点集中于中国；从质量因素上看，"蓝宝石公主"号邮轮以上海港为母港，绝大部分游客为中国籍游客（包括原告）且在上海港上船和下船、原告受伤后在中国治疗并且日后在中国生活和被护理，上述因素都是与本案具有最直接、真实的联系因素，对维护受害人的合法权益影响最大，而这些因素均指向中国。反之，如因涉案船舶船旗国的不同或者船舶所有人或者经营人的国籍不同,本案的准据法而相应改变,则是随机性的,也是不公平的。因此,无论是从法律的公平、正义的本质要求考量,还是从联结点的质量、数量要求来考量,本案的准据法都应当确定为中华人民共和国法律。

3. 联结点的替代

在双边法律选择中,冲突规范规定的联结点通常被认定为与案件整体存在实质的联系;但实际上在个案中不时存在该联结点所指向的法域与案件事实脱节的现象。为此,诸多国内国际立法设特别条款授权法院以最密切联系地法为准据法以替代原联结点所指向的法律。故所谓联结点的替代即指原联结点因未能体现具体案件与该联结点所指向法域之间的密切联系而由最密切联系地加以替代的现象。而授权法院在个案中实施替代的条款,被称为逃避条款(escape clause)或矫正条款(clause of correction)或例外条款(exception clause),即授权法官"例外"地"逃避"冲突规范指引、以"矫正"严格适用冲突规范,尤其是特征性履行规则适用,所可能带来不合理法律选择结果的法律条款。欧盟《罗马条例Ⅰ》第4条第3款规定,当案件情势清楚显示合同与其他国家之间显而易见存在更密切联系时,适用该其他国家的法律。《瑞士联邦国际私法》第15条亦规定,"根据所有情况,如果案件与本法指定的法律联系并不密切,而与另一项法律的联系明显更为密切,则可作为例外,不适用本法指定的法律;在当事人自愿选择法律的情况下,不适用本规定。"

在我国,2007年最高人民法院《关于审理涉外民事或商事合同纠纷案件法律适用若干问题的规定》第五条规定,当事人未选择合同争议应适用的法律的,适用与合同有最密切联系的国家或者地区的法律。人民法院根据最密切联系原则确定合同争议应适用的法律时,应根据合同的特殊性质,以及某一方当事人履行的义务最能体现合同的本质特性等因素,确定与合同有最密切联系的国家或者地区的法律作为合同的准据法。如果上述合同明显与另一国家或者地区有更密切联系的,适用该另一国家或者地区的法律。《涉外关系法律适用法》在此基础上在第四十一条规定,当事人可以协议选择合同适用的法律。当事人没有选择的,适用履行义务最能体现该合同特征的一方当事人经常居所地法律或者其他与该合同有最密切联系的法律。

第二节　准据法的确定

准据法或为本国法或为外国法。然当以外国法为涉外案件的裁判依据予以适用时，不仅法官对之该当如何适用，在学术界存在不同主张，① 而且外国法的举证责任及举证方式，在国际私法上常有争论。② 然无论如何，必以法官知悉外国法为前提。故立法设外国法查明制度以资适用。

一　外国法的查明方法

（一）外国法查明制度的适用对象

法院所审理的涉外案件以外国法为裁判依据时，是否就得适用外国法查明制度，或者说何时适用外国法查明制度，在实践并未引起注意。③ 在诉讼中，法官熟知其本国法是其职责，但对外国法应否认识，却非强制。故以外国法为裁判依据时，即涉及外国法的查明或证明问题。④ 然在实践中，对于外国法查明制度所适用的对象问题，则存在诸多误区。

在第一产物保险股份有限公司诉新加坡长荣海运股份有限公司多

---

① 三种不同主张：外国法事实说，外国法法律说及外国法特殊法律说。外国法事实说主张法官立于外国法制之外的地位适用法律而不参与制法。在涉及外国法适用时，并不研究外国法规定是否公允，是否合乎逻辑，效用如何，而仅注意外国法在外国所接受的事实。即法官对于外国法仅问外国法为何，而不求外国法应为何。外国法法律说主张法官应以来源地国相同的方式适用该外国法（Apply foreign law in the same way as the country of origin），即处于外国法院之同一立场解释适用外国法。特殊法律说则主张外国法之为法律性质，与内国法的性质又有不同。对于内国法，法官可以个人自由心证，改变或解释内国法，以符合最大正义原则。而对于外国法，法官不能任意以主观因素，擅自解释外国法，批判外国法的价值。参见柯泽东《国际私法》，中国政法大学出版社2003年版，第168—169页。

② 刘铁铮、陈荣传：《国际私法论》，（台北）三民书局1996年版，第219页。

③ 体现为其一，此处所言之外国法，是否仅指经冲突规范指引的作为准据法的外国法？在涉外案件应适用商事惯例或国际条约时，可否运用该制度来查明商事惯例或国际条约？其二，外国法查明制度与举证责任制度有无区别？就后者而言，外国法查明制度，解决的是当事人与法院之间外国法查明责任的分配。证据法中的举证责任制度，解决的是当事人之间举证责任的分配。

④ 柯泽东：《国际私法》，中国政法大学出版社2003年版，第169页。

式联运合同纠纷案①中，最高人民法院指出，《中华人民共和国海商法》第二百六十九条规定："合同当事人可以选择合同适用的法律，法律另有规定的除外。合同当事人没有选择的，适用与合同有最密切联系的国家的法律。"各方当事人对于一、二审法院整体上适用中华人民共和国法律审理本案纠纷并无异议，并在再审中一致表示同意，故本院予以确认。各方当事人在同意本案审理整体上适用中华人民共和国法律的前提下，对于认定新加坡长荣公司的赔偿责任和责任限额以及有关诉讼时效是否应当适用墨西哥法律有争议。

而对于墨西哥法律，最高人民法院继续认为，新加坡长荣公司在一审期间没有为其提供的由外国法律专家出具的法律意见办理公证认证手续，一审法院不予认定并无不当。在二审期间，新加坡长荣公司提交的相关墨西哥法律条文可以满足案件审理需要；第一产物公司仅提出外国法律专家的法律意见不完整，但未具体指出外国法律专家的法律意见和新加坡长荣公司提交墨西哥法律的部分条文在哪些问题上不能满足案件审理需要，也未充分说明理据。至此，与本案纠纷相关的墨西哥法律已可以查明，二审法院认定该外国法无法查明不当，本院予以纠正。

在上述该案中，最高人民法院一方面认定该案准据法为中华人民共和国法律，另一方面又适用外国法查明制度对依《中华人民共和国海商法》第一百零五条规定所应适用的墨西哥法律加以查明。但问题是，外国法查明制度适用于由冲突规范所指引的作为准据法的外国法，但该墨西哥法律是否属于准据法？因而其是否属于外国法查明制度的适用对象？作为国际私法中的一项制度，外国法查明制度所适用的对象是经冲突规范指引的作为准据法的外国法。而本案的准据法是我国法，墨西哥法是适用我国法的结果，其内容如何确定属于法院自行查明的事项。

最高人民法院2021年《全国法院涉外商事海事审判工作座谈会会议纪要》对此予以进一步明确。其第68条"涉外多式联运合同经营人的'网状责任制'"规定，具有涉外因素的多式联运合同，当事

---

① 最高人民法院（2018）最高法民再196号民事裁定书。

人可以协议选择多式联运合同适用的法律；当事人没有选择的，适用最密切联系原则确定适用法律。当事人就多式联运合同协议选择适用或者根据最密切联系原则适用中华人民共和国法律，但货物灭失或者损坏发生在国外某一运输区段的，人民法院应当根据海商法第一百零五条的规定，适用该国调整该区段运输方式的有关法律规定，确定多式联运经营人的赔偿责任和责任限额，不能直接根据中华人民共和国有关调整该区段运输方式的法律予以确定；有关诉讼时效的认定，仍应当适用中华人民共和国相关法律规定。

此规定一方面将多式联运合同经营人的网状责任制条款与法律选择条款相区分，另一方面亦明确网状责任制条款所指向的适用于某一运输区段的外国法律，法院有义务予以适用，从而也就不存在所谓外国法的查明问题。

而当裁判依据为国际条约或商事惯例时，司法实践中亦存在法院适用外国法查明制度的实例。但就国际条约而言，应当由法院主动查明国际条约的情况，诸如国际条约的官方文本、缔约国情况、我国对条款的保留及条款的准确含义等，均不用由当事人提供。而在涉及商事惯例作为裁判依据时，最高人民法院曾在《关于适用中华人民共和国合同法若干问题的解释（二）》第七条第 2 款指出，对于交易习惯，由提出主张的一方当事人承担举证责任。若由当事人选择适用时，则应由当事人提供商事惯例的文本，而在法院主动适用商事惯例时，则应由法院确定所应适用的商事惯例的版本及其内容。[①]

在上海宽娱数码科技有限公司诉被告福州市嘀哩科技有限公司、福州羁绊网络有限公司、福建天下无双投资集团有限公司侵害作品信息网络传播权纠纷案中，法院做法值得肯定。

在该案中，Avex Pictures Inc. 于 2018 年 6 月作为许可方与被许可方 Bilibili Inc. 签订许可协议，将涉案作品《碧蓝之海》互联网权利授予 Bilibili Inc.。而 Bilibili Inc. 于 2019 年 4 月 2 日出具《授权与确认函》，将 2016 年 1 月 1 日至 2025 年 12 月 31 日期间取得的所有作品的著作权或被许可权（包括但不限于信息网络传播权）授权上海宽

[①] 高晓力：《涉外民商事审判实践中外国法的查明》，《武大国际法评论》2014 年第 17 期。

娱数码科技有限公司在中国境内行使。而福州市嘀哩科技有限公司、福州羁绊网络有限公司、福建天下无双投资集团有限公司共同经营的网站为涉案作品《碧蓝之海》提供在线播放、下载服务，所播放、下载的内容与宽娱公司上述享有信息网络传播权的作品相同。宽娱公司为此以上述三家公司嘀哩公司、羁绊公司、天下无双公司侵害其作品信息网络传播权为由提起诉讼。

该案系侵害作品信息网络传播权纠纷，上海市杨浦区人民法院指出，本案的主要争议焦点为宽娱公司是否对涉案作品《碧蓝之海》享有信息网络传播权。由于该焦点的认定涉及日本法相关内容的查明，故委托华东政法大学外国法查明研究中心就日本影视制作行业是否存在"制作委员会""窗口公司"等商业惯例问题进行查明。华东政法大学外国法查明研究中心出具《法律意见书》。虽然该案不存在直接适用域外法的情形，但《法律意见书》对于涉案作品的原始权属争议问题，查明了有关日本动漫影视作品的制作方式、作品署名等行业惯例。对于Avex公司单独授权的效力争议问题，明确了"窗口公司"在日本版权交易领域关于作品授权、权益分配等方面的商业惯例。该等有关日本动漫影视作品的制作方式、作品署名、权益分配、作品授权等商业惯例，具有客观反映一定法律事实的功能，可作为认定涉案作品权属的参考。①

（二）外国法的查明方式

对于外国法如何查明的问题，最高人民法院《关于设立国际商事法庭若干问题的规定》第八条规定，国际商事法庭审理案件应当适用域外法律时，可以通过下列途径查明：（一）由当事人提供；（二）由中外法律专家提供；（三）由法律查明服务机构提供；（四）由国际商事专家委员提供；（五）由与我国订立司法协助协定的缔约对方的中央机关提供；（六）由我国驻该国使领馆提供；（七）由该国驻我国使馆提供；（八）其他合理途径。2021年《全国法院涉外商事海事审判工作座谈会会议纪要》第二十一条"查明域外法的途径"规定人民法院审理案件应当适用域外法律时，可以通过下列途径查明：

---

① 《上海法院域外法查明典型案例》，https://sghexport.shobserver.com/html/baijiahao/2022/09/13/852843.html，访问时间：2023年2月20日。

(1) 由当事人提供；(2) 由中外法律专家提供；(3) 由法律查明服务机构提供；(4) 由最高人民法院国际商事专家委员提供；(5) 由与我国订立司法协助协定的缔约相对方的中央机关提供；(6) 由我国驻该国使领馆提供；(7) 由该国驻我国使领馆提供；(8) 其他合理途径。

现行相关规定似乎热衷于外国法的查明"途径"，但"途径"不同于"方法"。早在 2005 年最高人民法院《第二次全国涉外商事海事审判工作会议纪要》就此作了规定。第 51 条规定，涉外商事纠纷案件应当适用的法律为外国法律时，由当事人提供或者证明该外国法律的相关内容。当事人可以通过法律专家、法律服务机构、行业自律性组织、国际组织、互联网等途径提供相关外国法律的成文法或者判例，亦可同时提供相关的法律著述、法律介绍资料、专家意见书等。而在司法实践中，当事人或者法院在查明外国法时，更关注的是可资适用的"方式"。

在赛奥尔航运有限公司与唐山港陆钢铁有限公司申请海事强制令上诉案[①]中，二审法院天津市高级人民法院认为，关于赛奥尔公司对其主张的滞期费能否享有留置权的法律依据问题。《涉外民事关系法律适用法》第十条规定："涉外民事关系适用的外国法律，由人民法院、仲裁机构或者行政机关查明。当事人选择适用外国法律的，应当提供该国法律。"本院认为，在英国法下，《海上货物运输法》以及相关著作、判例均应适用。赛奥尔公司虽于一审期间提交了从网络下载的相关英国判例的复印件，但该判例仅表明在船东与租船人有明确约定的情况下，船东可就滞期费享有留置权，而不能证明在英国法下船东就滞期费必然享有留置权。港陆公司虽提供了有关英国法的相关证据，但不足以查明本案应适用的英国法，故而本院在当事人所提供材料的基础上，对英国法下船东享有留置权的规定作了进一步查明。综合本院调取的 John Wilson 教授最新版《海上货物运输》及其他英国法律专家 Stephen Girvin、Alan Abraham Mocatta 爵士、Michael J. Mustill 爵士以及 Stewart C. Boyd 在相关法律著作中阐述的法律意见，

---

① 天津市高级人民法院（2012）津高民四终字第 4 号民事判决书；天津市高级人民法院（2014）津高民再字第 0005 号民事判决书。

能够认定在英国普通法下,船东对滞期费请求不能行使留置权,除非当事人对此有其他约定。赛奥尔公司和港陆公司在诉讼过程中就涉外侵权的法律适用达成一致意见,即:侵权责任是否构成适用中国法律审查,留置权是否成立适用英国法审查。依据《中华人民共和国涉外民事关系法律适用法》第四十四条"侵权行为发生后,当事人协议选择适用法律的,按照其协议"的规定,赛奥尔公司与港陆公司协议选择法律适用符合我国法律规定,原审法院予以认可。因此,本案适用中华人民共和国法律审查侵权责任是否构成,适用英国法审查留置权是否成立。

在再审中,再审法院天津市高级人民法院认为,再审中赛奥尔主张本院二审判决查明英国法方式不当,认定其不享有留置权错误。在原审中,赛奥尔公司和港陆公司均提交了各自查明英国法的相关证据,但双方均对对方提交的查明英国法的相关证据表示异议。根据《最高人民法院关于适用若干问题的解释(一)》第十八条的规定"人民法院应当听取各方当事人对应当适用的外国法律的内容及其理解与适用的意见,当事人对该外国法律的内容及其理解与适用均无异议的,人民法院可以予以确认;当事人有异议的,由人民法院审查认定。"根据《最高人民法院关于贯彻执行若干问题的意见》第193条规定,查明适用外国法律的途径包括:①由当事人提供;②由与我国订立司法协助协定的缔约对方的中央机关提供;③由我国驻该国使领馆提供;④由该国驻我国使馆提供;⑤由中外法律专家提供。因此,原审调取了John Wilson 教授最新版《海上货物运输》及其他英国法律专家Stephen Girvin、Alan Abraham Mocatta 爵士、Michael J. Mustill 爵士以及Stewart C. Boyd 在相关法律著作中阐述的法律意见,对船东享有留置权的英国法律规定进行查明,认定在英国普通法下,船东对滞期费请求不能行使留置权,并无不当,除非当事人对此有其他约定。

同样,在原告赵某诉被告姜某、上海鹏欣(集团)有限公司、高汉中及美国MPI股份有限公司出资纠纷案中,原、被告均提交了特拉华州普通公司法的有关条文,被告还提供了自LEXIS 网站获取的相关判例。因双方提供的法律条文版本略有差异,各方均对对方的法律条文真实性提出异议,原告还对被告所提供判例的真实性提出异议。在对当事人提供的外国法律进行庭审质证中,法院利用了法庭的计算机设备,当庭上网,进入美国特拉华州政府官方网站,下载了现行有效的特拉华州普通公司法,当庭打印后交由双方对比质证,确认了被告提供的条文的真实性。法院还上网进入 LEXIS 网站,核实了被告提供的案例来源。法院还聘请了华东政法学院的教师作为专家证人出庭,对上网查询的过程予以了见证,并发表专家意见,双方当事人对质证程序均无异议。根据经查证的特拉华州普通公司法及相关判例的规定,法院认定原告赵涛已经具有美国 MPI 公司股东和董事身份,三被告已完成合同约定的义务,不存在违约行为,据此判决对原告的诉讼请求不予支持。[①]

二 准据法缺漏时裁判依据的确定

《涉外关系法律适用法》第十条规定,涉外民事关系适用的外国法律,由人民法院、仲裁机构或者行政机关查明。当事人选择适用外国法律的,应当提供该国法律。不能查明外国法律或者该国法律没有规定的,适用中华人民共和国法律。

然而,"不能查明外国法律"与"该国法律没有规定"不宜等量齐观。后者是指相关外国法律业已查明,但无适用于案件的具体法律规定。这种情况属于法律漏洞现象。而各国国内法一般设置有法律漏洞补救的条款。而该条款显然属于准据法的范畴。故尽管外国法中无适用于案件的具体法律规定,但外国法中法律漏洞补救条款仍可资适用。从而仍应将之适用于具体涉外案件而不应适用我国法律。司法实践也有法院如此修正上述法律规定。

在原告克兰克·古斯塔夫·沃尔特与被告中国首钢国际贸易工程公司股权转让纠纷案[②]中,北京市海淀区人民法院认为,根据《涉外关系法律适用法》第三条规定:当事人依照法律规定可以明示选择涉外民事关系适用的法律。案中,双方的主要争议焦点在于应否按照

[①] 《上海法院域外法查明典型案例》,https:// sghexport.shobserver.com/html/baijiahao/2022/09/13/852843.html,访问时间:2023 年 2 月 20 日。
[②] 北京市海淀区人民法院 (2013) 海民初字第 20170 号民事判决书。

《前期协议》支付相应违约金,而在该协议中双方明确约定适用芬兰共和国法律,双方对此并无争议,故本案争议适用的准据法为芬兰共和国法律。根据《涉外关系法律适用法》第十条规定:涉外民事关系适用的外国法律,由人民法院、仲裁机构或者行政机关查明。当事人选择适用外国法律的,应当提供该国法律。不能查明外国法律或者该国法律没有规定的,适用中华人民共和国法律。案中,克兰克向本院提供了《芬兰共和国合同法》,并指出具体适用条款;首钢国际公司认为不能仅仅适用该条款,但未指明应适用的其他具体条款;且在首钢国际公司提供的 Kari Hoppu 教授《关于并购交易争议的法律专家意见》中亦说明,芬兰法律对预合同并无专门规定;故法院认为本案适用的实体法即准据法应为《芬兰共和国合同法》,具体为第 1 条之规定。由于上述法律规定系对合同法的原则性规定,故法院还将结合各国法学通用之合同法基本法理、基本原则以及本案合同具体约定,对本案作出综合裁判。

第 三 章

涉外商事争议的补充性裁判依据：统一实体私法规则

涉外商事交易，单纯受一国家法律规范规范，已不足因应现代经贸发展，而借统一实体私法规则为法律适用上之补充。① 而统一实体私法规则作为涉外商事纠纷的裁判依据，则存在两种方法：即冲突法方法与实体法方法。冲突法方法即指通过传统的冲突规范或经改造的冲突规范的指引而将统一实体私法规则以准据法身份作为涉外商事纠纷的裁判依据。而与之相反，实体法方法即借助当事人合意选择或其自身效力而将统一实体私法规则径直作为涉外商事纠纷的裁判依据。

第一节 统一实体规则作为裁判依据的身份：准据法抑或非准据法

法律冲突即为两国以上法律发生竞合适用现象，或者说法律冲突的发生，必须因涉及两个以上国家法律体系间的竞相适用现象，而非纯为国内两个不同性质法律之间的冲突。其发生应具备三大条件：其一，因涉外案件的存在；其二，因法院对涉外案件的受理；其三，因涉及两个以上国家法律体系间竞相适用的现象。故冲突规范的设计即以某法律关系涉讼，进而核计该法律关系所含有的联结因素的数量及联结状况，其中确定何联结因素或哪些联结因素最切合，再以该切合或该些切合联结因素所联结的某国家法律为准据法，择之适用于争讼

---

① 柯泽东：《国际私法》，中国政法大学出版社2003年版，第258—259页。

以解决涉外案件争议。① 然时至当今，这一传统思路却日趋受到质疑乃至修正。

一　准据法：法律体系抑或法律规则

（一）准据法的不同定义

准据法有抽象准据法与具体准据法之分。前者是指就特定涉外法律关系，依法院地冲突规范规定所应适用的内、外国法律，其实质上属于冲突规范结构之组成部分。② 梅仲协教授在其《国际私法新论》指出："准据法，乃国际私法上就其法律关系所应适用之法律也。例如，人之行为能力，依当事人之本国法，兹之所谓本国法，即能力之准据法也。"而后者，内地教科书一般将其解释为指经法院地冲规范援引用来具体确定民商事法律关系当事人的权利与义务的特定的实体法律，它本身并不属于冲突规范范畴。③ 并将准据法特点归纳为如下几点：准据法必须是能确定当事人权利义务的实体法；准据法必须是经冲突规范所指定的实体法；准据法不是冲突规范逻辑结构的组成部分，其必须结合具体的案情事实才能予以确定；准据法不是笼统的法律制度或法律体系（legal system），而是一项具体的法律规范（legal rules），即具体的实体法规范或法律文件。

对于两者之间关系，刘铁铮和陈荣传教授认为，准据法分抽象准据法和具体准据法。其中冲突规范所规定的为抽象准据法，法院所实际适用的则为具体准据法。如果冲突法没有抽象的准据法的规定，那么虽有具体的准据法，也不能适用于实际；如具体的准据法自始即不存在，那么冲突法上虽有抽象准据法的规定，也等于空文。④ 但不论抽象准据法抑或具体准据法，其均由冲突规范确定。否则，即使作为

---

① 柯泽东：《国际私法》，中国政法大学出版社2003年版，第25、56—61、256—257页。

② 刘铁铮、陈荣传：《国际私法论》，（台北）三民书局1996年版，第17、258、262页。冲突规范结构由指定原因、联结因素和准据法三部分构成。

③ 将民事程序法律规范排除在准据法范畴之外，这似乎与程序问题依法院地法这一冲突规范不相吻合。

④ 刘铁铮、陈荣传：《国际私法论》，（台北）三民书局1996年版，第17页。

裁判依据，亦不属于准据法。

（二）准据法的传统指向：法律体系

对于准据法的外延，我国内地学者基本上从具体准据法视角加以讨论。而我国台湾地区及其他域外学者则更多地从抽象准据法角度来加以研究，进而对何种规范可以作为准据法问题进行讨论和研究，从而引发准据法非国内法化的理论和立法问题。

我国台湾地区学者刘铁铮和陈荣传教授将准据法解释为内、外国法律。《牛津法律词典》将准据法解释为与法院地法相对的适用于争议的法律体系（the system of law）、国家法（the laws of a country, the country's laws）。[①]

德国学者马丁·沃尔夫指出，国际私法的职能就是：在同时有效的几个法律体系中，决定哪个法律体系应该适用于一些特定的事实。法院可以选择的各个法律体系，限于同时都是有效的法律体系。可以选择的几个法律体系，大半是在各个地区中施行的那些法律体系。或者是在各个国家中施行的那些法律体系，或者是在同一个国家的各个部分中施行的那些法律体系。一些事实的法律上的效果并非总是由一个法律体系决定，有时需要适用几个法律体系——兼用这几个法律体系或者选用其中的一个体系。[②]

英国著名的国际私法教科书《戚希尔和诺斯论国际私法》一书中指出，国际私法是一门当由法院裁判的争议影响到与某一外国法律体系之间存在如此紧密联系以至于有必要求助于该法律体系的某些事实、事件或交易时方发生作用的法律。相应地，该外国法律体系被称为某一特定国家法院为裁判具有涉外性质的案件而自愿选择的规则。而涉外因素以各种不同的形式出现，促使法院制定大量不同的旨在指

---

① 《牛津法律词典》："Lex causae (Latin): the law of the case in private international law, the system of law (usually foreign) applicable to the case in dispute, as opposed the lex fori", "Applicable law, the laws of a country that apply to a particular transaction or agreement. Many countries are signatories of the international Rome Convention, which provides that the parties'choice of law will be respected and, in the absence of a term in the relevant agreement, the country's laws with the closest connection with the contract will apply."

② ［德］马丁·沃尔夫：《国际私法》（第二版），李浩培、汤宗舜译，北京大学出版社2009年版，第7—8页。

示支配所产生的争议的最适当法律体系的法律选择规则。①

（三）准据法外延的扩张：准据法的非国家法化（denationalization）现象

然而第二次世界大战以后，在国际商事中领域商人法理论的复兴，对准据法的传统理论和实践产生莫大冲击。由于商人法并非由主权国家制定的，而是由诸多"非国家"机构制定，因而被称之为法律的非国家法化。②

商人法的复兴旨在使调整国际性商事关系的法律逐渐摆脱国内法的桎梏。然对于其与国内法之间的关系，则存在两种基本理论。其中英国学者斯密托夫认为，商人法是国内法律体系之内的具有某些自身特征的规则总和，而非存在于国内法律体系之外的自治性法律体系，商人法的存在不影响国内冲突法和实体法在商事争议解决中的固有地位，商人法的适用应与国内法结合起来进行。因而任何对商事惯例等商人法规则的选择均不可被视为选法行为，而仅是将商人法并入合同之内的意思表示行为，被选择的商人法规则由此取得被并入的契约规则之身份。而并入商人法规则的合同的效力基础依然在于应适用的国内法。

而法国学者戈德曼思想则截然相反，其主张商人法正处于逐渐演变为法律体系的过程之中，是一个虽未臻完善，但完全独立于国内法的自治的法律体系。其无须借助各国国内的冲突法规则而凭借该商人法体系自身所发展的冲突法规则——"自治性冲突规则"——而成为国际商事交易的准据法。而"自治性冲突规则"则以当事人合意选择为其基本形态。商人法通过"自治性冲突规则"的援引而予以适用。③ 准据法由此亦实现了从国家法向非国家法的转化。

二 域外商事仲裁立法对准据法非国家法化理论的接纳

戈德曼的"自治性冲突规则"思想由于反映了人们对建立非国内

---

① P. M. North, J. J. Fawcett, *Cheshire and North's Private International Law*, Oxford University Press, 2004, p. 5.

② 邓正来：《作为一种"国家法与非国家法多元互动"的全球化进程》，《河北法学》2008 年第 3 期。

③ Filip De Ly, *International Business Law and Lex Mercatoria*, Elsevier Science Publishers B. V., 1992, pp. 286 – 288.

化的国际商事仲裁体系的愿望，而对一些国际商事仲裁立法产生极大影响。但基于"自治性冲突规则"的渊源及类型难以确定，立法者为此普遍将目光锁定在当事人的合意选择之上。

（一）商事仲裁国内立法

在法国，《民事诉讼法典》第 1511 条[①]规定，仲裁员根据当事人所选择的法律规则予以裁决，在未作法律选择时，仲裁庭应根据其认为适当的法律规则作出裁决。该条款虽未明示提及商人法，但大多数学者认为，由于该条款使用了"法律规则"的措辞，因而应解释为是对仲裁庭在国际商事仲裁中适用商人法的授权。[②] 该观点在 ICC 仲裁裁决［ICC 案例 20731（2017）］撤销案中得到验证。

在该案中，印度公司（供应商）甲和罗马尼亚公司乙之间就不锈钢管供货协议发生争议。仲裁协议仅约定"仲裁：巴黎仲裁法"，而未约定准据法。进入仲裁程序后，仲裁庭在一号程序令中就要求双方仔细考虑争议解决的准据法，选择范围包括国际法。但双方当事人都主张适用本国法律，且双方都同意使用所谓的"直接选择方法"（direct method）。仲裁庭依据双方当事人达成的合意及其就法律选择的裁量权，作出三号程序令，裁定《国际商事合同通则》（PICC）为案涉合同的准据法。其根据在于：（i）仲裁庭具有确定"最适当"的准据法的权力；（ii）合同很大程度上具有国际性；以及（iii）双方同意采用"直接选择方法"确定准据法的合意。但甲以仲裁庭"超越其权限"作出裁决作为理由之一申请撤裁。

巴黎上诉法院在 2020 年 2 月 25 日对裁决进行审查后，认为根据《法国民事诉讼法典》第 1511 条，在双方没有选择准据法的情况下，仲裁庭拥有决定准据法的充分裁量权。仲裁庭应当"适用其认为适当的准据法"解决争端，故驳回了供应商甲关于仲裁庭"超越其权限"

[①] The arbitral tribunal shall decide the dispute in accordance with the rules of law chosen by the parties or, where no such choice has been made, in accordance with the rules of law it considers appropriate. In either case, the arbitral tribunal shall take trade usages into account.

[②] Filip De Ly, *International Business Law and Lex Mercatoria*, Elsevier Science Publishers B. V., 1992, pp. 249 – 250.

作出裁决的主张，裁定维持上述裁决（第 17/18001 号）。①

在法国仲裁法改革以及荷兰法学家皮特·桑德（Pieter Sander）商人法思想的影响下，1986 年《荷兰民事诉讼法典》第 1054 条采用了与法国立法同样的措辞。该法案的解释报告称，仲裁员在国际商事仲裁中在当事人选择商人法或在当事人未作法律选择时，可以适用商人法。而商人法包括普遍接受的国际贸易惯例、跨国规则和法律原则。1987 年瑞士《关于国际私法的联邦法》第 187 条第 1 款规定，仲裁庭应依当事人所选择的法律规则进行裁决，或当事人无法律选择时，依与案件有最密切联系的法律规则进行裁决。按瑞士大多数学者之解释，该条款的立法旨意在于给予当事人和仲裁庭在有关争议解决过程中所适用的实体规则的酌处权，当事人和仲裁庭据此可以适用商人法。②

1998 年经修订的《德国民事诉讼法》第 1051（1）条规定，仲裁庭根据当事人选择的法律规则裁定争议，当事人未作法律规定选择时，仲裁庭应适用与仲裁事项有最密切联系的国家的法律。立法之所以将"法律规则"作为当事人选择适用的对象，主要基于两个原因：第一，是为了使当事人可以从不同的国内法中选择适用的规定，而不必选择某一国整套的法律规范；第二，国际上普遍的观点认为，"法律规则"这个术语不仅指国内法，而且包括国际法，如一些基本原则和商事惯例。据此，只要当事人有约定，对于他们的合同，就可以适用普遍的国际法上的基本原则、商事惯例或类似规则。③

准据法的非国家法化现象也影响到其他国家的仲裁实践。英国是典型的严格限制适用现代商人法的国家。其仲裁法的一项原则是，争议应按照固有的法律原则而不应按照个别仲裁员所坚持的所谓"公正"或"公平"的原则来解决。在 1978 年以前，英国在司法实践中

---

① 环中商事仲裁：《国际仲裁|〈国际商事合同通则〉如何弥补准据法的缺失》，https://baijiahao.baidu.com/s? id = 1684866754657319192&wfr = spider&for = pc，访问时间：2022 年 10 月 20 日。

② Filip De Ly, *International Business Law and Lex Mercatoria*, Elsevier Science Publishers B. V., 1992, pp. 250 – 252.

③ Filip De Ly, *International Business Law and Lex Mercatoria*, Elsevier Science Publishers B. V., 1992, pp. 138 – 140.

曾多次撤销基于"公正"或"公平"原则作出的裁决。1979年《仲裁法》颁布后，极大减少了英国法院的仲裁监督权，而当事人可以通过书面协议排除将法律问题提交法院审查。但是，若当事人选择适用现代商人法规则，能否也根据这种"排除协定"而排除英国法院的监督，英国对此尚无明确规定。但是，近年来，英国的法学界和仲裁实践开始倾向于赞成在国际商事关系中适用现代商人法制度。英国上诉法院在1987年所作的德国油井勘探与建筑有限责任公司诉长玛国家石油公司一案的判决使英国司法实践向承认现代商人法适用的方向迈进了一步。[①] 法官认可当事人选择非国家法的个别案例业已出现。如英国高等法院 Musawi 诉 R. E. International（UK）Ltd and others 一案，经历了仲裁和诉讼两个程序。在该案中，仲裁协议约定由伊斯兰法支配。在仲裁庭作出裁决后，当事人向英国高等法院申请执行。英国高等法院指出，根据戴西冲突法理论和英国1996年《仲裁法》，当事人有权选择非法律体系的一套规则，如1994年《国际商事合同通则》，甚至是商事法原则或商人法。因此，法院认可当事人协议选择伊斯兰法作为准据法的有效性，并支持上述裁决的执行。[②]

准据法的非国家法化现象亦可见于新加坡国际商事仲裁实践中。新加坡高等法院审理的 2014 年 FirstLink 诉 GT Payment 案[③]即为典型案例。在该案中，原告 FirstLink 公司于 2012 年 1 月在被告 GT Payment 所有的网站上注册，享有被告的在线支付服务并存入数笔资金，其后被告以原告违反合同中的资金使用约定为由暂停了原告的账户。原告于 2013 年 10 月向新加坡高等法院提起诉讼，被告在诉讼过程中提出中止请求，理由为双方签订的合同约定了仲裁条款，该条款约定双方的一切纠纷均由瑞典斯德哥尔摩商会仲裁院（SCC）裁决，双方同意不诉诸法院裁决。仲裁条款同时约定，本条款适用 SCC 的"法

[①] 郑远民：《现代商人法研究》，法律出版社2001年版，第46—47页。
[②] 严红、黄瑞焰：《〈海牙国际商事合同法律选择原则〉非国家法条款研究》，《河南警察学院学报》2018年第1期。不过，英国学者 P. M. North, J. J. Fawcett 则称，当事人对商人法而非国内法的选择，不属于当事人选择准据法的契约自由。参见 P. M. North, J. J. Fawcett, *Cheshire and North's Private International Law*, Oxford University Press, 2004, pp. 559–560。
[③] [2014] SGHCR 12.

律"。但对于该法律适用条款的含义，双方存在不同理解。原告认为该仲裁协议因为不具有可执行性而无效；被告则主张该法律选择条款所约定的"法律"仅适用于主合同而非仲裁条款。

本案争议焦点之一即是，双方就仲裁条款所约定适用的"法律"。在这种情况下，该法律适用条款是否能够被执行，抑或仅仅对主合同产生效力？

审理本案的新加坡高等法院法官首先考察了非国家法，如商人法和国际规则在国际仲裁中的可适用性，进而认定既然当事人可以就案件实体争议选择非国家法作为准据法，仲裁协议亦不例外。法院认为，既然当事人选择了 SCC 规则作为仲裁协议所适用的规则，而 SCC 规则赋予了该仲裁院理事会决定案件是否有管辖权的权力，且从以往实践来看，SCC 的实践体现了支持仲裁的精神，从而本案的仲裁管辖权应当由 SCC 而非法院来决定。综合以上理由，新加坡法院认定本案应当中止审理，由 SCC 进行仲裁。①

（二）国际商事仲裁立法对准据法的非国家法化的接纳

1965 年《关于解决各国和其他国家国民之间投资争端的公约》（《华盛顿公约》）第 42（1）条规定，法庭应依照双方同意的法律规则判定一项争端，如无此种协议，法庭应适用争端一方的缔约国的法律（包括其关于冲突法的规则）以及可适用的国际法规则。

1985 年及 2006 年修正的《联合国国际商事仲裁示范法》第 28 条"适用于争议实体的规则"规定，（1）仲裁庭应按照当事各方选择的适用于争议实体的法律规则对争议作出决定。除非另有表明，指定适用某一国家的法律或法律制度应认为是直接指该国的实体法而不是其法律冲突规范。（2）如当事各方没有任何选择，仲裁庭应适用其认为可适用的冲突规范所确定的法律。（3）仲裁庭只有在当事各方明示授权的情况下，才应按照公允及善良原则或作为友好仲裁员作出决定。（4）在任何情况下，仲裁庭均应按照合同条款并考虑到适用

---

① 干静：《从司法实践看仲裁协议有效性准据法确定规则》，《安徽理工大学学报》（社会科学版）2020 年第 4 期；刘炯、汤旻利：《案例集锦：新加坡法下对仲裁条款准据法的认定》，https://zhuanlan.zhihu.com/p/88155461? utm_id=0，访问时间：2023 年 7 月 5 日。

于该项交易的贸易惯例作出决定。

《联合国国际贸易法委员会仲裁规则》有1967年和2010年两个版本，其中2010年《仲裁规则》使用的是"法律规则（the rules of law）"而非之前的"法律（the laws）"。

综上国际国内立法，在国际商事仲裁领域，准据法即国内法的传统认知业已修正，统一实体私法规范可以准据法身份作为商事争议的裁判依据。从而也就可以理解，就《国际商事合同通则》适用问题而言，"当事人若选择《通则》作为支配其合同的法律规则，最好是将这一法律选择条款与一项仲裁协议结合起来"的原因。

三 准据法的非国家法化理论对涉外民事诉讼的影响

戈德曼所首创的"自治性冲突规则"思想对当代国内仲裁立法的影响已是不争的事实，在国际商事领域，仲裁庭根据当事人意思自治或径直适用统一实体私法规范的做法，在国际范围内已是相当普遍的现象。即统一实体私法规范在国际商事仲裁中可以准据法身份作为商事争议的裁判依据。

然而，"自治性冲突规则"能否同样在诉讼中为当事人或法官作为适用国际条约和国际惯例等商人法规则的法律依据而加以援引，或者说，作为传统选法规则的替代性选法规则。

（一）现行域外国内立法

在学术界，对于准据法的非国家法化在诉讼领域可否推行的问题，不乏存在无条件认可论、附条件认可论和否定论三种主张，但在立法和司法实践中，与学术界不同的是，仲裁领域准据法非国家法化的实践及戈德曼的"自治性冲突规则"主张并未对当代冲突法立法和司法实践产生丝毫的影响。

从国内立法和司法实践观之，无论是美洲在20世纪最后10年所制定的3部立法——路易斯安那国际私法、魁北克国际私法和委内瑞拉国际私法，还是被誉为国际私法立法典范的瑞士、奥地利和德国立法，以及一系列统一国际私法立法均未受此影响。即使在"自治性冲突规则"思想发源地的法国，其《关于民法典国际私法规范的立法草案》仍承袭着传统的法律选择模式。

在英美法系国家,在诉讼领域亦未接受准据法的非国家法化主张。在英国,当事人有权选择的应适用法律(applicable law),被推定为国家法(the law of a country)。但如果当事人明确约定由商人法调整他们之间的纠纷,这种选择因并未援引任何国家的国内法,而是援引由国际公认的商法原则所组成的跨国法,而被认为属于当事人选择准据法自由的范畴之外(be outside the parties' freedom to choose the applicable law)。在欧盟《罗马公约》期间,当事人的选择,必须是在不同国家法律之间的选择(the choice must be between the laws of different countries)。而所谓国家,一般而言即指自身拥有法律规则的领土单位。从而虽然联合王国是公约当事国,但法国法院可以适用英格兰法、或北爱尔兰法、或苏格兰法。公约甚至亦可适用于诸如涉及加利福尼亚和纽约州之间的州际纠纷。而在当事人未选择法律而法院运用最密切联系标准时,与合同之间存在最密切联系关系的是国家的法律而非法律体系(the law of the country rather than the system of law)。在 James Miller&Partners Ltd 诉 Whitworth Street Estates (Manchester) Ltd 案中,苏格兰公司同意对一家英格兰公司位于苏格兰的房产进行改建。合同文本是皇家英国建筑工程协会提供的标准格式合同。合同的形式、风格、法律语言均指向英格兰法,如果将最密切联系标准理解为与法律体系之间的联系,则英格兰法应是准据法。然而,该案所涉其他因素,如双方当事人的合同履行地,则集中指向苏格兰。故苏格兰法为该合同争议的准据法。①

在美国,《第二次冲突法重述》《美国统一商法典》1998年以及2001年版本,条款分别使用的是法律(law)、国家法(state law)或一国法律(the law of the state)。这意味着当事人只可能选择国家法。而官方评论主张当事人可以选择非国家法,作为合同条款并入合同。但是,这种并入方式并非冲突法意义上的法律选择,而是作为合同的一部分,最终则受国家法(包括直接适用的法)支配。②

---

① P. M. North, J. J. Fawcett, *Cheshire and North's Private International Law*, Oxford University Press, 2004, pp. 556 – 560, 545 – 546, 567 – 568.
② 严红、黄瑞焰:《〈海牙国际商事合同法律选择原则〉非国家法条款研究》,《河南警察学院学报》2018年第1期。

(二) 国际立法

就国际立法观之，1955 年海牙《国际有体动产买卖法律适用公约》第 3 条规定：如果当事人未选择法律，买卖应依卖方收到订单时的惯常居所地国家的国内法。

1985 年《海牙国际货物买卖合同法律适用公约》亦如此。其第 8 条规定，在未按照第 7 条选择销售合同适用法律时，合同应受卖方在订立合同时设有营业所的国家的法律管辖，但是如果符合以下条件，则销售合同应受买方在订立合同时设有营业所的国家的法律管辖。

欧盟 2008 年《罗马条例 I》在制定过程中，欧洲委员会在其 2003 年《绿皮书》中曾考虑允许国际合同当事人选择一般法律原则作为准据法。这一设想的产生基于当时欧盟正在讨论欧洲统一合同法原则，但最终未被采纳。《罗马条例 I》第 3（1）条规定，合同受当事人所选择的法律支配。该条款与其前身 1980 年《罗马公约》第 3（1）条一致。[①]

最有富有争议的莫过于 1994 年《美洲国家间国际合同适用法律公约》（以下简称《墨西哥公约》）[②] 和罗马统一私法协会《国际商事合同通则》。

在《墨西哥公约》制定过程中，一些学者，尤其是美国加利福尼亚大学戴维斯法学院弗里兹·荣格（Fritz Juenger）教授，竭力主张引入有关非国家法适用问题的条款。由于《墨西哥公约》体现了这些学者的思想，因而被诸多学者认为《墨西哥公约》是第一个允许选择非国家法作为在国家法院所受理案件之准据法的国际公约，其准据法选择条款吸纳了准据法的非国家法化理论。该条款具有深远意义，其中所指的法律，应理解为包括非国家法。然而，从这些条款的措辞看，准据法的非国家法化理论，与当事人的合意选择并无直接关联。《墨西哥公约》第 7 条规定，合同受当事人选择的法律（the law chosen by the parties）支配。第 9 条规定，如果当事人没有选择应适

[①] 对《罗马公约》所指的"法律"是否包括非国家法律规则，确曾引发过争议。

[②] Inter-American Convention on The Law Applicable to International Contracts, Signed at Mexico, D. F., Mexico, on March 17, 1994, at the Fifth Inter-American Specialized Conference on Private International Law.

用法律，或如果其选择无效，则合同受与合同有最密切联系国家法律支配（the law of the State with which it has the closest ties）。法院应考虑所有的合同主观因素和客观因素，以确定与合同有最密切联系的国家的法律。其也应考虑为国际组织承认的国际商法一般原则。第10条规定，除上述条款外，国际商法的指导方针、惯例和原则（he guidelines, customs, and principles of international commercial law）以及被普遍接受的商事惯例和做法，应予以适用以满足特定案件中公平正义的要求。第17条规定，就本公约而言，"法律"应指一国现行之法律（the law current in a State），但不包括冲突规则。可见，上述条款所指的非国家法律规则，仅具有补充性功能，并不意味着当事人可以选择包括一般法律原则在内的非国家法律规则作为准据法。公约所指的法律仅限于国家法，非国家法并非当事人意思自治的对象。

而就罗马统一私法协会《国际商事合同通则》（PICC）而言，1994年首版文本"前言"指出，本通则旨在为国际商事合同制定一般规则。在当事人约定其合同受本通则支配时，应适用本通则。在当事人约定其合同受一般法律原则、商人法等支配时，可适用本通则。在当事人没有选择支配合同的任何法律时，可适用本通则。据此，《国际商事合同通则》并非仅在仲裁领域允许将当事人选择非国家法规则作为国际商事合同的准据法。在1994年的最初版本中，《国际商事合同通则》前言部分规定《国际商事合同通则》仅适用于如下情形：（i）双方当事人一致同意《国际商事合同通则》作为合同准据法〔《国际商事合同通则》（1994）序言，第2段〕；（ii）双方同意适用习惯法或一般法律原则，因而间接适用《国际商事合同通则》（第3段）；（iii）双方选择的准据法未对争议问题作出规定（第4段）；（iv）或需对国际规范文件进行解释（第5段）。十年后，通则起草者们修改了序言第4段，将通则的适用范围扩大到双方因未就合同准据法进行磋商或磋商后未达成一致而导致合同准据法不明的情形〔《国际商事合同通则》（2004）序言，第4段〕。此后，该序言在2010年和2016年两个版本的《国际商事合同通则》文本中都保持不变。

但到目前为止，《国际商事合同通则》并未如倡导者所设想的那样频繁地被当事人作为准据法而选择适用。虽然相当多的学者主张，

《国际商事合同通则》从许多方面来说是法律,应作为当事人选择的对象。但这还没有定论。当事人将《国际商事合同通则》作为准据法的合意选择的效力,尚未得到各国法院的普遍认可。《国际商事合同通则》制定者为此又不得不指出:"当事人若选择《通则》作为管辖其合同的法律规则,最好是将这一法律选择条款与一项仲裁协议结合起来。因为当事人指定合同适用法律的选择自由传统上限于国家法,因此当事人对《国际商事合同通则》的引用将会很自然地仅被视为同意将一个协议纳入合同,而合同的适用法律仍需在国际私法规则的基础上加以确定,其结果是《国际商事合同通则》只有在不影响合同的准据法的规则的限度内才能约束当事人,即当事人不得排除适用法规则。"

由此可见,《国际商事合同通则》十分清楚当事人合意选择非国家法律规则的条款在仲裁和诉讼中的不同效力和地位,而对国内法院允许当事人直接选择《国际商事合同通则》依然信心不足,虽然其梦想是作为合同的适用规则,以致替代某一具体的特定的国内法。

此外,《欧洲合同法通则》1995 年首版也含有与《国际商事合同通则》相似的条款。该条款在《欧洲合同法通则》2002 年版中得以保留。其第 1—101 条规定,通则意在作为合同法一般规则在欧共体内予以适用;在当事人约定将通则并入合同或其合同受通则支配时,应适用本通则;在当事人约定其合同受一般法律原则、商人法或类似法律规则支配时,或者没有选择用以支配其合同的任何法律体系或规则时,可适用本通则;当应适用的法律体系或规则就所产生的争议未作规定,本通则可就该问题提供解决之道。当然,如果《欧洲合同法通则》被赋予法律效力,则上述《国际商事合同通则》所面临的问题,将不复存在。

四 海牙《国际商事合同法律选择通则》中的非国家法条款

非国家法律规范在国际商事交易中地位的不断提升,使国家法作为国际商事合同准据法的地位为此受到质疑乃至诘难。[①] 基于国际商

---

① 参见柯泽东《国际私法》,中国政法大学出版社 2003 年版,第 261—262 页;郑远民:《现代商人法研究》,法律出版社 2001 年版,第 218 页。

事仲裁的自治性和"非国内化"理论的影响，允许当事人合意选择非国家法律规则以替代国家法作为国际商事合同的准据法，业已成为国际商事仲裁领域的一项普遍实践。鉴此，海牙国际私法会议遂将仲裁领域的这一实践引入诉讼领域。

（一）煞费苦心的设计：《海牙通则》第3条

海牙《国际商事合同法律选择通则》（以下简称《海牙通则》）第2（1）条规定，合同受当事人所选择的法律支配。第3条规定，在本通则中，所指法律，包括在国际、跨国或地区层面上被普遍认为中立和公平的一套法律规则，除非法院地法另有规定。据此，国际商事合同准据法的范围不再限于国家法，亦包括非法律规则。在国际民商事诉讼程序中，当事人亦有权选择非国家法律规则作为合同的准据法。

从国际私法起源来看，各国法律体系的并存，是国际私法赖以存在的事实基础。[1] 国际私法理论及立法自其产生之时起，莫不以国家法作为国际商事合同的准据法。[2] 在规范形态上，意思自治原则表现为合同受当事人选择的"法律"支配，而非受"法律规则"支配。在以国家法作为准据法的现行冲突法立法下，非国家法律规则，不论以并入方式还是直接适用方式发挥其补充法律漏洞、解释与补充合同，乃至规范当事人权利义务关系的功能，均不属于法律渊源的范畴，[3] 其得受制于国内法中任何类型的强制性法律规范的制约。与之不同的是，若以法律规则作为准据法，非国家法律规则据此作为合同的准据法。由于非国家法律规则取得了准据法的身份，其与国家法律规则等价，因而与在将外国法作为准据法予以适用时无异，其仅受制于国内法中公共秩序条款和国际强制性法律规则，即直接适

---

[1] See Robert Jennings and Arthur Watts (ed.), *Oppenheim's International Law*, Longman Group UK Limited, 1992, p. 6.

[2] 抽象准据法与具体准据法之间的关系，参见刘铁铮、陈荣传《国际私法论》，（台北）三民书局1996年版，第17页。

[3] 参见单文华《国际贸易惯例基本理论问题研究》，梁慧星主编《民商法论丛》第7卷，法律出版社1997年版，第705页。

用法制约。① 可见，赋予法律规则以准据法资格，其旨在实现国际商事合同准据法的非国家法化，以破除国内法的垄断性支配性地位。为实现这一目标，《海牙通则》第3条的设计者们可谓费尽心机。

虽然海牙国际私法会议自2006年始便进行国际合同法律选择国际立法的可行性研究。海牙国际私法会议总务和政策事项特别委员会（以下简称"特委会"）于2006年邀请海牙国际私法会议常设局（以下简称"常设局"）就制定关于国际合同法律选择一般原则之国际文件的可行性问题进行专题研究。"常设局"于2007年1月开始，以问卷形式向海牙国际私法会议成员、国际商会及全球115个仲裁机构就是否及以何种形式制定国际合同法律选择统一规则进行调查。但问卷清单中并没有包含关于有无必要选择非国家法律规则作为准据法的问题，从而也就谈不上对该问题的回应。② 但由"常设局"所设立的"海牙通则草案"起草工作组则于2010年1月成立一个关于选择适用非国家法律规则问题的工作小组。该工作小组随后就此提出了三种方案：（1）将非国家法律规则的选择适用仅限于仲裁领域，以与许多国家司法实践的现状保持一致；（2）允许在诉讼程序中的当事人选择适用非国家法律规则；（3）在《海牙通则》中不提当事人是否可以选择适用非国家法律规则，而将该问题留由法官和仲裁员解释。而工作组则倾向于第二种方案，即允许当事人选择法律规则作为准据法而不论争议的解决模式。同时，工作组认为，"'海牙通则草案'不应含有对'法律规则'这一术语的任何明示界定或限制"，从而为当事人的意思自治提供最大支持。③ 工作组还明确反对欧盟"关于合同

---

① 参见商务部条约法律司编译《国际商事合同通则》，法律出版社2004年版，第7页。

② Questionnaire Addressed to Member States to Examine the Practical Need for the Development of an Instrument Concerning Choice of Law in International Contracts, http：//www.hcch.net/upload/quest_ jan2007members.pdf, last visit date：2022 - 08 - 02；Questionnaire Addressed to Stakeholders in the Field of International Commercial Arbitration to Examine the Practical Need for the Development of an Instrument Concerning Choice of Law in International Contracts, http：//www.hcch.net/upload/quest_ jan2007stake.pdf., last visit date：2022 - 03 - 02.

③ See Ralf Michaels, Non-State Law in the Hague Principles on Choice of Law in International Contracts, http：//scholarship.law.duke.edu/faculty_ scholarship/3227/, last visit date：2022 - 03 - 02.

第三章　涉外商事争议的补充性裁判依据：统一实体私法规则　　121

之债法律适用《罗马条例Ⅰ》草案"中就"法律规则"所使用的"合理性"或者"国际或地区认可"的额外标准，而主张唯一的限制便是所选择的"法律规则"必须是规则体系。结果，"海牙通则草案"首次规定了法律规则的选择，且无任何实质性的限制。但该条款草案对海牙国际私法会议的成员国而言，显然难以接受。正如一位与会代表所言，法律规则选择问题是"特委会会议中最具争议的问题"，"一周时间基本在讨论这一问题"。① 最终，与会代表达成妥协：保留关于当事人选择适用法律规则的条文，但得受制于若干限制性条件。保留工作组草案，但进行一些重要修改：其一，将该方案单独作为一个条款，即现行文本第3条；其二，对非国家法设置限制性条件，即这些法律规则必须是"在国际、跨国或地区层面上被普遍认为中立和公平的一套法律规则"，以便为当事人选择作为合同准据法的非国家法律规则提供最大的确定性；其三，增加了除外限制，以兼顾反对非国家法化国家的现行实践。② 在特委会会议后，工作组重新拟定《海牙通则》第3条，进而形成当前条文。

依据非国家法条款，并非所有的非国家法均可作为国际商事合同准据法。能够经当事人选择并得以适用的非国家法必须满足以下要求：其一，该非国家法必须是法律规则；其二，该非国家法必须是一套中立和平衡（as a neutral and balanced set of rules）的法律规则；其三，该非国家法必须是国际、跨国家或区域范围内被普遍接受。

然而，就"法律规则"所课予的该等限制性条件，极大限制了非国家法律规则的范围；而含混的术语使得当事人和法院在适用该条款时将面临更多困惑。

---

① See Symeon C Symeonides, "The Hague Principles on Choice of Law for International Contracts: Some Preliminary Comments", *American Journal of Comparative Law*, 2013（61）, pp. 873, 892, 893.

② 严红、黄瑞焰：《〈海牙国际商事合同法律选择原则〉非国家法条款研究》，《河南警察学院学报》2018年第1期。Genevieve Saumier, Lauro Gama Jr, "The Hague Principles and the Choice of Non-State 'Rules of Law' to Govern an International Commercial Contract", *Brooklyn Journal of International Law*, 2014（40）, pp. 9 - 10; See Ralf Michael, Non-State Law in the Hague Principles on Choice of Law in International Contracts, http://scholarship.law.duke.edu/faculty_ scholarship/3227/, last visit date: 2022 - 03 - 02. op. cit.

所谓"法律规则",显然不是指法实证主义所言之国家法律,而是指由所谓的"制法机构",如罗马统一私法协会之类的政府间国际组织,或学术机构,或诸如国际商会之类的一些行业团体所制定的法律规则。虽然"法律规则"意指非国家法律规则,但并非所有的非国家法律规则都有资格成为"法律规则"。纯粹的法律原则,以及作为规则、原则和法谚之混合物的商人法,不具有作为"法律规则"的资格。"法律规则"还必须是"一套规则"(set of rules),这意味着法律规则必须"相当完整、全面"。这一限制条件所隐含的理念是要求所选择的法律规则类似于国家法,不容许当事人挑选其中个别规则。但由于《海牙通则》第2(2)条的规定,这项限制性要求,似乎并无实际意义。而"中立和公平"(neutral and balanced)这一限制性条件也曾出现在欧盟《关于合同之债法律适用条例》(以下简称《罗马条例Ⅰ》)的起草过程中。但何谓"中立和公平"?《海牙通则》的解释文本称,所选择的法律规则,不应仅对一方当事人有利。但其并未明言据以作出评判的标准。为此,有学者认为,该项限制性条件,并非是一项实体性限制条件,而是一项形式性限制条件。也就是说,仅当法律规则由对当事人而言系中立的机构,即依《海牙通则》的解释文本所言"体现不同的法律、政治和经济观念",并不为"市场势力(market power)所左右"的机构所制定时,方可被选择适用。[①] 同时,当事人所能选择的法律规则,还需是在"国际、跨国和地区层面上"得到"普遍认可"。但何谓"普遍认可",同样存在棘手的判断标准问题。上述一系列限制性条件的设定,一方面折射出《海牙通则》对非国家法律规则自身未臻完善这一现状的关注;另一方面使得可为当事人作为准据法予以选择适用的法律规则,实际上仅限于那些由诸如国际商会、罗马统一私法协会等权威国际组织所制定颁布的成文规则。但令人费解的是,在《海牙通则》项下,此类法律规则需要由当事人选择适用,而在《国际货物销售合同公约》和《国际商事合同通则》项下,在国际贸易中已为有关特定贸易所涉同

---

① See Ralf Michael, Non-State Law in the Hague Principles on Choice of Law in International Contracts, http://scholarship.law.duke.edu/faculty_scholarship/3227/, last visit date: 2022 – 03 – 02. op. cit.

类合同的当事人所广泛知悉并为其所经常遵守的惯例,自动适用于合同或合同的订立事项。①

非国家法律规则的选择适用,引发由于其自身内容的不完整而产生的漏洞补缺问题。《海牙通则》的解释文本建议当事人应选择额外的法律来补漏。这无疑将减损非国家法律规则选择适用的价值。而上述限制性条件的引入以及这些术语解释上所存在的问题,实际上并非能产生制定者原先所设想的促进非国家法律规则适用之确定性这一目标。即使就国际商事仲裁而言,亦将使当事人和仲裁员在适用非国家法律规则时无所适从。而对法院来说,这些限制性条件又显得过于宽泛,缺乏应有的严谨。对整个通则来说,该极具争议的条款,则大大降低各成员国对通则其他条款的关注,并进而影响到对整个通则的认可。② 可以说,《海牙通则》第三条的引入,是以牺牲成员国接受其他条款为代价。

(二) 近乎一致的实践:现行立法对诉讼程序中合同准据法传统范围的固守

《海牙通则》起草者之所以倾向工作小组所提出的第二种方案,其主要依据是,法院与仲裁,或国家法的选择与非国家法的选择之间并不存在实质性区别。允许当事人选择非国家法有助于扩大当事人意思自治,满足当事人对特定规则的需求和期待。③

《海牙通则》的制定以当事人意思自治的最大化为目标。④ 允许

---

① 《国际货物销售合同公约》第9(2)条规定,除非另有协议,双方当事人应视为已默示地同意对他们的合同或合同的订立适用双方当事人已知道或理应知道的惯例,而这种惯例,在国际贸易上,已为有关特定贸易所涉同类合同的当事人所广泛知道并为他们所经常遵守。《国际商事合同通则》第1.8条第(2)项规定,在特定的有关贸易中的合同当事人,应受国际贸易中广泛知悉并惯常遵守的惯例的约束,除非该惯例的适用为不合理。

② See Ralf Michaels, Non-State Law in the Hague Principles on Choice of Law in International Contracts, http://scholarship.law.duke.edu/faculty_scholarship/3227/, last visit date: 2022-03-02.

③ See Geneviève Saumier and Lauro Gama Jr, "The Hague Principles and the Choice of Non-State 'Rules of Law' to Govern an International Commercial Contract", *Brooklyn Journal of International Law*, 2014 (40), pp. 9-10.

④ See Permanent Bureau of the Hague Conference on Private International Law, Choice of Law in International Commercial Contracts: Hague Principles, *Uniform Law Review*, 2010 (15), pp. 890, 891.

当事人选择适用非国家法律规则，显然扩大了当事人的意思自治。然而，国际私法的任务并非仅在于促进当事人意志的实现，尚须为当事人意志的实现设定范围和限制。① 尽管在国际商事交易中，非国家法律规则凭借诸多路径予以适用，但国家法与非国家法之间，以及两类规则的选择适用程序之间的区别显而易见。在当事人选择国家法时，所适用的是完整全面，且具有内在一致性的一套规则；而当选择非国家法律规则，即便是罗马统一私法协会《国际商事合同通则》时，所适用的仍是不完备的法律规则。结果往往需要其他规则来补充由此所遗留的漏洞。由于这种区别在国际商事仲裁领域似乎并不重要，为此参与制定《海牙通则》第3条的学者甚至提出将诉讼与仲裁相等同的主张，认为"在大多数法律体系中，仲裁具有与争议的司法解决机制相同的合法性和效力（legitimacy and effectiveness）。"② 民间性的仲裁与公力救济的诉讼作为解决争议的两种基本方式，尽管在微观层面上相似之处颇多，但即便如此，也未能由此臆断在法律适用层面上，法官与仲裁员具有相同的职责和裁判思维，适用相同的裁判规则。尤其在国际商事仲裁中，当仲裁员难以根据合同条款对争议问题予以裁决时，其有权依据源于不同法律体系，或统一规则中的个别规则作出裁决。而当依据所应适用的法律所得出的解决争议的方案显失公允时，仲裁员甚至可能采取实用主义方法来解释法律，作出更适当的裁决。③ 而这显然与诉讼程序中法官的裁判规则有别。此外，一些代表甚至主张，在诉讼程序中扩大非国家法的作用，有益于提升法院在国际商事诉讼的作用，形成据以减少由于非国家法规则内容的不确定和不完整性所致风险的

---

① See Robert Wai, "Transnational Liftoff and Juridical Touchdown: The Regulatory Function of Private International Law in an Era of Globalization", *Columbia Journal of Transnational Law*, 2020 (40), p. 209. The Hague Principles do lay down such limits in their provisions on mandatory rules and public policy. Also see Geneviève Saumier, Designating the UNIDROIT Principles in International Dispute Resolution, *Uniform Law Review*, 2012 (17), p. 543.

② See Walter Mattli and Thomas Dietz (ed.), International Arbitration and Global Governance: Contending Theories and Evidence, *Oxford University Press*, 2014, pp. 235 – 237.

③ See Ralf Michaels, Non-State Law in the Hague Principles on Choice of Law in International Contracts, http://scholarship.law.duke.edu/faculty_ scholarship/3227/, last visit date: 2022 – 03 – 02.

判例体系。① 确实，从裁判的合法性以及法院通过先例来推进商法发展的角度言，法院具有诸多的优势。但问题是，诉讼解决机制与仲裁解决机制的趋同，即所谓诉讼仲裁化或者仲裁诉讼化，将使两者之间的互补性及各自所具有的独特优势逐渐消弭。

就国内国际私法立法而言，尽管各国立法者自20世纪末始不同程度地就法律选择规则和选法方式进行了改良，但非国家法律规则并未被赋予与国家法律规则同等的地位。在我国，虽然司法实践中曾认为，国内实体法、国际条约和国际惯例都可以成为准据法。② 但《涉外关系法律适用法》第三条明确规定，当事人依照法律规定可以明示选择涉外民事关系适用的法律。第九条规定，涉外民事关系适用的外国法律，不包括该国的法律适用法。而《涉外关系法律适用法解释》第九条和《关于审理独立保函纠纷案件若干问题的规定》第五条则对非国家法律规则可否作为准据法问题予以明确否定。③ 最具争议的莫过于2005年《俄勒冈州法典》第81章第120条的当事人法律选择条款。该条第（1）款规定，当事人在合同中的权利义务均适用当事人选择的法律。但由于该条文并未用"state"（作"州"解）一词来限定条文中的"法律"（law 或 laws），而该章第100条第（1）款又将"法律"一词解释为"一州采纳的具有一般法律适用性的任何规则，无论该规则是国内法或外国法，无论该规则是否衍生于国际法、宪法、成文法、其他公开采用的办法或发布的司法先例"。此外，该法典报告员评论称：当事人甚至可以选择非国家法律规则，诸如《国

---

① See Geneviève Saumier and Lauro Gama Jr, The Hague Principles and the Choice of Non-State "Rules of Law" to Govern an International Commercial Contract, *Brooklyn Journal of International Law*, 2014（40），p. 10.

② 最高人民法院民四庭2005年《涉外商事海事审判实务问题解答（一）》第39问就"在审理涉外商事案件中如何适用法律"答：对于涉外合同纠纷案件，适用当事人选择的准据法，包括国际公约、国际惯例、外国法或者有关地区的法律。

③ 《最高人民法院关于适用〈中华人民共和国涉外民事关系法律适用法〉若干问题的解释（一）》第9条规定，当事人在合同中援引尚未对中华人民共和国生效的国际条约的，人民法院可以根据该国际条约的内容确定当事人之间的权利义务，但违反中华人民共和国社会公共利益或中华人民共和国法律、行政法规强制性规定的除外。最高人民法院《关于审理独立保函纠纷案件若干问题的规定》第5条规定，独立保函载明适用《见索即付保函统一规则》等独立保函交易示范规则，或开立人和受益人在一审法庭辩论终结前一致援引的，人民法院应当认定交易示范规则的内容构成独立保函条款的组成部分。

际商事合同通则》。为此，一些学者认为，尽管报告员评论并未由上述第100条和第120条予以明确支撑，但当事人选择适用非国家法律规则确实符合第120条所阐明的当事人意思自治原则的精神。然而也有学者基于第81章反复提及"states"的事实而对法院能否根据该章规定将非国家法律规则作为准据法予以适用，深表怀疑。[1]

在统一私法层面上，欧盟《罗马条例Ⅰ》第3（1）条规定，合同受当事人所选择的法律支配。然而在制定过程中，基于当时欧盟正在讨论欧洲统一合同法原则，欧洲委员会在其2003年《绿皮书》中曾考虑允许当事人选择一般法律原则作为准据法。这一设想在2005年《罗马条例Ⅰ》草案中得以体现。其第3（2）条规定，当事人也可选择在国际上和在欧共体内被接受的合同实体法的原则和规则作为准据法。对此，各界反应不一。但该条文并未在最后文本中予以保留。该文本的解释文件称，此类一般原则可依准据法中契约自由原则并入合同之中。一旦欧洲统一合同法通过其他方式予以适用，则上述草案中的该条文则失去其应有的意义。时至当今，大多数学者和法院均否认如此选择的可能。[2]

而1994年《美洲国家间国际合同法律适用公约》确曾引发当事人能否选择非国家法律规则作为国际商事合同准据法问题的争鸣。该公约在起草过程中由于一些代表，尤其是美国冲突法权威弗里德里希·K. 荣格（Friedrich K. Juenger）教授的极力坚持而在相关条款中规定了非国家法律规则的适用问题。公约第9条第2款规定，在当事人未选择准据法时，合同应受与之有最密切联系的国家法律支配。但法院也应考虑为国际组织所承认的国际商法的一般原则。第10条规定，除上述条款规定外，为在特定案件中满足公正和衡平的要求，国际商法指南、惯例和原则，以及被普遍接受的商事惯例和做法应予以适用。同时，公约第7条"合同受当事人选择的法律支配"的规定，也未以"国家"一词来限定"法律"的范围。故有学者认为，这意

---

[1] Symeon C. Symeonides, "Oregon's Choice-of-Law Codification for Contract Conflicts: An Exegesis", *Willamette Law Review*, 2007 (44), p. 228.

[2] Sambugaro and Giulia, What "law" to choose for international contracts?, http://www.simons-law.com/library/pdf/e/887.pdf., last visit date: 2022-03-02.

味着公约所指"法律",包括非国家法律规则,当事人可以选择非国家法律规则作为国际合同的准据法。① 但由于公约并未将非国家法律规则与当事人意思之间予以直接关联,而公约成员国的冲突法立法亦将"法律"限于国家法。公约第 17 条反映了成员国冲突立法的这一现状。其规定,就本公约而言,"法律"应被理解为系指一国除冲突规则之外的现行法律。至于第 10 条所涉非国家法律规则的适用问题,公约仅赋予其补充性规范功能,而非作为合同准据法的资格。②

与上述国际国内国际私法立法不同的是,《国际商事合同通则》和《欧洲合同法通则》是最早不区分争议解决方式(仲裁和诉讼)而允许当事人选择非国家法律规则作为准据法的国际软法。

《国际商事合同通则》在其"前言"指出,"本通则旨在为国际商事合同制定一般规则。在当事人约定其合同受本通则支配时,应适用本通则。在当事人约定其合同受一般法律原则、商人法等支配时,可适用本通则。在当事人没有选择支配合同的任何法律时,可适用本通则。"据此,《国际商事合同通则》作为国际商事合同的准据法并非仅限于仲裁领域加以适用。然而,到目前为止,不仅《国际商事合同通则》并未如当初设想的那样频繁地被当事人作为准据法而选择适用,而且当事人将其作为准据法而合意选择的效力,尚未得到法院的普遍认可。③《国际商事合同通则》制定者为此又不得不指出:在诉讼中,"当事人指定合同适用法律的选择自由传统上限于国家法,因此当事人对《通则》的引用将会很自然地仅被视为同意将一个协议纳入合同,而合同的适用法律仍须在国际私法规则的基础上加以确定,其结果是《通则》只有在不影响合同的准据法规则的限度内才

---

① See José Antonio Moreno Rodriguez and María Mercedes Albornoz, "Reflections on the Mexico Convention in the Context of the Preparation of the Future Hague Instrument on International Contracts", *Journal of Private International Law*, 2011(7), pp. 491, 502.

② See Didier OperttiBadán and Cecilia Fresnedo de Aguirre, "The Latest Trends in Latin American Private International Law: The Uruguayan 2009 General Law on Private International Law", *Yearbook of Private International Law*, 2009(11), p. 305; Also see Cecilia Fresnedo de Aguirre, "Party Autonomy—A Blanc Cheque?", *Uniform Law Review*, 2012(17), pp. 655, 665.

③ See Ralf Michaels, op. cit.

能约束当事人,即当事人不得排除准据法规则。如果当事人同意将合同项下所产生的争议提交仲裁,情况则不同。仲裁员不必受某一特定的国内法约束。如果当事人授权仲裁员作为一个友好的组织者或者依公平原则行事,这一点就不言自明。但即便在没有这种授权的情况下,当事人通常也被允许选择非国家法的法律规则作为仲裁员裁决的基础。"① 可见,《国际商事合同通则》制定者十分清楚当事人合意选择非国家法律规则的条款在仲裁和诉讼中的不同效力和地位,而对能否使国内法院一改故辙而允许当事人将《国际商事合同通则》作为准据法予以直接选择适用,则底气不足。

《欧洲合同法通则》也含有与《国际商事合同通则》相似的条款。其第1—101条规定,"在当事人约定将通则并入合同或其合同受通则支配时,应适用本通则;在当事人约定其合同受一般法律原则、商人法或类似法律规则支配时,或者没有选择用以支配其合同的任何法律体系或规则时,可适用本通则。"尽管其未建议当事人将《欧洲合同法通则》的选择适用与仲裁协议加以联系,但与《国际商事合同通则》略有不同的是,《欧洲合同法通则》将"并入方式"和"准据法方法"作为其适用的两种平行方式,供当事人选择。这也许是因为制定者预料到《欧洲合同法通则》作为准据法选择适用时也将面临着与《国际商事合同通则》同样的问题。②

国际国内立法和司法实践中所体现的司法权对国家法作为商事合同准据法之独占地位的固守,也就不难理解《海牙通则》之所以在赋予国际商事合同当事人选择适用法律规则的权利的同时,设置了"除非法院地法另有规定"这项除外条款的原因。

五 准据法非国家法化现象对我国的影响

域外的准据法非国家法化现象在我国学界和实务界产生不同反应。

---

① 商务部条约法律司编译:《国际商事合同通则》,法律出版社2004年版,第7页。
② See Horst Eidenmüller, "The Proposal for a Regulation on a Common European Sales Law: Deficits of the Most Recent Textual Layer of European Contract Law", *Edinburgh Law Review*, 2012 (3), p.301.

(一) 学界反应

在学界，有学者认为，在国际商事仲裁中，传统的合同准据法选择理论越来越不能适应国际商事交易的需要，合同准据法的选择出现了重要突破，仲裁庭可以不经冲突规范指引直接适用非国内规则。在这样的背景下，《国际商事合同通则》被适用来解决当事人之间的争议。《国际商事合同通则》的适用对准据法概念和合同准据法的选择提出了挑战，反映了当代国际私法发展的总体特征和合同准据法发展的新趋势，标志着一个全球性的商事价值体系正在形成并迅速发展。[1]

对准据法非国家法化现象的认同，集中体现在立法建议稿之中。中国国际私法学会所起草的《中华人民共和国国际私法示范法》第一百一十一条规定，当事人在合同中可以选择适用国际惯例，也可以选择适用国际民商事公约。这种基于当事人约定和选择得以适用的方式被称为国际条约/国际惯例的间接适用。[2] 此条款与 2002 年《中华人民共和国民法（草案）》第九编"涉外民事关系的法律适用法"第五十条第 1 款的规定完全一致。《民法（草案）》第五十条第 1 款规定："涉外合同的当事人可以选择合同所适用的法律、国际条约、国际惯例，但法律另有规定的除外。"第 2 款补充规定："涉外合同的当事人没有选择的，适用与合同有最密切联系的国家的法律。"

而在《民法典》施行后国际条约和商事惯例的适用问题，有学者主张，对于涉外民事关系适用国际条约和国际惯例问题，在《民法典》未明确规定国际条约和国际惯例适用的情况下，全国人大常委会可在批准民商事条约时明确该条约在我国法院的适用，或由最高人民法院指示各级法院直接适用民商事条约；至于国际惯例的适用，应将《民法典》第 10 条中的"习惯"解释为包括国际惯例，从而可由法院直接适用。国际条约和国际惯例的适用，不仅包括其作为法律的适用，也包括由当事人将其内容并入合同而加以"适用"。在适用国际条约时，要考虑国际条约的效力等级而摒弃"条约优先适用"的简

---

[1] 左海聪、郭鹏：《〈国际商事合同通则〉作为合同准据法在国际商事仲裁中的适用》，《云南大学学报》（法学版）2008 年第 5 期。

[2] 中国国际私法学会：《中华人民共和国国际私法示范法》，法律出版社 2000 年版，第 147 页。

单判断；而国际惯例的适用则首先应尊重当事人的选择，在当事人没有选择的情况下，可作为法律的补充规则加以适用。①

（二）实务界的回应

1. 肯定论。在实务界也是反响不一。深受准据法非国家法化现象影响的莫过于上海市高级人民法院2019年12月30日《上海法院服务保障中国（上海）自由贸易试验区临港新片区建设的实施意见》。

其第8条规定，充分尊重当事人对法律适用的选择权。依法保障离岸交易纠纷当事人自由选择适用外国法律或者国际商事通行规则、商事惯例的权利，但违反我国法律基本原则或者损害国家主权、安全和社会公共利益的除外。第10条规定，积极对接国际通行规则。按照打造国际一流自贸试验区的目标，在涉新片区案件审判中正确适用国际条约、公约和多边协定，积极推动建立与国际通行规则相衔接的制度体系。在依照冲突规范确定的准据法和相关国际条约、公约及多边协定均缺乏明文规定时，积极借鉴其他司法管辖区已有司法成果，准确适用国际商事惯例和交易习惯，努力形成合理的裁判规则，稳定市场预期，保障交易自由和安全，增强中外投资者信心，促进新片区对全球市场的吸引力和资源配置能力提升。

对于当事人在商事合同中选择适用国际条约问题，2012年《涉外民事关系法律适用法解释》第九条规定，当事人在合同中援引尚未对中华人民共和国生效的国际条约的，人民法院可以根据该国际条约的内容确定当事人之间的权利义务。但对于当事人在商事合同中选择适用对我国生效的国际条约的问题，则语焉不详。我国司法实践中亦通常将之作为准据法予以适用。

2. 否定论。准据法须为国家法的传统观念在司法实践中仍占主流地位。广东省高级人民法院2004年《关于涉外商事审判若干问题的指导意见》第二十九问就"当事人在合同首要条款中援引了有关域外法的，能否认为当事人选择了合同所适用的法律"指出：当事人在合同首要条款中约定合同条款包括域外某一法律的条款，应认为该

---

① 车丕照：《民法典颁行后国际条约与惯例在我国的适用》，《中国应用法学》2020年第6期。

域外法律条款被并入合同，成为当事人议定的合同条款，而不能再作为法律对待，因此在此种情况下，不能认为当事人在首要条款中选择了合同所适用的法律，法院应当依据我国有关合同的冲突规范确定合同的准据法，适用该准据法解决涉讼争议问题，包括首要条款的效力问题。

2012年《涉外关系法律适用法解释》第九条规定，当事人在合同中援引尚未对中华人民共和国生效的国际条约的，人民法院可以根据该国际条约的内容确定当事人之间的权利义务，但违反中华人民共和国社会公共利益或中华人民共和国法律、行政法规强制性规定的除外。但所选择适用的未生效国际条约，身份如何？最高人民法院对此作了回应。在《最高人民法院民四庭负责人就〈关于适用《中华人民共和国涉外民事关系法律适用法》若干问题的解释（一）〉答记者问》中就"海事海商审判实践中，有案件当事人在提单中载明适用《1924年统一提单某些法律规定的国际公约》（《海牙规则》）、《1978年联合国海上货物运输公约》（《汉堡规则》）等国际条约的相关内容，而我国并未加入这些国际条约，人民法院如何对待这种情形呢？司法解释稿讨论过程中曾对此有深入讨论，司法解释最终是如何规定的呢？"民四庭负责人称"司法解释第九条对此作出了规定。司法实践中当事人在合同等法律文件中援引尚未对我国尚未生效的国际条约，人民法院一般会尊重当事人的选择"，且同时认为，既然是对我国尚未生效的国际条约，该条约对我国没有拘束力，不能将其作为裁判的法律依据，即我国法院不能将其作为国际条约予以适用。然而，怎样看待这种情形更合理呢？司法解释稿讨论过程中确有不同认识：一种观点认为，这种情形可以作为当事人约定适用"外国法律"的情形对待。第二种观点认为，可以把这类国际条约视为国际惯例。第三种观点认为，把这类国际条约认为构成当事人之间合同的组成部分，据以确定当事人之间的权利义务，更为合理，这样也可以解决如何对待当事人援引一些不具有拘束力的国际示范法、统一规则等产生的问题。同时，由于国际条约的复杂性，也不能将条约内容简单地等同于当事人之间的合同内容。对我国生效的国际条约，我国往往会通过声明保留排除对我国可能会产生不利影响的条款的适用，而对我国尚未生效的国际条约,很有可能存在这方面的问题,在我们不将该国际条约作为"外国法"对待的情况下,可以排除外国法适用的公共秩序保留条款不能发生作用,因此,还应当增加对违反我国社会公共利益的情形的限制性规定。司法解释最终采纳了第3种观点。

对于商事惯例的适用问题,2005年最高人民法院《关于审理信用证纠纷案件若干问题的规定》第二条规定,人民法院审理信用证纠纷案件时,当事人约定适用相关国际惯例或者其他规定的,从其约定;当事人没有约定的,适用国际商会《跟单信用证统一惯例》或者其他相关国际惯例。而2016年最高人民法院《关于审理独立保函纠纷案件若干问题的规定》则给予更明确规定。第五条规定,独立保函载明适用《见索即付保函统一规则》等独立保函交易示范规则,或开立人和受益人在一审法庭辩论终结前一致援引的,人民法院应当认定交易示范规则的内容构成独立保函条款的组成部分。不具有前款情形,当事人主张独立保函适用相关交易示范规则的,人民法院不予支持。上述两份司法解释显示出最高人民法院关于商事惯例适用问题的认识由模糊转向明确。

(三) 裁判依据非国家法化的必要性

在国际商事仲裁领域,裁判依据的非国内法化现象呈现扩大化趋向。然与国际商事仲裁不同的是,在民事诉讼领域,非国家法能否替代国家法而作为国际商事合同的准据法?

国际商事合同准据法的非国家法化主张,是以国内法不适宜调整国际商事交易这一臆断为前提。支持此观点的学者虽然承认非国家法规则并非是一个自足的体系,并没有覆盖国际贸易法的所有领域,不如国内法律体系那么确定,但认为,第一,法律选择程序所指引的国内法规则,与国际商业的需要和习惯不相协调。各国自行制定国内法规则,本是为了调整国内事项,而非国际范围内的事项。第二,非国内法规则的发展状况已从完全"自发的"阶段,在相当程度上进入了"自觉的"阶段。商事实践中所产生的国内法无法包容的商业惯例,国际商事仲裁庭对国际商事惯例的自由运用,以及国际组织、民间组织、学术团体和比较法学家等加入对非国家法律规则的编撰行列,加速了非国家法律规则的制度化和法律化进程。第三,国内法院在司法实践中对一些诸如《国际贸易术语解释通则》等非国家法律规则在商事交易中适用事实的认可，以及《国际商事合同通则》和《欧洲合同法通则》关于其自身准据法资格的规定等，表明当事人选择适用此类"法典化"的非国家法规则的做法正在各国内法律体系中得到更多的确认。各国通过意思自治规则承认当事人对非国家法律规则的选择，并不与国家实证法的观念相冲突。[①]

然而，非国家法律规范适用于国际商事交易，并非唯有通过赋予非国家法律规范以准据法资格方能实现。实际上，非国家法律规范对各国民商事立法的影响，以及现行国际私法立法和民商事立法为国际商事交易中非国家法律规范的适用所留下的宽泛空间和多样化的适用方式，使得将非国家法律规则作为国际商事合同准据法的做法，反而滋生不必要的麻烦，其实际意义令人怀疑。

1. 国际私法中非国家法律规范的适用路径

从国际私法视角而言，尽管如上所述，现行国际私法立法仍固守着以国家法作为国际商事合同准据法的传统实践，但为满足商事交易"自我调整"的需要，现行国际私法立法无不重视非国家法律规范在国际商事交易中的适用。

对于国际民商事条约而言，从目前统一实体私法条约适用的实践看，是否允许当事人选择实体私法条约作为准据法，对其规范价值的实现并无任何实质性影响。首先，强制性实体私法条约的适用无须当事人的合意选择或任何冲突规范的援引。其次，任意性实体私法条约，在奉行国际条约优先适用原则的国家内，可依该原则而优先于国内法实现其规范价值。最后，对于未生效的实体私法条约，以及业已生效的任意性实体私法条约，当事人仍可利用"首要条款"或"并入条款"将其并入合同之内，成为合同的明示条款而予以适用，并且由此取得合同条款身份的实体私法条约条款，其效力高于任意性国内法律规范。可见，对于实体私法条约的适用，我们无需为此另辟蹊径去创设一条赋予法律规则以准据法资格的法律选择条款，契约自由原则足可保障当事人在需要时选择适用合适的统一实体私法条约。

---

① 宋晓：《当代国际私法的实体取向》，武汉大学出版社2004年版，第218—231页；Peter Nygh, *Autonomy in International Contracts*, Clarendon Press, 1999, pp. 178 – 179.

而在我国,《涉外关系法律适用法解释》亦已给我国学界在此事项上的部分争鸣画上了句号。该解释第九条规定,当事人在合同中援引尚未对中华人民共和国生效的国际条约的,人民法院可以根据该国际条约的内容确定当事人之间的权利义务,但违反中华人民共和国社会公共利益或中华人民共和国法律、行政法规强制性规定的除外。最高人民法院民四庭负责人"就《关于适用〈中华人民共和国涉外民事关系法律适用法〉若干问题的解释(一)》答记者问"对此指出,"……把这类国际条约认为构成当事人之间合同的组成部分,据以确定当事人之间的权利义务,更为合理,这样也可以解决如何对待当事人援引一些不具有拘束力的国际示范法、统一规则等产生的问题。"

而对于国际商事惯例而言,各国国际私法立法日趋重视商事惯例对商事合同的规范价值。除上述《美洲国家间国际合同法律适用公约》第10条授权法官适用非国家法律规则以便在特定案件中满足公正和衡平要求之规定外,2002年《俄罗斯联邦民法典》第1211条第6款规定,如果在合同中使用了在国际流转中被采纳的贸易术语,在合同中缺乏另外的说明时可以认为,双方同意将由相应的贸易术语表示的商事流转的习惯适用于他们的关系。2006年日本《法律适用通则法》第三条规定,不违反公共秩序或者善良风俗的习惯,以法令规定认可者或者法令无规定者为限,具有与法律相同的效力。而我国《涉外民事关系法律适用法解释》第五条也再次肯定了国际惯例的法律漏洞补充功能。我国《关于审理独立保函纠纷案件若干问题的规定》第五条规定,独立保函载明适用《见索即付保函统一规则》等独立保函交易示范规则,或开立人和受益人在一审法庭辩论终结前一致援引的,人民法院应当认定交易示范规则的内容构成独立保函条款的组成部分。

国际私法立法对国际商事交易中非国家法律规则的规范功能的充分肯定,使得在诉讼程序中法官在据此确定国际商事交易的准据法过程中,可以充分考量商事交易的特殊性质和要求,以确保国际商事交易所要求的适当的法律规则得以适用。

2. 非国家法律规范对民商事立法的影响和适用路径

而从民商事立法视角而言,各国立法者不仅在民商事立法时充分考虑各领域所存在的非国家法律规范，以提升民商事立法的质量和对国际商事交易的适应性，而且对非国家法律规则，尤其是商事惯例规范价值的充分肯定和适用方式的不断创新，准据法非国家法化的努力似已纯属徒劳。

（1）非国家法与国家法之间的互动。尽管各国立法者尚未在诉讼程序中将非国家法律规则作为国际商事交易的准据法，但这并不意味着其忽视非国家法律规则的存在事实和规范价值。诸多国家通过"并入"（incorporation）、"授权"（delegation）和"遵从"（deference）等3种方式实现非国家法的规范价值。

在历史上，商人法并入英格兰普通法，以及法国和德国把商人法的一部分内容吸纳到其法典之中，即是典型例子。德国2013年4月25日正式生效的新修订海商法，在保留《海牙—维斯比规则》主要规定的基础上，借鉴了《汉堡规则》和《联合国全程或部分海上国际货物运输合同公约》（以下简称《鹿特丹规则》）若干合理制度，以增强德国航运及其相关产业的国际竞争力。① 我国《海商法》在制定时，广泛借鉴了当时的国际公约和体现国际海事惯例的民间规则以及标准格式合同范本，其中的每个章节几乎都有移植国际公约、国际惯例的影子。② 我国立法机关在制定合同法过程中也大量借鉴《联合国国际货物销售公约》的规定，参考《国际商事合同通则》。而西班牙和伊拉克则直接将《国际贸易术语解释通则》全盘移植到其国内法中，赋予其国内法上的普遍约束力。③ 当然，商人法仅在其被并入国家法之时方具有法的身份。而通过"遵从"，则将非国家法律规则作为商事交易的基础，或者说将非国家法律规则作为事实对待。非国家法律规则通过这种方式形成所谓的"活法"。事实化的非国家法律规则，从属于国家法，并对由国家法的适用所产生的法律漏洞予以补漏。而"授权"，即将非国家法律规则成为下位法（subordinated law）。或者说，将非国家法作为游离于国家法之外的法律规则，但又

---

① 王彦：《德国海商法的改革及评价》，《中国海商法研究》2015年第2期。
② 梁慧星：《修改〈中华人民共和国海商法〉的诉求与时机》，《中国海商法年刊》2010年第2期。
③ 单文华：《国际贸易惯例基本理论问题研究》，梁慧星主编《民商法论丛》第7卷，法律出版社1997年版，第653页。

否认其完全的自治性。如行业的行为规范便属于此种情况。"授权"这种方式，尽管是国家承认非国家法律规则为法的一种方式，但非国家法律规则仅在附于并从属于国家法时方拥有法的身份。即所谓"下位国家法"（sub-state law）。①

（2）非国家法律规则发挥规范功能的路径。现行民商事立法，尽管仍独拥着作为商事合同准据法的地位，但否定非国家法律规则的准据法资格，并不意味着法院在诉讼程序中排斥非国家法律规则的适用。相反，现行民商事立法对作为非国家法规则之主要渊源的商事惯例则"情有独钟"：商事惯例的功能由传统的解释和补充合同、法律漏洞补漏功能向规范性功能拓展。承认非国家法律规则的该诸功能，恰是各国民商事立法和司法实践中的一项普遍做法。而美国《统一商法典》第1条至第102条第（2）款则明确宣示：容许商业惯常做法通过习惯、惯例和当事人之间的协议得以继续发展。更应予以关注的是，商事规例的效力由任意性效力向强制性效力演进，即呈现准法律化的倾向。而强制性效力的递增，使得商事惯例依现行民商事立法中的相关制度实现其相关功能，远比创设一条特殊的专供选择适用商事惯例之用的法律选择条款，更能产生令人满意的效果。当然，依现行民商事立法，当事人对非国家法律规则的任何选择不是冲突法层面而是实体法层面的选择。当事人只能将这些非国家法律规则并入合同，作为合同条款而非作为合同准据法。

就作为合同解释和补充工具的国际惯例而言，依据某些国际公约和国内立法的规定，国际惯例的适用并非以当事人的明示同意为前提，而以当事人未明示排除为前提。德、奥、英及美国等国的立法及联合国《国际货物销售合同公约》第8条第（3）款，便采这种客观标准。尽管目前仍有些国家采主观标准或混合标准，但客观标准已占有明显优势，单纯以当事人同意作为前提的主观适用标准似乎已经过时。在法国，为了完善或解释合同，法律规定参考所谓的契约惯例。在这一情况下，惯例的适用是作为对当事人意思的一种解释，通常只有在没有相反

---

① See Ralf Michaels, Non-State Law in the Hague Principles on Choice of Law in International Contracts, http://scholarship.law.duke.edu/faculty_scholarship/3227/, last visit date: 2022-03-02.

约定时即有拘束力。它们起到与补充性法律类似的作用，用以补充当事人意思表示。而当契约惯例与补充性法律发生冲突时，契约惯例优先适用。[①] 美国《统一商法典》第2—201条规定，当事方之间的确认书所认可的条款，或者当事方在书面文件中提出的旨在作为其协议的最终表达的条款，不得以任何先前之协议或者现时达成之口头协议作为证据加以否认，但此类条款可由下列事项予以说明或者补充：商业往来、交易惯例或者履约过程。我国合同法也作了类似规定。

对于作为规范工具的商事惯例，其适用已由当事人约定适用的传统模式向约定适用与直接适用并存的模式发展。《销售公约》区分商事惯例的不同类型而规定了不同适用路径。对于一般性商事惯例，《销售公约》第9（1）条规定，"双方当事人业已同意的任何惯例和他们之间确立的任何习惯做法，对双方当事人均有约束力。"而对于某些特殊的商事惯例，《销售公约》第9（2）条规定，"除非另有协议，双方当事人应视为已默示地同意对他们的合同或合同的订立适用双方当事人已知道或理应知道的惯例，而这种惯例，在国际贸易上，已为有关特定贸易所涉同类合同的当事人所广泛知悉并为他们所经常遵守。"即对于那些众所周知的惯例，甚至无须当事人的知悉，而仅当其"理应知道"，则该惯例便对其适用。《国际商事合同通则》第1.8条第（2）项对此亦作了相同规定。而在法国，惯例通过法律明确地，或者至少是默示地授权，具有法律规则的价值。而且，惯例可以独立于法律的一切授权，变成真正的法律规则。其在当事人之间具有强制性，但不得与具有公共秩序性质的法律相抵触。[②]

至于那些为国内立法明确赋予法律效力的某些特定国际惯例，由于业已完成了从"事实上的惯行"向"法律规范"的转变过程而成

---

① 单文华：《国际贸易惯例基本理论问题研究》，梁慧星主编《民商法论丛》第7卷，法律出版社1997年版，第651、664—666页；[法] 雅克·盖斯旦、吉勒·古博：《法国民法总论》，陈鹏、张丽娟等译，法律出版社2004年版，第483—484页；《国际货物销售合同公约》第8条（3）款规定，在确定一方当事人的意旨或一个通情达理的人应有的理解时，应适当地考虑到与事实有关的一切情况，包括谈判情形、当事人之间确立的任何习惯做法、惯例和当事人其后的任何行为。

② [法] 雅克·盖斯旦、吉勒·古博：《法国民法总论》，陈鹏、张丽娟等译，法律出版社2004年版，第481—482、487页；[法] 伊夫·居荣：《法国商法》（第1卷），罗结珍、赵海峰译，法律出版社2004年版，第27页。

为具有法律拘束力的"习惯法",成为国内法的组成部分。① 此种国内法化的国际惯例与其他国内法规范无异,通过传统的冲突规范的援引即可实现其规范价值。

对当事人选择适用的法律规则性质问题的不同反应,实际上反映了人们对仲裁与诉讼性质的不同认识。国际商事仲裁作为一种与诉讼并行的争议解决机制,其自治性和民间性决定了其与非国家法律规则之间天然的联系。与仲裁不同的是,争议的诉讼解决机制的设计由于充分考虑了当事人利益、国家利益和社会公共利益等多方面的因素而在政治及社会体系中所具有的作为"平衡器"的特殊功能,现行立法和司法实践至少目前尚未能为商事合同准据法的非国家法化提供"栖身"之地。而各国冲突立法和实体私法立法质量的提升、商事惯例由任意性效力向强制性效力的递增,以及民商事立法中灵活和务实的适用非国家法律规则的机制,国内冲突法规范的适用足可满足国际商业社会"自我调整"的需要。现行立法为非国家法律规则发挥规范功能所设置的多样化路径,与将其作为准据法的设计,可谓殊途同归。既然殊途能同归,又何必另辟蹊径力图将非国家法律规则作为国际商事合同准据法。如此努力,除了反而滋生不必要的麻烦外,似无显著的实际意义。

《海牙通则》的起草者基于国际商事交易问题的特殊性之考量,突破传统冲突法思维模式之束缚,创造性地将非国家法律规则纳入"法律"的范畴,从而完成了对传统法律选择条款的改造。但事实上,准据法的非国家法化,仅存在于仲裁而非诉讼领域。在诉讼程序中倡导准据法的非国家法化,与其说是基于实践的需要,不如说是一项纯粹的理论创新。这也许是《海牙通则》之所以采用"通则"的编纂形式和设计"法院地法另有规定"条款的原因之一。

第二节 国际商事条约作为裁判依据的方法

海牙《国际商事合同法律选择通则》(《海牙通则》)虽然试图将

---

① 单文华:《国际贸易惯例基本理论问题研究》,梁慧星主编《民商法论丛》第 7 卷,法律出版社 1997 年版,第 618、642 页。

准据法从传统的国家法律体系拓展至非国家法律规则，但又不得不设置"法院地法另有规定"条款以兼顾两类国家的不同实践。换言之，非国家法律规则是否以准据法之名作为涉外纠纷的评判标准，悉依法院地法律规定予以确定。《国际商事合同通则》制定者知悉当事人将其作为准据法而合意选择，尚未得到法院的普遍认可，[①] 而明确指出当事人选择《国际商事合同通则》在诉讼和在仲裁背景下具有不同效力和地位。[②]

故在坚守准据法即为国家法律体系之传统的国家，国际商事条约则以非准据法之身份而作为涉外商事纠纷的裁判依据。该非准据法适用路径包括当事人选择适用及以其自身效力予以适用。

一　国际条约适用方式的探索历程

国际条约如何适用，是一个极其重要但又尚处在探索阶段的棘手问题。

《民法通则》第一百四十二条第2款规定："中华人民共和国缔结或者参加的国际条约同中华人民共和国的民事法律有不同规定的，适用国际条约的规定，但中华人民共和国声明保留的条款除外。"第3款规定："中华人民共和国法律和中华人民共和国缔结或者参加的国际条约没有规定的，可以适用国际惯例。"随后，《票据法》第九十五条、《海商法》第二百六十八条、《民用航空法》第一百八十四条均对国际条约适用作出规定。

而在司法实践中，在2010年2月1日召开的第三次全国涉外商事海事审判工作会议上，最高人民法院负责人要求涉外商事海事审判人员充分利用长期积累的司法经验和娴熟的专业知识技能，准确适用国际条约，尊重国际惯例。这等于官方间接承认了国际条约是国际裁

[①] See Ralf Michaels, Non-State Law in the Hague Principles on Choice of Law in International Contracts, http://scholarship.law.duke.edu/faculty_scholarship/3227/, last visit date: 2022-03-02.

[②] 商务部条约法律司编译：《国际商事合同通则》，法律出版社2004年版，第7页；See Ralf Michaels, Non-State Law in the Hague Principles on Choice of Law in International Contracts, http://scholarship.law.duke.edu/faculty_scholarship/3227/, last visit date: 2022-03-02.

判的重要法律依据。①

但在涉外民事关系法律适用法制定过程中，各界亦曾建议法工委对国际条约、国际惯例的适用作出规定，但由于立法技术问题，特别是国际条约适用的复杂性，法工委没有在涉外民事关系法律适用法中对国际条约、国际惯例的适用作出规定。② 对此，最高人民法院相关负责人指出，依《涉外关系法律适用法》第二条第 2 款规定，司法实践中关于国际条约和国际惯例的适用问题，仍应当分别适用《民法通则》第一百四十二条第 2、3 款规定，即"中华人民共和国缔结或者参加的国际条约同中华人民共和国的民事法律有不同规定的，适用国际条约的规定，但中华人民共和国声明保留的条款除外。""中华人民共和国法律和中华人民共和国缔结或者参加的国际条约没有规定的，可以适用国际惯例。"据此，国际条约在涉外民商事审判中应当直接适用，且优先于国内法律而适用。国际惯例在我国法律和缔结或参加的国际条约没有规定不过时，补充适用。③

为解决实践中国际条约的适用问题，2012 年《涉外关系法律适用法解释》第四条规定，涉外民事关系的法律适用涉及适用国际条约的，人民法院应当根据《中华人民共和国民法通则》第一百四十二条第二款以及《中华人民共和国票据法》第九十五条第一款、《中华人民共和国海商法》第二百六十八条第一款、《中华人民共和国民用航空法》第一百八十四条第一款等法律规定予以适用，但知识产权领域的国际条约已经转化或者需要转化为国内法律的除外。即司法实践中涉及国际条约、国际惯例的适用时，仍应当将上述《中华人民共和国民法通则》第一百四十二条等的相关规定作为法律依据。《司法解释》第四条、第五条分别对适用国际条约和国际惯例的法律依据做出了指引。不过，由于国际上普遍承认知识产权的地域性原则和各国独立保护原则，我国对 WTO 项下的 TRIPS 协定采取了转化适用的模式，

---

① 孔庆江、梅冰：《国际条约在涉外审判中的适用》，《国际商务研究》2022 年第 3 期。

② 最高人民法院民四庭负责人就《最高人民法院关于适用〈中华人民共和国涉外民事关系法律适用法〉若干问题的解释（一）》答记者问。

③ 刘贵强：《涉外民事关系法律适用法在审判实践中的几个问题》，《人民司法》2011 年第 11 期。

且 TRIPS 协定以外的知识产权领域的国际条约通常规定的是最低保护标准而不是完全统一的具体规则，因此，知识产权领域的司法实践中，在国内法与国际条约有不同规定的情况下，不一定优先适用国际条约的规定。鉴于此，《司法解释》第四条增加了"但知识产权领域的国际条约已经转化或者需要转化为国内法律的除外"的规定。[①] 2012 年《涉外关系法律适用法解释》第九条规定，当事人在合同中援引尚未对中华人民共和国生效的国际条约的，人民法院可以根据该国际条约的内容确定当事人之间的权利义务，但违反中华人民共和国社会公共利益或中华人民共和国法律、行政法规强制性规定的除外。

然而，2020 年《涉外关系法律适用法解释》却删除了该第四条规定，但第七条保留上述第九条规定。

为发挥国际条约和商事惯例在"一带一路"建设的作用，2015 年 6 月 16 日最高人民法院《关于人民法院为"一带一路"建设提供司法服务和保障的若干意见》第 7 条规定，依法准确适用国际条约和惯例，准确查明和适用外国法律，增强裁判的国际公信力。要不断提高适用国际条约和惯例的司法能力，在依法应当适用国际条约和惯例的案件中，准确适用国际条约和惯例。要深入研究沿线各国与我国缔结或共同参加的贸易、投资、金融、海运等国际条约，严格依照《维也纳条约法公约》的规定，根据条约用语通常所具有的含义按其上下文并参照条约的目的及宗旨进行善意解释，增强案件审判中国际条约和惯例适用的统一性、稳定性和可预见性。2019 年 12 月 27 日最高人民法院《关于人民法院进一步为"一带一路"建设提供司法服务和保障的意见》第 18 条规定，积极适用对我国生效的国际条约，尊重国际惯例和国际商事规则，推动形成和完善区域性及全球性商事法律规则。

而上海市高级人民法院 2019 年 12 月 30 日《上海法院服务保障中国（上海）自由贸易试验区临港新片区建设的实施意见》则突破了现行立法的"底线"而就国际条约和国际惯例的适用问题进行了创新性探索。其第 8 条规定，充分尊重当事人对法律适用的选择权，

[①] 最高人民法院民四庭负责人就《最高人民法院关于适用〈中华人民共和国涉外民事关系法律适用法〉若干问题的解释（一）》答记者问。

依法保障离岸交易纠纷当事人自由选择适用外国法律或者国际商事通行规则、商事惯例的权利，但违反我国法律基本原则或者损害国家主权、安全和社会公共利益的除外。第10条规定，积极对接国际通行规则，按照打造国际一流自贸试验区的目标，在涉新片区案件审判中正确适用国际条约、公约和多边协定，积极推动建立与国际通行规则相衔接的制度体系。在依照冲突规范确定的准据法和相关国际条约、公约及多边协定均缺乏明文规定时，积极借鉴其他司法管辖区已有司法成果，准确适用国际商事惯例和交易习惯，努力形成合理的裁判规则，稳定市场预期，保障交易自由和安全，增强中外投资者信心，促进新片区对全球市场的吸引力和资源配置能力提升。

但司法实践中如何准确适用国际条约和商事惯例，并非易事。如果说上述文件侧重于强调国际条约和商事惯例的价值和可适用性，而此后最高人民法院则似乎转向关注于国际条约和商事惯例适用的方法问题。2019年9月11日最高人民法院《全国法院民商事审判工作会议纪要》基于条约和商事惯例在涉外审判中适用的特殊性而在第98条规定："考虑到涉外民商事案件的处理常常涉及国际条约、国际惯例的适用，相关问题具有特殊性，故具有涉外因素的民商事纠纷案件中该问题的处理，不纳入本条规范的范围。"[1] 而2021年最高人民法院《全国法院涉外商事海事审判工作座谈会会议纪要》则对国际条约的适用作了最大篇幅的规定。第18条就"国际条约未规定事项和保留事项的法律适用"作了规定，中华人民共和国缔结或者参加的国际条约对涉外民商事案件中的具体争议没有规定，或者案件的具体争议涉及保留事项的，人民法院根据涉外民事关系法律适用法等法律的规定确定应当适用的法律。第19条就"《联合国国际货物销售合同公约》的适用"问题规定，营业地位于《联合国国际货物销售合同公约》不同缔约国的当事人缔结的国际货物销售合同应当自动适用该公约的规定，但当事人明确约定排除适用该公约的除外。人民法院应当在法庭辩论终结前向当事人询问关于适用该公约的具体意见。第20条就"法律与国际条约的一致解释"事宜规定，人民法院审理涉外

---

[1] 孔庆江、梅冰：《国际条约在涉外审判中的适用》，《国际商务研究》2022年第3期。

商事案件所适用的中华人民共和国法律、行政法规的规定存在两种以上合理解释的，人民法院应当选择与中华人民共和国缔结或者参加的国际条约相一致的解释，但中华人民共和国声明保留的条款除外。

二 国际条约的选择适用

意思自治是私法的一项耳熟能详的基本原则。但其在实体法领域的运用有别于在国际私法领域的运用。就前者而言，我国《民法典》第一百四十条规定：行为人可以明示或者默示作出意思表示。沉默只有在有法律规定、当事人约定或者符合当事人之间的交易习惯时，才可以视为意思表示。即意思表示的方式，包括明示、默示、沉默三种方式。前两种方式是通过表意人的积极行为表现出来，都有"表示"的积极行为；而沉默即为消极的不作为，其意思表示没有"表示"这种积极行为，故必须满足一定条件才能作为意思表示。但在国际私法领域，意思自治原则的运用，则并非毫无困惑。这不仅体现为作为意思自治具体形式的选择，在不同国家有不同类型，而且有不同的功能，在选择的对象若分别为国内法，或具体国内法律，或国际条约（对法院地国生效的国际条约及对法院地国未生效的国际条约），或国际商事惯例，或国际软法等不同规范时，则产生不同的"化学反应"。即其既具有使法律规则以准据法身份予以适用的功能，又具有使法律规则以非准据法身份予以适用的功能。

（一）选择意思的不同形式[①]

合同受当事人选择的法律支配。但当事人选择意思的形式在不同国家有不同的解释。

1. 域外实践

（1）明示与默示。当事人意思包括明示意思（express intention）、默示意思（inferred intention）和推定意思（presumed intention）。明示

[①] 选择的意思，从其表现形式而言，常见的有明示、默示和推定意思。而自其选择对象而言，分为选择国家法律体系的意思和选择法律规则的意思。前者即为作为传统法律选择规则的当事人意思自治。而后者则为戈德曼所主张，称之为自治性冲突规范，并成为目前诸多国际国内仲裁立法中的法律选择规则。从而也就出现了准据法的非国家法化现象。在我国，立法所规定的是选择法律体系的传统法律选择规则的当事人意思自治，而司法实践中亦认可选择法律规则的意思，在某些场合为法律选择规则。

意思，不限于书面，亦包括口头合意。从时间角度而言，明示意思表示，不限于订立合同之时，订立合同后起诉之前，甚至起诉后审理前，双方若能达成合意，亦无不可。默示意思是指在当事人无明白合意，由法院根据合同的性质、内容或文字用语予以确定的意思。①

（2）推定意思。明示意思与默示意思之分，应该是英美法系和大陆法系国家共同的认识。但在英国法中尚存在一种特殊的选择，即推定意思。在合同中既不能发现当事人明示意思，又不能发现当事人默示意思时，即当事人意思不明时法官应该适用什么法律？则有两种不同解答。②

①推定意思主观说。该说主张当事人虽无明示或默示意思存在，

---

① 刘铁铮、陈荣传：《国际私法论》，（台北）三民书局1996年版，第127页；柯泽东：《国际私法》，中国政法大学出版社2003年版，第257页。

② ［德］马丁·沃尔夫：《国际私法》（下），李浩培、汤宗舜译，北京大学出版社2009年版，第469—470页；柯泽东：《国际私法》，中国政法大学出版社2003年版，第222—224页；刘铁铮、陈荣传：《国际私法论》，（台北）三民书局1996年版，第126—128页。在确定准据法背景下，刘铁铮、陈荣传教授主张，推定意思的确定，学说上有两种方式：（一）准据法个别确定式，即受理诉讼的法官，应在个别契约中，推定当事人的意思，以决定应适用的法律。又分为主观说或当事人假设意思说，及客观说或真实牵连关系说。（二）准据法一般确定式，即在无法确定当事人明示或默示意思时，一国立法者或法院应以明文规定或法院判例，树立一些硬性规定，作为确定准据法的方法。分为（1）非绝对性规则。此种硬性规则仅为法院适用法律的起点，或适用法律的辅助参考，法院可舍弃不用。（2）硬性规定，即绝对性规则，法院别无选择，必须予以适用。刘铁铮、陈荣传教授又指出，假设意思说与真实牵连关系说，理论上虽可区别，但实践中实属不易，即使依主观说，法院亦不可能不依客观事实来推定当事人的主观意思。而准据法一般确定式，因其非当事人意思，而是国家法律的硬性规定，称其为推定，实属牵强。柯泽东教授则认为，当事人意思不明时，立法和实务解决方法形成三主义：（一）大陆法，采客观精神，以外观的存在来寻求合同应适用的法律，从客观当事人行为地中寻求一契约意旨经济重心所在。其中法国方法与德国方法又有不同：法国法完全以合同行为地作为合同客观上经济意旨重心。德国法则由法官以个人经验判断，尊重当事人意思。在某一特定合同下，推定当事人意思应该会以何地作为合同准据法。即由法官假设当事人主观意思而带有主观色彩，与法国法完全以行为地及合同外观存在之经济要旨作为重心而完全隔绝当事人意思的做法不同。（二）英美法则采关系最密切或密切关联说。其不受联结因素为选法控制，不采行为地为选择重心，不受行为地限制而采"适当法"（the proper law）。就具体合同而言，则就具体合同所有相关要素综合性认定与合同整体最密切、最重要或最直接的国家的法律。此即以法学印象主义作为适用法选择方法。即以法官的整体印象为准、法官信念为依归，法官经验上认为何者对具体合同最重要，即以之为准据法。（三）法定准据法主义，即以法律规定当事人意思不明时应适用的法律。

但在订约时必有适用某一法律的意念，此时法官的任务，便是确定当事人的意念，以发现当事人推定的合意。换言之，法官必须确定，如果当事人注意到这一点，他们会选择的法律。此处，假设的意思代替了明示的或默示的意思。这种假设的意思通常被称作推定的意思，或者被错误地称作默示的意思。而探求当事人考虑到决定法律选择的重要性会选择的法律的任务，业已成为法官的任务。这种意思形式，被称为当事人假设意思说或主观说。①

有学者对此与默示意思相比较指出，当事人的"默示意图"，属于当事人"合意"的一种形式，只是没有被明确表达出来，所以可被恰当地称为"默契"。这种"默示意图"不同于"推定意图"。默示意图是未被表达出来的确实存在的当事人的意图。而推定意图，为法学家戴西所创设，虽也是以当事人的"意思"为基础的，曾是合同适当法的主观论的一个内容。但推定意图，实质上是法官的意图，是法官站在当事人立场，或站在理性人立场上，设想当事人如果想到有选择法律的必要时会作出的选择。因而施米托夫所指出，在运用所谓"推定意图"的场合，当事人实际上并没有注意到有选择法律的必要性，也根本没有选择法律的意图，所以，推定的意图纯属虚构。由于这个概念实际上只是被法官用来扩大其自由裁量权，或是假借当事人的意图来掩盖法官自己的意图，违背了当事人"意思自治"之本旨，已经被摈弃。②

②推定意思客观说。此说认为，由于大多数法学家反对推定意图，故又设计另外一套规则，即法官根据其所审理的案件的客观事实寻求解决方案。其中韦斯特莱克指出，应该研究与合同有最真实联系的法律。这种方法，又被称为真实牵连关系说。换言之，法官的任务在从当事人订约时的客观环境、相关联事实中分析比较与合同关系最

---

① 刘铁铮、陈荣传：《国际私法论》，（台北）三民书局1996年版，第127—128页；[德]马丁·沃尔夫：《国际私法》（下），李浩培、汤宗舜译，北京大学出版社2009年版，第469页。

② 吕岩峰：《英国"适当法理论"之研究》，《吉林大学社会科学学报》1992年第5期。

密切国家的法律,将此作为当事人推定的意思。①

而在国际立法中,欧盟2008年《罗马条例Ⅰ》第3条第1款规定,合同应适用当事人选择的法律。此项选择必须是明示的,或者由合同条款或具体情况合理确定地表明。后半段即是默示选择(an inferred choice or implied choice),涉及当事人的真实选择,法院基于合同条款、案件情况推定当事人的真实意思。非常接近英国普通法中的默示意思,但两者有别。② 其他国际立法亦有类似条款。2015年海牙《国际商事合同法律选择原则》第4条"明示和默示选择"规定,对法律的选择或者对法律选择的任何修改,必须以明示方式作出,或者可从合同规定或者相关情形清楚地显示。1994年《国际合同适用法律的美洲公约》第7条规定,合同受当事人选择的法律支配。当事人就该选择的约定必须是明示的,或在无明示约定的情况下,依当事人行为和合同条款,从整体来说是显而易见的。当事人选择某一法院并不必然是对准据法的选择。③

2. 我国的实践

在我国,选择的意思以明示为主,默示为辅。《涉外关系法律适用法》第三条规定,当事人依照法律规定可以明示选择涉外民事关系适用的法律。然而,在司法实践中常存在一种特殊情况,即当事人并没有以书面或者口头等明确的方式对适用法律做出选择,但在诉讼过程中,各方当事人均援引相同国家的法律且均未对法律适用问题提出异议,在这种情况下,我国法院一般会认定当事人已经就涉外民事关系应当适用的法律做出了选择,即适用该法作出裁判。《法律适用法

---

① 刘铁铮、陈荣传:《国际私法论》,(台北)三民书局1996年版,第128页;[德]马丁·沃尔夫:《国际私法》(下),李浩培、汤宗舜译,北京大学出版社2009年版,第469页。

② P. M. North, J. J. Fawcett, *Cheshire and North's Private International Law*, Oxford University Press, 2004, p.561.

③ The contract shall be governed by the law chosen by the parties. The parties' agreement on this selection must be express or, in the event that there is no express agreement, must be evident from the parties' behavior and from the clauses of the contract, considered as a whole. Selection of a certain forum by the parties does not necessarily entail selection of the applicable law.

司法解释》对此作出了明确规定。①《法律适用法司法解释》第六条第 2 款规定，各方当事人援引相同国家的法律且未提出法律适用异议的，人民法院可以认定当事人已经就涉外民事关系适用的法律做出了选择。

但在司法实践，"明示选择"一般易于认定，但实践中也不乏存在一些特殊的合同条款，而被归入"明示选择"范畴。在 2019 年申请人国内某公司与被申请人吉尔吉斯斯坦某公司《采购合同》争议仲裁案为题述问题提供了典型范例。

相关案情：申请人与被申请人于 2015 年签订《采购合同》，约定由申请人向被申请人供应采油设备及配件。申请人向被申请人发货，而被申请人认可其欠付申请人货款共计 1690289.17 美元。申请人依约向某仲裁机构提请仲裁，其中第三项仲裁请求为：被申请人向申请人支付扣减违约金 179028.92 美元后的逾期付款损失差额，支付至实际支付欠付货款之日。

本案合同的相关约定与双方当事人之主张：《采购合同》首部约定："根据《中华人民共和国合同法》及相关法律法规，本着平等互利的原则，经双方协商一致，订立本合同。"

对此，申请人认为，案涉合同的上述约定即为适用法律的依据。

被申请人认为，本案应自动适用《联合国国际货物销售合同公约》，对于《公约》中未作规定的事项，根据最密切联系原则应当适用吉尔吉斯斯坦法律。

仲裁庭意见：仲裁庭认为，依案涉合同上述约定，双方当事人具有将中国法作为《采购合同》的适用法的意思表示。《民法通则》第一百四十二条第二款规定，中国缔结或者参加的国际条约同中国的民事法律有不同规定的，适用国际条约的规定，但中国声明保留的条款除外。由于本案为国际货物买卖合同纠纷，双方当事人的营业地所在国中国与吉尔吉斯斯坦均为《公约》缔约国，且双方在案涉合同中并未明确排除适用《公约》，因此本案应当优先适用《公约》，《公约》中未规定的问题应当适用中国法。

---

① 最高人民法院民四庭负责人就《最高人民法院关于适用〈中华人民共和国涉外民事关系法律适用法〉若干问题的解释（一）》答记者问。

上述采购合同争议仲裁案，虽然《采购合同》在其首部中约定了合同的订立依据，但仲裁庭仍将该条款认定为"明示选择"条款，从而认为双方当事人具有将中国法为《采购合同》适用法的合意。

对于默示选择，我国法律目前仅予以有限认可。但在实践中，如何认定默示选择的存在，则不无疑惑。2019年国内某公司与柬埔寨某公司建设工程设计合同纠纷仲裁案，亦同样提供典型范例。在该案中，《设计合同》第一条约定，本合同依据下列文件签订："1.1《中华人民共和国合同法》《中华人民共和国建筑法》和《建设工程勘察设计市场管理规定》。1.2 国家及地方有关建设工程勘察设计管理法规和规章。1.3 建设工程批准文件。1.4 柬埔寨金边相应的工程设计约定。"同时，当事人在庭审中均认可，本案应适用中国法律。仲裁庭认为，根据上述合同约定、当事人的意见，本案准据法为中国法律。

（二）国际条约的选择适用

1. 对我国未生效条约的选择

尤其在海事海商审判实践中，常见现象是案件当事人在提单中载明适用《1924年统一提单某些法律规定的国际公约》（《海牙规则》）、《1978年联合国海上货物运输公约》（《汉堡规则》）等国际条约的相关内容，而我国并未加入这些国际条约，则当事人选择使对我国未生效之国际条约发生何等效力，则是一个久经争议的老话题。

2004年12月17日广东省高级人民法院《关于涉外商事审判若干问题的指导意见》第二十九问就"当事人在合同首要条款中援引了有关域外法的，能否认为当事人选择了合同所适用的法律"指出：当事人在合同首要条款中约定合同条款包括域外某一法律的条款，应认为该域外法律条款被并入合同，成为当事人议定的合同条款，而不能再作为法律对待，因此在此种情况下，不能认为当事人在首要条款中选择了合同所适用的法律，法院应当依据我国有关合同的冲突规范确定合同的准据法，适用该准据法解决涉讼争议问题，包括首要条款的效力问题。

但在再审申请人（原审上诉人、一审被告）美国总统轮船公司与原审被上诉人（一审原告）万宝集团广州菲达电器厂、原审被上诉人（一审第三人）菲利（广州）工业有限公司（已被注销）、原审被上诉人（一审第三人）中国长城工业广州公司无单放货纠纷再审案①中，最高人民法院则采取与上述广东法院不同的观点。

在该案中，1993年7月29日，被上诉人菲达厂与新加坡艺明灯饰公司（GBLIGHTINGSUPPLIER，以下简称艺明公司）以传真的方式签订了一份协议书，约定：菲达厂向艺明公司出口一批灯饰；菲达厂发货后，以传真的形式将提单发出；艺明公司须在三天内将货款全数汇出；菲达厂收到汇款通知副本后，再将正本提单交付给艺明公司；若有违法提货的行为，以诈骗论。长城公司、菲利公司分别在黄埔港以托运人名义，把装有菲达厂货物的两只集装箱装上上诉人美轮公司所属的"EAGLEWAVEV.002"轮和"EAGLECOMETV.112"轮，委托该公司承运。美轮公司为此给长城公司、菲利公司分别签发了编号为APLU023158043、APLU023157949的一式三份记名提单。

上述货物运抵新加坡后，买方艺明公司未依协议给被上诉人菲达厂付款，却在未取得正本提单的情况下，先后于1993年9月16日、9月17日致函上诉人美轮公司，要求美轮公司将两票货物交给其指定的陆路承运人YUNGXIE运输（私人）有限公司承运，车号13445880000C，并保证承担由此可能产生的任何后果。新加坡港务当局证实，这两票货物已分别于1993年9月16日、17日交付放行。

上述两票货物提单背面的首要条款均规定："货物的收受、保管、运输和交付受本提单所证明的运输协议的条款调整，包括……（3）美国1936年《海上货物运输法》的条款或经1924年布鲁塞尔公约修改的1921年海牙规则生效的国家内一个具有裁判权的法院裁决因运输合同而产生争端的规定。"

最高人民法院经审理认为：双方当事人争议的焦点，是本案应适用的准据法和承运人应否向未持有记名提单的记名收货人交付货物。对本案是国际海上货物运输合同无单放货纠纷，双方当事人没有异议，应予认定。《海商法》第二百六十九条规定："合同当事人可以选择合同适用的法律，法律另有规定的除外。合同当事人没有选择

---

① 最高人民法院（1998）交提字第3号民事判决书。

的，适用与合同有最密切联系的国家的法律。"

本案提单是双方当事人自愿选择使用的，提单首要条款中明确约定适用美国 1936 年《海上货物运输法》或《海牙规则》。对法律适用的这一选择，是双方当事人的真实意思表示，且不违反中华人民共和国的公共利益，是合法有效的，应当尊重。

但是，由于《海牙规则》第一条规定，该规则仅适用于与具有物权凭证效力的运输单证相关的运输合同。本案提单是不可转让的记名提单，不具有物权凭证的效力。并且，《海牙规则》中对承运人如何交付记名提单项下的货物未作规定。因此解决本案的海上货物运输合同纠纷，不能适用《海牙规则》，只能适用美国 1936 年《海上货物运输法》。

美国 1936 年《海上货物运输法》第三条第四款规定，该法中的任何规定都不得被解释为废除或限制适用美国《联邦提单法》。

事实上，在适用美国 1936 年《海上货物运输法》确认涉及提单的法律关系时，只有同时适用与该法相关的美国《联邦提单法》，才能准确一致地判定当事人在提单证明的海上货物运输合同中的权利义务。因此，本案应当适用美国 1936 年《海上货物运输法》和美国《联邦提单法》。

原审被上诉人菲达厂在抗辩中主张对本案适用中国法律，不符合当事人在合同中的约定，不予支持。原审法院认定本案属侵权纠纷，并以侵权结果发生地在中国为由，对本案适用中国法律，不符合本案事实，是适用法律错误，应予纠正。

上述案件，虽然最高人民法院最终未适用《海牙规则》，但显然将《海牙规则》作为准据法加以对待。

然而最高人民法院长期秉持的这一观点，在 2012 年《涉外关系法律适用法解释》第九条"当事人在合同中援引尚未对中华人民共和国生效的国际条约的，人民法院可以根据该国际条约的内容确定当事人之间的权利义务，但违反中华人民共和国社会公共利益或中华人民共和国法律、行政法规强制性规定的除外"而得以修正。2020 年《涉外法律关系适用法解释》第七条对此予以保留。最高人民法院民四庭负责人就《关于适用〈中华人民共和国涉外民事关系法律适用法〉若干问题的解释（一）》答记者问对此作了如下解释：海事海商审判实践中，有案件当事人在提单中载明适用《1924年统一提单某些法律规定的国际公约》《1978年联合国海上货物运输公约》等国际条约的相关内容，而我国并未加入这些国际条约，人民法院如何对待这种情形呢？司法解释稿讨论过程中曾对此有深入讨论，司法解释最终是如何规定的？

最高人民法院民四庭负责人对此答复称：司法解释第九条对此作出了规定。司法实践中当事人在合同等法律文件中援引尚未对我国尚未生效的国际条约，人民法院一般会尊重当事人的选择，且同时认为，既然是对我国尚未生效的国际条约，该条约对我国没有拘束力，不能将其作为裁判的法律依据，即我国法院不能将其作为国际条约予以适用。然而，怎样看待这种情形更合理呢？司法解释稿讨论过程中确有不同认识：一种观点认为，这种情形可以作为当事人约定适用"外国法律"的情形对待。第二种观点认为，可以把这类国际条约视为国际惯例。第三种观点认为，把这类国际条约认为构成当事人之间合同的组成部分，据以确定当事人之间的权利义务，更为合理，这样也可以解决如何对待当事人援引一些不具有拘束力的国际示范法、统一规则等产生的问题。同时，由于国际条约的复杂性，也不能将条约内容简单地等同于当事人之间的合同内容。对我国生效的国际条约，我国往往会通过声明保留排除对我国可能会产生不利影响的条款的适用，而对我国尚未生效的国际条约，很有可能存在这方面的问题，在我们不将该国际条约作为"外国法"对待的情况下，可以排除外国法适用的公共秩序保留条款不能发生作用，因此，还应当增加对违反我国社会公共利益的情形的限制性规定。司法解释最终采纳了第三种观点。

2. 对我国生效条约的选择

如果当事人选择适用对中华人民共和国生效的国际条约，则该条约是否作为准据法予以适用？再审申请人联中企业（资源）有限公司与被申请人厦门国贸集团股份有限公司买卖合同纠纷案[①]对此提供了权威解释。

---

① 福建省厦门市中级人民法院（1990）厦中法经民字第39号民事判决书；最高人民法院（2016）最高法民再373号民事判决书。

该案再审申请人（一审被告、二审被上诉人）联中企业（资源）有限公司为香港公司，被申请人（一审原告、二审上诉人）厦门国贸集团股份有限公司为内地公司。

1989年3月6日，厦门国贸和联中公司在厦门签订一份编号为P89GDTD/9261031CK的买卖鱼粉合同。合同规定：由联中公司向厦门国贸提供5000吨秘鲁或智利鱼粉，单价为C&F.FO厦门或上海港每吨606.5美元，总金额为2532500美元；装运期限与到岸口岸为：1989年4月至5月，3000吨交厦门港，1989年5月至6月，2000吨交上海港；买方应于1989年4月12日前开出联中公司为受益人的不可撤销即期信用证，由国际公认的权威机构SGS出具全套装船单证（包括鱼粉装船前证书等）作为议付凭证；由买方按照《伦敦保险协会货物保险条款》投保一切险，包括过热、汗损、结块及自燃险。1989年5月13日，联中公司将3150吨智利鱼粉由智利港口装上"挑战者号"轮运往中国。同年7月17日，厦门国贸收到联中公司通过香港宝生银行寄出的全套正本提单。7月20日，"挑战者号"轮抵达厦门港。7月22日，检疫所上船对鱼粉进行表层检疫，未发现检疫对象（活虫或检疫性害虫），同意卸运。7月27日，检疫所再次检疫，发现有拟白腹皮蠹活虫，遂出具检疫处理通知单，建议作熏蒸杀虫处理。因熏蒸杀虫历时二个月，至检疫所放行时，鱼粉销售季节已过，致厦门国贸蒙受重大经济损失。请求判令联中公司赔偿经济损失567257.44美元。

一审法院认为：本案当事人在庭审中均选择适用《中华人民共和国涉外经济合同法》、1980年《联合国国际货物销售合同公约》及有关国际惯例，应予允许。所订合同系双方意思表示一致，符合我国法律，应确认为有效合同。根据《中华人民共和国涉外经济合同法》第五条第一款、第二款、第十六条，《联合国国际货物销售合同公约》第九条第一款及有关国际惯例的规定，驳回厦门国贸的诉讼请求。

二审法院根据《联合国国际货物销售合同公约》第五十条、《中华人民共和国涉外经济合同法》第十九条、《中华人民共和国民事诉讼法》第九十六条、第一百五十三条第一款第二项的规定，判决撤销一审判决。

最高人民法院认为，本案系国际货物买卖合同纠纷。本案双方当事人对于本案争议适用1980年《国际贸易价格术语解释通则》无异议，本院予以确认。《联合国货物销售合同公约》适用于营业地在不同国家当事人之间订立的货物销售合同，即使考虑本案发生在香港特别行政区回归前的因素，但英国不是该公约的缔约国，故本案不应适用上述公约。当事人同意适用上述公约的，公约的条款构成当事人之间的合同内容。

三　国际条约的直接适用

国际条约是国际裁判的重要法律依据。这并无异议。而在国际条约适用问题上，依目前研究文献，涉及两组不同的用语。就条约效力而言，分为任意性效力与强制性效力；就条约适用方式而言，分为选择适用与自动适用[1]直接适用、强制适用。两者之间关系是：强制性效力的条约，必然是强制适用。而任意性效力的条约，或选择适用，或自动适用/直接适用。[2]

最高人民法院负责人曾在2010年2月1日召开的第三次全国涉外商事海事审判工作会议上，要求涉外商事海事审判人员准确适用国际条约，尊重国际惯例。2015年6月16日最高人民法院《关于人民法院为"一带一路"建设提供司法服务和保障的若干意见》和2019年12月27日《关于人民法院进一步为"一带一路"建设提供司法服务和保障的意见》均要求，依法准确适用国际条约和惯例，准确查明和适用外国法律，增强裁判的国际公信力，推动形成和完善区域性及全球性商事法律规则。上海高院2019年12月30日《上海法院服务保障中国（上海）自由贸易试验区临港新片区建设的实施意见》亦要求积极对接国际通行规则，按照打造国际一流自贸试验区的目标，在涉新片区案件审判中正确适用国际条约、公约和多边协定，积极推动建立与国际通行规则相衔接的制度体系。2021年最高人民法院

---

[1] 2021年最高人民法院《全国法院涉外商事海事审判工作座谈会会议纪要》中用语。
[2] 文竹：《CISG统一适用视角下企业防控国际贸易合同风险的对策研究》，《中国商论》2022年第20期。

《全国法院涉外商事海事审判工作座谈会会议纪要》第 18 条就"国际条约未规定事项和保留事项的法律适用"作了规定，中华人民共和国缔结或者参加的国际条约对涉外民商事案件中的具体争议没有规定，或者案件的具体争议涉及保留事项的，人民法院根据涉外民事关系法律适用法等法律的规定确定应当适用的法律。这表明条约在涉外审判中的可适用性。

但对于国际条约如何适用，2012 年《涉外关系法律适用法解释》第四条对此曾有明确规定，但因 2020 年《涉外关系法律适用法解释》对该第四条规定的删除，使得国际条约在涉外民商事案件中的如何适用问题缺乏明确的一般性规定。

然而，对于一些特殊的涉外商事案件，单行法对此仍有明确规定。《票据法》第九十五条、《海商法》第二百六十八条、《民用航空法》第一百八十四条均对国际条约适用作了近似规定："中华人民共和国缔结或者参加的国际条约同本法有不同规定的，适用国际条约的规定；但是，中华人民共和国声明保留的条款除外。"

而 2021 年最高人民法院《全国法院涉外商事海事审判工作座谈会会议纪要》第十八条"国际条约未规定事项和保留事项的法律适用"规定，中华人民共和国缔结或者参加的国际条约对涉外民商事案件中的具体争议没有规定，或者案件的具体争议涉及保留事项的，人民法院根据涉外民事关系法律适用法等法律的规定确定应当适用的法律。反向解释，若国际条约对涉外民商事案件中的具体争议有规定，则人民法院无须根据涉外民事关系法律适用法等法律的规定确定具体争议应当适用的法律。从而也就意味着，就某一具体争议而言，若我国缔结或者参加的国际条约优先于涉外民事关系法律适用法等法律的规定，即国际条约优先适用，第十九条规定可资佐证。在司法实践中，法院亦是基于优先适用原则和公约的强制性效力而直接适用公约。依上所述，在智傲物流有限公司诉法国航空公司、上海浦东国际机场货运站有限公司、上海市浦东汽车运输总公司航空货物运输案[①]中，法院认为，《统一国际航空运输某些规则的公约》（1999 年《蒙

[①] 上海市浦东新区人民法院（2006）浦民二（商）初字第 4384 号民事判决书；上海市第一中级人民法院（2007）沪一民五（商）终字第 27 号民事判决书。

四 《联合国国际货物销售合同公约》的适用

《销售公约》作为国际贸易领域最成功的统一实体法，目前已有 95 个缔约国。

（一）《销售公约》适用问题的重要实践

自《销售公约》在我国生效始，我国高度重视公约的适用问题。早在 1987 年，最高人民法院转发对外经济贸易部《关于执行联合国国际货物销售合同公约应注意的几个问题》的通知指出，根据公约第 1 条 (1) 款的规定，自 1988 年 1 月 1 日起我各公司与上述国家（匈牙利除外）的公司达成的货物买卖合同如不另做法律选择，则合同规定事项将自动适用公约的有关规定，发生纠纷或诉讼亦须依据公约处理。故各公司对一般的货物买卖合同应考虑适用公约，但公司亦可根据交易的性质、产品的特性以及国别等具体因素，与外商达成与公约条文不一致的合同条款，或在合同中明确排除适用公约，转而选择某一国的国内法为合同适用法律。但公约并未对解决合同纠纷的所有法律都作出规定。我国贸易公司应根据具体交易情况，对公约未予规定的问题，或在合同中作出明确规定，或选择某一国国内法管辖合同。

2021 年《全国法院涉外商事海事审判工作座谈会会议纪要》第 19 条就"《联合国国际货物销售合同公约》的适用"问题明确规定，营业地位于《联合国国际货物销售合同公约》不同缔约国的当事人缔结的国际货物销售合同应当自动适用该公约的规定，但当事人明确约定排除适用该公约的除外。人民法院应当在法庭辩论终结前向当事人询问关于适用该公约的具体意见。

在司法实践，我国法院亦一直在积极探索适用《销售公约》各种路径。中化国际（新加坡）有限公司诉蒂森克虏伯冶金产品有限责任公司国际货物买卖合同纠纷案[①]即为典型案例。

[①] 最高人民法院（2013）民四终字第 35 号民事判决书，2019 年公布的最高人民法院 107 号指导案例。

基本案情：2008年4月11日，中化新加坡公司与德国克房伯公司签订《采购合同》，约定：1. 中化新加坡公司向德国克房伯公司采购燃料级石油焦25 000吨，数量可有10%浮动，石油焦的HGI指数典型值为36—46。2. 石油焦的装货港为加利福尼亚匹兹堡，目的港为中国港口，具体港口由中化新加坡公司确定。3. 由双方确认的独立检验人在装货港船上采样检验并出具检验证书，该检测结果是终局的并对双方有约束力。中化新加坡公司有权在卸货港对石油焦的数量和品质进行检验，德国克房伯公司有权委托独立检验人见证上述检验过程并自行承担相应费用。如果中化新加坡公司发现石油焦的品质或数量与在装货港确定的品质或数量不符，其应向德国克房伯公司发出索赔通知，并有权在石油焦到达目的港之日起60日内向德国克房伯公司提出索赔（采购合同第7.2.3条）。4. 本合同应当根据美国纽约州当时有效的法律订立、管辖和解释。双方还就合同履行作了其他约定。

2008年9月8日，石油焦到达南京港。2008年11月10日，中国检验认证集团江苏有限公司出具的化验证书载明，石油焦的HGI指数为32。2008年10月至12月，中国市场石油焦价格下跌，中硫焦出厂含税价10月下跌为人民币2048元/吨，11月跌至人民币1357元/吨，12月下跌为人民币1305元/吨。中化新加坡公司遂向江苏省高级人民法院起诉，要求解除合同，德国克房伯公司返还全部货款，并赔偿中化新加坡公司由此遭受的全部损失。

对于关于该案的法律适用，江苏省高级人民法院认为，中化新加坡公司系新加坡公司，德国克房伯公司系德国公司，故本案系国际石油焦买卖合同纠纷。虽然双方当事人在合同中约定涉案合同应当根据美国纽约州当时有效的法律订立、管辖和解释，但在诉讼中双方当事人均选择《销售公约》作为确定其权利义务关系的依据，而新加坡与德国均为《销售公约》的缔约国，故涉案合同应适用公约的有关规定。

而最高人民法院认为："本案为国际货物买卖合同纠纷，双方当事人均为外国公司，案件具有涉外因素。《最高人民法院关于适用〈中华人民共和国涉外民事关系法律适用法〉若干问题的解释（一）》

第二条规定:'涉外民事关系法律适用法实施以前发生的涉外民事关系,人民法院应当根据该涉外民事关系发生时的有关法律规定确定应当适用的法律;当时法律没有规定的,可以参照涉外民事关系法律适用法的规定确定。'案涉《采购合同》签订于 2008 年 4 月 11 日,在《中华人民共和国涉外民事关系法律适用法》实施之前,当事人签订《采购合同》时的《中华人民共和国民法通则》第一百四十五条规定:'涉外合同的当事人可以选择处理合同争议所适用的法律,法律另有规定的除外。涉外合同的当事人没有选择的,适用与合同有最密切联系的国家的法律。'本案双方当事人在合同中约定应当根据美国纽约州当时有效的法律订立、管辖和解释,该约定不违反法律规定,应认定有效。由于本案当事人营业地所在国新加坡和德国均为《销售公约》缔约国,美国亦为《销售公约》缔约国,且在一审审理期间双方当事人一致选择适用《销售公约》作为确定其权利义务的依据,并未排除《销售公约》的适用,江苏高院适用《销售公约》审理本案是正确的。而对于审理案件中涉及的问题《销售公约》没有规定的,应当适用当事人选择的美国纽约州法律。《〈联合国国际货物销售合同公约〉判例法摘要汇编》并非公约的组成部分,其不能作为审理本案的法律依据。但在如何准确理解公约相关条款的含义方面,其可以作为适当的参考资料。"

(二) 法院地非为《销售公约》当事国时《销售公约》的适用

法院地是否为《销售公约》当事国对《销售公约》适用影响之巨。《维也纳条约法公约》第二十六条规定:"凡有效之条约对其各当事国有拘束力,必须由各该国善意履行。"故法院地是否为《销售公约》当事国,则直接影响《销售公约》的适用方式。如向英国法院起诉与向中国法院起诉,对《销售公约》适用的影响毋庸置疑。

即当法院地国为非《销售公约》当事国时,法官适用法院地国冲突规范以确定是否适用《销售公约》。相反,法官则至少应就《销售公约》与法院地国冲突规范之间何者应优先适用问题作出选择。

而依上所述,由于非国家法化理论的影响,传统的冲突规范亦在发生变化,从而国际社会形成两种不同类型:固守传统冲突规范的国家和实施非国家法冲突规范的国家。在这两类不同的国家,《销售公约》适用路径不尽相同。

在固守传统冲突规范的国家，冲突规范体现为当事人合意选择和法定冲突规范。由于合意选择的对象和在法定冲突规范中联结点所指引的法律均为国家法律体系，故在《销售公约》属于当事人合意选择或联结点所指引的国家法律体系组成部分时，《销售公约》方可适用。否则，《销售公约》则以合同条款的身份予以适用。《涉外关系法律适用法解释》第七条"当事人在合同中援引尚未对中华人民共和国生效的国际条约的，人民法院可以根据该国际条约的内容确定当事人之间的权利义务，但违反中华人民共和国社会公共利益或中华人民共和国法律、行政法规强制性规定的除外"，即含有此意。

而在实施非国家法冲突规范的国家，由于合意选择的对象和法定冲突规范中联结点所指引的法律可为法律规则，而非须国家法律体系，因而在当事人合意选择或法定冲突规范中联结点指引《销售公约》时，《销售公约》即以准据法身份予以适用。这便是采纳非国家法化理论的魅力所在。

（三）法院地为《销售公约》当事国时《销售公约》的适用

而当法院地国为《销售公约》当事国时，法院则负有适用国际条约之义务。

1. 《销售公约》v. 法院国际私法规则：何者优先

对于两者之间关系，早在 1979 年，联合国国际贸易法委员会秘书处的《联合国国际货物销售合同公约草案评论》（以下简称《秘书处评论》）就对此进行了说明："如果当事人营业地所在的两个国家均为公约当事国，则公约应予适用，即使法院地国际私法规则通常指定第三国法律，如合同订立地国法。"[①]

联合国国际贸易法委员会 2008 年"关于《联合国国际货物销售合同公约》判例法摘要汇编"（以下简称《案例摘要》）中对"公约优先于国际私法规则"也进行了更为具体而翔实的说明："根据判例法，缔约国法院在诉诸法院地的国际私法规则之前，必须先确定本公

---

① If the two States in which the parties have their places of business are Contracting States this Convention applies even if the rules of private international law of the forum would normally designate the law of a third country, such as the law of the State in which the contract was concluded.

约是否适用。换言之，即对本《公约》的适用优先于对法院地的国际私法规则的适用。这是因为作为一部实体法公约，《销售公约》的规则更加具体，并能直接带来实质性解决办法，而诉诸国际私法则要求采取两步走的方法（确定适用的法律，然后再适用该法律）"。

但在我国司法实践中，对此两者之间关系，长期来存在不同认识。

早在加拿大波特·安特普莱斯公司诉河南远丰皮革制品有限公司买卖合同欠款纠纷案[1]中，法院认为"本案当事人没有选择发生纠纷所适用的法律，根据《中华人民共和国合同法》第一百二十六条第一款关于'涉外合同的当事人没有选择的，适用与合同有最密切联系的国家的法律'的规定，本案争议应依据最密切联系原则确定准据法。本案合同的签订地、履行地、标的物所在地均在中华人民共和国境内，故本院适用与合同有最密切联系的中华人民共和国法律处理本案纠纷"。

在 Huinnovation Co，Ltd 与深圳市绿航科技有限公司国际货物买卖合同纠纷案[2]中，法院认为，本案原告为大韩民国企业，本案为国际货物购销合同纠纷。根据《中华人民共和国涉外民事关系法律适用法》第四十一条"当事人可以协议选择合同适用的法律。当事人没有选择的，适用履行义务最能体现该合同特征的一方当事人经常居所地法律或者其他与该合同有最密切联系的法律"之规定，本案当事人可以依法选择本案适用的法律。因当事人对法律适用未进行约定，本院依法适用最密切联系原则，以中华人民共和国内地法律为本案准据法。同样，在 MASCOT Industrial Pty. Ltd 分期付款买卖合同纠纷案[3]中法院认为，被告 MASCOT Industrial Pty. Ltd 系外国公司，本案系涉外合同纠纷。根据《中华人民共和国涉外民事关系法律适用法》第四十一条之规定，当事人可以协议选择合同适用的法律。当事人没有选择的，适用履行义务最能体现该合同特征的一方当事人经常居所地法律或者其他与该合同有最密切联系的法律，本案中因被告未到庭，本

---

[1] 河南省新乡市中级人民法院（2007）新民三初字第30号民事判决书。
[2] 深圳前海合作区人民法院（2018）粤0391民初第2129号民事判决书。
[3] 浙江省丽水市中级人民法院（2019）浙11民初第13号判决书。

案系缺席审理，因此双方没有协议选择适用的法律，故本案使用履行义务最能体现该合同特征的一方当事人经常居所地法律，本案原告住所地在中华人民共和国浙江省云和县，本案应适用中华人民共和国法律审理。

与之相反的是，在加拿大特达企业有限公司与山西威特食品有限公司买卖合同纠纷案①中，法院认为"买卖双方的营业地分别位于加拿大和我国境内，而两国均为《联合国国际货物销售合同公约》的缔约国，双方当事人亦未在合同中约定排除该公约的适用，因此本案应当适用《联合国国际货物销售合同公约》"。同样在美国联合企业有限公司诉中国山东省对外贸易总公司烟台公司购销合同纠纷案②中，最高人民法院审查后认定，本案双方当事人未约定解决本案合同争议所适用的法律，由于联合公司是在美国注册的公司，我国和美国均是《联合国际货物销售公约》的缔约国，应适用该公约的有关规定审理本案。原审判决适用法律是正确的。联合公司上诉称原审判决适用《联合国际货物销售公约》属适用法律错误没有法律依据，本院不予支持。

在国际商事交易中当事人常以简单的商业发票/订单的形式约定双方的权利义务，而未明确约定法律适用和管辖权条款。对于这种情形，在司法实践中，均应当首先判断当事人所在国是否是《公约》的缔约国，如果当事人双方的营业地所在国均是《销售公约》的缔约国，且对国际货物买卖合同所适用的法律未作出选择，也没有明确排除《销售公约》情况下，由于当事人双方的营业地所在国均为《销售公约》的缔约国，此时没有国际私法规则的适用空间，应直接按照《销售公约》第1条第1款a项的规定，适用《销售公约》，而非按照《中华人民共和国涉外民事关系法律适用法》所规定的最密切联系原则判断所适用的法律。

当然，对于不属于《销售公约》适用范围的部分，法院可以依据《涉外关系法律适用法》中的最密切联系原则确定准据法。

在上述中化国际（新加坡）有限公司诉蒂森克虏伯冶金产品有限

---

① 天津市高级人民法院（2006）津高民四终字第148号民事判决书。
② 最高人民法院（1998）经终字第358号民事判决书。

责任公司国际货物买卖合同纠纷案①中，最高人民法院指出，人民法院审理合同纠纷案件，无论当事人是否对合同效力存在异议，均应首先对该问题作出认定。《销售公约》第 4 条规定："本公约只适用于销售合同的订立和卖方和买方因此种合同而产生的权利和义务。特别是，本公约除非另有明文规定，与以下事项无关：（a）合同的效力，或其任何条款的效力，或任何惯例的效力；（b）合同对所售货物所有权可能产生的影响。"由于公约并未对合同效力问题作出规定，故本案应适用当事人在合同中选择的美国纽约州法律对此问题作出认定。德国克虏伯公司在本院二审期间提交了《美国统一商法典》和相关判例，认为案涉合同应认定有效。中化新加坡公司虽对德国克虏伯公司代理人关于美国法律的说明不予认可，但对于德国克虏伯公司提交的相关美国法律并未提出异议，且亦认为案涉合同应认定有效。对德国克虏伯公司提交的美国法律，本院予以确认。根据双方当事人提交并确认的美国法律，案涉《采购合同》并不存在应认定无效的情形，《采购合同》有效。

在天津天筑建材有限公司与三亚元海房地产营销策划有限公司、TZAAC 集团有限公司国际货物买卖合同纠纷案②中，一审法院认为，TZAAC 集团有限公司系注册在澳大利亚的企业，本案系涉外合同纠纷，各方当事人在合同中约定适用中华人民共和国法律，故本案适用中华人民共和国法律。天津市高级人民法院认为，本案为国际货物买卖合同纠纷。TZ 公司营业地在澳大利亚，天筑公司、元海公司营业地在中华人民共和国境内。中华人民共和国与澳大利亚均系《联合国国际货物销售合同公约》缔约国，依照《联合国国际货物销售合同公约》第 1 条（1）（a）规定，本案应适用《联合国国际货物销售合同公约》相关规定。而本案争议焦点为元海公司应否对主债务承担连带保证责任。对于保证责任承担问题，《联合国国际货物销售合同公约》未明确规定，故应按照国际私法规定适用的法律即国内法来解决。当事人协议选择适用中华人民共和国法律，依照《中华人民共和

---

① 最高人民法院（2013）民四终字第 35 号民事判决书。
② 天津市第一中级人民法院（2018）津 01 民初 429 号民事判决书；天津市高级人民法院（2019）津民终第 284 号民事判决书。

国涉外民事关系法律适用法》第四十一条规定，应适用中华人民共和国法律作为处理该争议的准据法。

不过，《销售公约》对此亦有所规定。其第 7 条第（2）款规定，凡本公约未明确解决的属于本公约范围的问题，应按照本公约所依据的一般原则来解决，在没有一般原则的情况下，则应按照国际私法规定适用的法律来解决。

2. 适用路径一：营业地标准

《销售公约》第 1 条规定："（1）本公约适用于营业地在不同国家的当事人之间所订立的货物销售合同：（a）如果这些国家是缔约国；或（b）如果国际私法规则导致适用某一缔约国的法律。"据此，《销售公约》确立了适用《销售公约》两条路径：即基本适用路径：营业地标准和辅助适用路径：国际私法规则适用标准。而我国在批准该公约时，对（b）项作了保留。

（1）营业地的确定

《销售公约》中对营业地没有给出适当的定义，各国对营业地的看法也不一致。有学者认为，所谓营业地，一般是指当事人长期性地经常从事商业交易的场所。其具有以下特征：a. 营业地是从事商业交易的场所，即营业地是公司法人从事相关经营活动的场所。b. 营业地具有长期性和稳定性，暂时的、不稳定的办公或交易场所等不能视为营业地。c. 营业地具有经常性/反复性，一次性的办公或交易场所等不能视为营业地，营业地是当事人反复、频繁地从事相关经营活动的场所。①

但《销售公约》第 10 条又规定，为本公约的目的：（a）如果当事人有一个以上的营业地，则以与合同及合同的履行关系最密切的营业地为其营业地，但要考虑到双方当事人在订立合同前任何时候或订立合同时所知道或所设想的情况；（b）如果当事人没有营业地，则以其惯常居住地为准。而我国《涉外关系法律适用法》第 14 条规定：法人的经常居所地，为其主营业地。

在涉港澳的案件中，我国政府在 1997 年香港和澳门回归后曾向

---

① 王云腾：《浅析 CISG 适用范围的营业地标准》，《法制与社会》2020 年第 8 期。

第三章 涉外商事争议的补充性裁判依据：统一实体私法规则

联合国秘书长交存声明，明确罗列中国已加入的 127 个国际公约清单并声明这些国际公约随后将适用于香港，但却未将《销售公约》列入此清单。而在司法实践中，上述我国政府声明是否满足第 93 条第（1）款的要求从而排除《销售公约》在香港的适用问题，引发域外法院的不同判决。而我国法院亦拒绝将《销售公约》适用于香港和另一缔约国当事人间的争议。[1]

早在武汉银丰公司、上诉人武汉有线公司因国际货物买卖合同纠纷案[2]中，原审法院审理认为：本案是国际货物买卖合同纠纷，应适用《中华人民共和国合同法》作为准据法。而二审法院认为：中电武汉公司与许某（香港明宝行东主）在订购合同中未约定选择哪一法律作为解决纠纷的准据法，故应根据最密切联系原则来确定准据法，即应适用卖方营业所所在地或买方营业所所在地的法律。本案中，由于香港是我国的一个特别行政区，法律制度不一样，没有缔结或参加《联合国国际货物销售合同公约》，故本案不能适用该公约。而订购合同是在湖北省武汉市签订的，湖北省武汉市是买方营业所所在地，且各方当事人在庭审时对适用中华人民共和国法律亦无异议，故本案应适用中华人民共和国法律。

而在盈顺发展香港有限公司与浙江中大技术出口有限公司买卖合

---

[1] 法国最高法院 2008 年 4 月 2 日作出的 [04—17726] 号判决、美国田纳西州东区联邦地区法院 2010 年 10 月 20 日 America's Collectibles Network, Inc. 诉 Timlly (HK) 案判决及美国佐治亚州北区联邦地区法院 2009 年 12 月 17 日 Innotex Precision Limited 诉 Horei Image Products, Inc. 案判决均认为：依中国递交的声明，《公约》不适用于来自香港（非缔约国）和另一个缔约国当事人之间的争议。有些国家法院依据《公约》第 93 条第（4）款，认为香港属于《公约》的缔约国。美国伊利诺伊州北区联邦地区法院 2008 年 9 月 3 日 CAN Int'l, Inc. 诉 Guangdong Kelon Electronical Holdings 案及美国阿肯色州联邦地区法院 2010 年 4 月 2 日 Electrocraft Arkansas, Inc. 诉 Super Electric Motors, Ltd. 案等判决均认为：虽然根据第 93 条第（1）款一个缔约国必须作出确认声明，指出公约将适用的领土单位（中国向联合国提交的声明未这样做），但是在缺少此声明的情况下，第 93 条第（4）款将《公约》的适用范围自动扩展至缔约国所有领土单位，包括香港在内，因此中国的声明不妨碍《公约》适用于来自香港和另一个缔约国的当事人之间的争端。参见韦龙艳《用数据说话：从 893 个贸法会判例解读 CISG 的适用范围——在国际商事争议解决中 CISG 并非简单"直接适用"》，https://zhuanlan.zhihu.com/p/358052394，访问时间：2023 年 7 月 10 日。

[2] 湖北省武汉市中级人民法院（2001）武经初字第 441 号民事判决书；湖北省高级人民法院（2002）鄂民四终字第 53 号民事判决书。

同纠纷案①中，一审法院认为，本案系涉外合同纠纷，根据《中华人民共和国民事诉讼法》第二十二条、第二百三十七条的规定，原审法院作为本案被告住所地法院，对本案具有管辖权。对于法律适用，因本案双方未在合同中书面约定选择适用的法律，且双方营业地均为《联合国国际货物销售合同公约》缔约成员所在地，本案适用《公约》，《公约》未作规定的，适用合同最密切联系国家的法律即中华人民共和国法律。而二审法院则认为，关于原判的法律适用问题。盈顺公司系香港法人，本案属涉港商事纠纷案件，法律适用参照涉外案件，但是否适用《公约》应按照《公约》第 1 条第 1 款规定的适用范围来确定。中国于 1986 年加入该公约时，对（b）项作出了保留。而香港并未正式加入该公约，中国在香港回归后亦未宣布公约适用于香港。根据《公约》第 93 条第 1 款的规定："如果缔约国具有两个或两个以上的领土单位，而依照该国宪法规定，各领土单位对本公约所规定的事项适用不同的法律制度，则该国得在签字、批准、接受、核准或加入时声明本公约适用于该国全部领土或仅适用于其中的一个或数个领土单位，并且可以随时提出另一声明来修改其所作的声明。"由于中国政府至今未就此发表声明，故不能认为《公约》适用于香港。且香港属于中华人民共和国的行政区域，并非一个独立的国家，故营业地分处于香港与内地的当事人之间的货物买卖合同不应适用《公约》。原判适用法律不当，应予纠正。

（2）营业地标准与《民法通则》第一百四十二条第二款

尽管有营业地标准的存在，但由于《民法通则》第一百四十二条规定，中华人民共和国缔结或者参加的国际条约同中华人民共和国的民事法律有不同规定的，适用国际条约的规定，但中华人民共和国声明保留的条款除外。因而在司法实践中，法院有时以《民法通则》第一百四十二条第二款为依据，在符合《销售公约》第 1 条第 1 款 a 项适用条件的情况下，仍然适用国内法，只有在《销售公约》与国内法规定不一致时，方才适用《公约》。

在"美国宝得利股份有限公司与中国电子进出口广东公司生姜买

---

① 浙江省高级人民法院（2010）浙商外终字第 99 号民事判决书。

卖合同纠纷案"①，法院认为"鉴于原告营业所所在地美国和被告营业所所在地中国均是《联合国国际货物销售合同公约》的缔约国，原被告双方建立的货物销售合同关系不属于《联合国国际货物销售合同公约》第2条、第3条排除适用的范围，而我国国内法对国际货物买卖合同没有明确的规定，根据《中华人民共和国民法通则》第一百四十二条第二款规定'中华人民共和国缔结或者参加的国际条约同中华人民共和国的民事法律有不同规定的适用国际条约的规定'的精神，故本案应考虑适用《联合国国际货物销售合同公约》的有关规定"。在金乡县冰川棉业有限公司与 V. C. E.（捷克）有限公司、诸城市际天时现代农业发展有限公司买卖合同欠款纠纷案②中，法院认为"中国与捷克均属《联合国国际货物销售合同公约》的参加国，依照《中华人民共和国民法通则》第一百四十二条第二款之规定，当我国缔结或参加的国际条约与我国法律有不同规定时，应适用条约的规定，故公约的有关规定应予适用"。

这种现象亦存在于商事仲裁领域。在2019年受理的中国某公司与吉尔吉斯共和国某公司《采购合同》纠纷案中，申请人与被申请人于2015年签订《采购合同》，约定由申请人向被申请人供应采油设备及配件。申请人向被申请人发货，而被申请人认可其欠付申请人货款共计1690289.17美元。申请人依约提请仲裁，除要求被申请人支付所欠货款及其他一些请求外，尚要求被申请人向申请人支付扣减一定数额违约金后的逾期付款损失。

《采购合同》首部约定："根据《中华人民共和国合同法》及相关法律法规，本着平等互利的原则，经双方协商一致，订立本合同。"对此，申请人认为，案涉合同的上述约定即为适用法律的依据。被申请人认为，本案应自动适用《联合国国际货物销售合同公约》，对于《销售公约》中未作规定的事项，根据最密切联系原则应当适用吉尔吉斯斯坦法律。仲裁庭认为，依案涉合同上述约定，双方当事人具有将中国法作为《采购合同》的适用法的意思表示。《民法通则》第一百四十二条第二款规定，中国缔结或者参加的国际条约同中国的民事

---

① 广东省广州市中级人民法院（2004）穗中法民三初字第297号民事判决书。
② 山东省高级人民法院（2007）鲁民四终字第6号民事判决书。

法律有不同规定的，适用国际条约的规定，但中国声明保留的条款除外。由于本案为国际货物买卖合同纠纷，双方当事人的营业地所在国中国与吉尔吉斯斯坦均为《销售公约》缔约国，且双方在案涉合同中并未明确排除适用《销售公约》，因此本案应当优先适用《销售公约》，《销售公约》中未规定的问题应当适用中国法。

对于涉及违约金的仲裁请求，仲裁庭认为，由于《销售公约》未对其中的违约金调整问题进行规定，故应当适用中国法的相关规定。

3. 适用路径二：国际私法规则适用标准

《销售公约》第1条第（1）款（b）项规定，如果国际私法规则导致适用某一缔约国的法律。该条规定旨在扩大公约的适用范围，但我国在1986年12月11日交存的核准书中载明，我国不受公约第1条第（1）款（b）项中有关规定的约束。我国对第1条第（1）款（b）项的保留，意味着在我国法院进行诉讼情况下，营业地均非在缔约国或仅一方在缔约国的当事人之间订立的销售合同争议，如果通过国际私法规则导致适用某一缔约国的法律，从而按照（b）项的规定可适用《销售公约》时，就只能适用国内法，而不是《销售公约》。

在原告GCB特质巧克力有限公司诉被告上海中淇食品有限公司、被告上海晨佳进出口有限公司国际货物买卖合同纠纷案[1]中，原告GCB特质巧克力有限公司系马来西亚公司（住所地：马来西亚联邦柔佛州戈蓝帕塔佩拉布罕檀俊佩拉帕斯嘉兰DPB/6DXX区），于2012年9月9日与中淇公司签署《中国市场开发合作协议》，约定：原告同意中淇公司以原告中华区代表处的形式在中华人民共和国境内开展销售原告产品的经营活动；因原告产品不符合对中淇公司客户承诺的食品安全质量标准及其他约定而造成的客户损失及违约责任，由原告承担；因中淇公司没有提供标准而造成的责任，由中淇公司负责任；因不符合购销协议中对质量、数量、包装条件、到货时间、收获地点和运输方式等而被客户追责所造成的损失由原告负责，如遇不可抗力时例外；本协议需增减条款时，经双方协商可用书面邮件附件的方式

---

[1] 上海市徐汇区人民法院（2015）徐民二（商）初字第S795号民事判决书。

解决，所有附件与本协议具有同等效力；等等。后在合同履行过程中因货款支付问题发生争议，原告诉诸法院。法院认为：本案系国际货物买卖合同纠纷。参照《中华人民共和国涉外民事关系法律适用法》第四十一条之规定，当事人可以协议选择合同适用的法律。当事人没有选择的，适用履行义务最能体现该合同特征的一方当事人经常居所地法律或者其他与该合同有最密切联系的法律。现当事人协商一致选择适用中华人民共和国法律，故本案适用中华人民共和国法律。

然我国对该（b）项标准的保留，在司法实践中却引发争议。有论者设计了这么一种场景，即若法院依（b）项标准应适用另一当事国法律，而该另一当事国对公约第1条第（1）款（b）项作出保留声明，则应该适用《销售公约》还是适用该当事国国内法？

此设问推出两种不同的答案。一种观点认为，依照国际私法中关于一国法院应按照外国法官适用该外国国内法的方式适用该外国国内法之原则，既然该另一当事国对《销售公约》（b）项标准作出保留声明，这意味着该当事国法律体系中的《销售公约》并不包括间接适用公约的路径，而该国法院的法官亦无法根据《销售公约》（b）项标准适用公约，那么法院地国法官从而也不应适用公约，而应适用该另一当事国的其他国内法。相反观点认为，一国法院在根据（b）项标准适用其他当事国法律时，仅需查明其是否为公约的缔约国而无须查明该国是否对公约作出具体保留。而根据《销售公约》第95条规定，当事国对《销售公约》（b）项标准作出保留声明并不导致其丧失当事国国的地位。[①] 然而，由于《销售公约》（a）项或（b）项标准是供法院据以确定是否适用《销售公约》的标准，而非确定外国准据法范围的标准。而国际私法中以来源地国相同的方式适用外国准据法的原则，系针对外国准据法适用方式原则。故上述相反意见更具合理性。

4. 适用路径三：当事人选择适用

在上述两条《销售公约》适用路径外，是否允许第三条路径的存在？

[①] 贸仲香港仲裁中心：《5个案例模型，详解当事人没有特别约定适用法时，CISG的适用路径》，https://www.ctils.com/articles/8627，访问时间：2023年4月10日。

在我国的司法实践中，营业地并非位于两个缔约国的当事人，合意选择适用公约的现象非常普遍。而《销售公约》第 1 条仅仅列举了适用公约的两种路径，却并未涉及当事人选择适用《销售公约》问题。《销售公约》的两种路径是否属于穷尽性列举？当事人选用公约是否可以得到认可？这个问题涉及我国是否承认适用非国家法律规则的冲突规范问题。

（1）一方为我国法人另一方营业所非在公约当事方的当事人合意选择《销售公约》

在这种情况下，司法实践中尚有不同做法。在阿拉伯联合酋长国迪拜阿里山海湾资源公司诉杭州杭钢对外经济有限公司货物买卖合同纠纷案中，海湾公司上海代表处于 2001 年 6 月 7 日向杭钢公司发送传真件，将这批货物的品名、价格、数量及包装、交货、付款方式等信息告知杭钢公司，传真件同时载明"请贵司书面确认，书面合同后补"的字样。杭钢公司收到该传真件后，在其上注明"以上条款我司已确认，具体事宜到 6 月 11 日协商待定"，并于当日又将此传真件传回海湾公司上海代表处。至 13 日，海湾公司上海代表处再次向杭钢公司发送传真，要求杭钢公司最迟在 6 月 14 日中午确认是否要该批货物。但杭钢公司却回复称无法要这批货物。

海湾公司为此诉至法院，要求确认其与杭钢公司的货物买卖合同成立，并要求杭钢公司承担因毁约造成的各种损失计人民币 94 万余元。

在诉讼中，海湾公司与杭钢公司对案件争议一致选择适用《销售公约》。

虽然阿联酋不是公约缔约国，但杭州市中级人民法院将海湾公司与杭钢公司协议选择适用《销售公约》作为处理本案争议的准据法。其认为，我国《民法通则》规定涉外合同的当事人可以选择处理合同争议所适用的法律，故将双方当事人协议选用的《公约》作为处理本案争议的准据法。而《销售公约》规定，"对发价表示接受但载有添加、限制或其他更改的答复，即为拒绝该项发价，并构成还价"，而杭钢公司对发价的回复是"以上条款我司已确认，具体事宜到 6 月 11 日协商待定"，表明其对发价并未无条件接受，而是作出继续磋商的意思表示，属限制性的答复，应视为拒绝该项发价，并构成还价。故海湾公司认为合同成立是不符合《销售公约》规定的，法院遂驳回原告的诉讼请求。①

然在大陆与香港公司选择适用《销售公约》情况下，最高人民法院在联中企业（资源）有限公司、厦门国贸集团股份有限公司买卖合同纠纷再审案中对此持否定态度。② 一审法院认为：本案当事人在庭审中均选择适用《中华人民共和国涉外经济合同法》、1980年《联合国国际货物销售合同公约》及有关国际惯例，应予允许。而最高人民法院（再审）则认为：本案系国际货物买卖合同纠纷。本案双方当事人对于本案争议适用1980年《国际贸易价格术语解释通则》无异议，本院予以确认。《销售公约》适用于营业地在不同国家当事人之间订立的货物销售合同，即使考虑本案发生在香港特别行政区回归前的因素，但英国不是该公约的缔约国，故本案不应适用上述公约。当事人同意适用上述公约的，公约的条款构成当事人之间的合同内容。

（2）营业所均非在公约当事国的当事人合意选择《销售公约》

对于这种情况下，目前尚无相关案例。但由于《涉外关系法律适用法》第四十一条"当事人可以协议选择合同适用的法律"中的"法律"仅限国家法律体系，故当事人合意选择"销售公约"，公约的条款仅构成当事人之间的合同内容。

（3）营业地均在公约当事国的当事人合意选择《销售公约》

在最高人民法院2019年公布的第21批指导案例第107号案例中化国际（新加坡）有限公司与蒂森克虏伯冶金产品有限责任公司国际货物买卖合同纠纷案③中，最高人民法院认为：本案为国际货物买卖合同纠纷，双方当事人均为外国公司，案件具有涉外因素。……案涉《采购合同》签订于2008年4月11日，在《中华人民共和国涉外民事关系法律适用法》实施之前，当事人签订《采购合同》时的《中华人民共和国民法通则》第一百四十五条规定："涉外合同的当

---

① 朱子勤编著：《国际私法案例研习》，中国政法大学出版社2014年版，第325页。
② 最高人民法院（2016）最高法民再373号民事判决书。
③ 最高人民法院（2013）民四终字第35号民事判决书。

事人可以选择处理合同争议所适用的法律，法律另有规定的除外。涉外合同的当事人没有选择的，适用与合同有最密切联系的国家的法律。"

本案双方当事人在合同中约定应当根据美国纽约州当时有效的法律订立、管辖和解释，该约定不违反法律规定，应认定有效。由于本案当事人营业地所在国新加坡和德国均为《销售公约》缔约国，美国亦为《销售公约》缔约国，且在一审审理期间双方当事人一致选择适用《销售公约》作为确定其权利义务的依据，并未排除《销售公约》的适用，江苏省高级人民法院适用《销售公约》审理本案是正确的。而对于审理案件中涉及的问题《销售公约》没有规定的，应当适用当事人选择的美国纽约州法律。

当然，如果当事人在国际货物买卖合同中明确约定适用某缔约国的国内法（如适用中国民法典），则应当认为双方排除了《销售公约》的适用。

（四）《销售公约》的排除适用

《销售公约》第1条规定其适用条件的同时，亦规定了其不适用的情况。换言之，第1条设定了《销售公约》适用的积极条件，而第2条至第6条设定了《销售公约》适用的消极条件。两者之间的关系，公约没有明确规定。但《销售公约》第7条第（1）规定，在解释本公约时，应考虑到本公约的国际性质和促进其适用的统一以及在国际贸易上遵守诚信的需要。故基于统一适用之目的，应首先考虑公约适用的积极条款，其次考察第2条至第6条的消极适用条款，看是否存在排除适用的情况。而第2条至第6条所规定的排除，分为法定排除和意定排除。这也就意味就这几种特定类型的纠纷，不得将《销售公约》作为裁判依据。

1.《销售公约》的法定排除

《销售公约》第2—5条规定了其所不适用的纠纷类型。其中第2—3条依客体为标准确定其不适用的交易。《销售公约》第2条规定，本公约不适用于以下的销售：（a）购供私人、家人或家庭使用的货物的销售，除非卖方在订立合同前任何时候或订立合同时不知道而且没有理由知道这些货物是购供任何这种使用；（b）经由拍卖的销售；（c）根据法律执行令状或其他令状的销售；（d）公债、股票、投资证券、流通票据或货币的销售；（e）船舶、船只、气垫船或飞机的销售；（f）电力的销售。第3条规定，（1）供应尚待制造或生产的货物的合同应视为销售合同，除非订购货物的当事人保证供应这种制造或生产所需的大部分重要材料。（2）供应货物一方的绝大部分义务在于供应劳力或其他服务的合同。

而第4—5条则依内容为标准确定其所不适用的纠纷类型。《销售公约》第4条规定，本公约只适用于销售合同的订立和卖方和买方因此种合同而产生的权利和义务。特别是，本公约除非另有明文规定，与以下事项无关：（a）合同的效力，或其任何条款的效力，或任何惯例的效力；（b）合同对所售货物所有权可能产生的影响。第5条规定，本公约不适用于卖方对于货物对任何人所造成的死亡或伤害的责任。

2.《销售公约》的意定排除

《销售公约》第6条规定，双方当事人可以不适用本公约，或在第12条的条件下，减损本公约的任何规定或改变其效力。对"排除"的理解，我国在司法实践中存在着较严重的分歧。

（1）《销售公约》的效力与排除适用。国际条约的适用大抵有3种类型：强制适用、自动适用和选择适用。所谓强制适用，即国际条约基于其强制性效力而予以适用。如1999年《蒙特利尔公约》第49条规定，运输合同的任何条款和在损失发生以前达成的所有特别协议，其当事人借以违反本公约规则的，无论是选择所适用的法律还是变更有关管辖权的规则，均属无效。这种适用方法其优点在于确保公约具有广泛的适用范围，但不足之处在于因缺乏弹性而存在一些国家不愿加入公约之虞。自动适用，即条约无须当事人选择而自动适用，除非当事人排除适用。选择适用，即仅在当事人合意选择时方予以适用。这种适用方式无助于扩大条约的适用范围。[1]

而就《销售公约》来说，虽然依《销售公约》第6条规定，公约具有任意性而非强制性效力。但从适用视角而言，依《销售公约》

---

[1] 文竹：《CISG统一适用视角下企业防控国际贸易合同风险的对策研究》，《中国商论》2022年第20期。

第 1 条规定，公约的适用具有直接性或自动性。公约第 1 条第（1）款（a）项则为《销售公约》的自动适用提供了依据。

但在司法实践，公约的强制适用效力往往与公约的自动适用相混淆。在加拿大水上休闲运动品有限公司与东辉塑胶（上海）有限公司买卖合同纠纷案[①]中，二审法院上海市高级人民法院认为，《销售公约》并不具有强制性，不当然适用于当事人营业地分别位于不同成员国的国际货物买卖合同。当事人如果在合同中明文表示不适用该公约，或者对于是否适用公约存在异议，则不能适用公约，应当根据我国有关涉外民事关系法律适用的相关规定确定准据法。故虽然中国和加拿大都是公约成员国，但因东辉塑胶（上海）有限公司对公约的适用存在异议，本案并不能适用公约。显然，在该案，法院基于公约的任意性效力而认为在当事人对公约的适用存有异议时，就应依照法院地国际私法规则确定准据法。虽然法院推理过程无可非议，但其推理的逻辑起点有误，公约在两个缔约国当事人之间具有直接适用性。

（2）排除适用的主体：一方抑或双方。虽然《销售公约》第 6 条规定，双方当事人可以不适用本公约（the parties may exclude the application of this Convention），但在实践中，往往对排除适用的意思主体的理解存在分歧。

如中国某公司甲与美国某公司乙于 2008 年 7 月 15 日签订《订购合同》，约定甲向乙购买一台彩色超声诊断仪。合同货物彩色超声诊断仪于 2008 年 10 月 20 日从美国运抵广州白云机场，当日卸货完毕。经检验证实，该设备系使用过的旧医疗器械，与本案合同的要求不符。甲因此要求被申请人更换旧设备并赔偿相关损失，但乙却拒绝更换旧设备及赔偿相关损失。甲依据《订购合同》中的仲裁条款向某仲裁机构提请仲裁。

而关于本案的法律适用问题，双方当事人在《订购合同》中没有约定适用的法律，在争议发生之后也没有就合同适用法律达成一致意见。

关于本案是否应适用《销售公约》的问题，甲主张，依《销售

---

① 上海市第一中级人民法院（2003）沪一中民五（商）初字第 76 号民事判决书；上海市高级人民法院（2007）沪高民四（商）终字第 6 号民事判决书。

公约》第 6 条规定，《销售公约》在效力上并不具有强制力，当事人可以选择适用。既然甲在此已明示不适用《销售公约》，即已排除适用《销售公约》，则本案不应适用《销售公约》。且乙拒不到庭，也没有派人出庭，没有就法律适用发表任何意见，其已放弃了选择适用该公约的权利。

但仲裁庭认为，虽然《销售公约》第 6 条允许当事人排除其适用，但是该排除必须是双方明示的，否则依公约第一条第（1）款第（a）项规定，《销售公约》自动适用。而本案的双方当事人在《订购合同》中并未明确约定排除适用《销售公约》，订立《订购合同》的双方当事人的营业地位于中国和美国，而且中国和美国均是该公约当事国，根据公约第 1 条第（1）款第（a）项规定，本案应适用《销售公约》。

仲裁庭意见显然符合公约规定的，《销售公约》虽具有直接适用效力，但双方当事人而非一方当事人，可排除该公约的适用，或者在合同中对该公约除第 12 条之外的任何条款进行修改或变更或重新拟定，从而改变原条款的含义和效力。在此情况下，则应优先适用合同的约定，而非公约规定。①

不过，此案亦提出如何判断合意是否达成的问题。即若一方明确提出排除适用公约，而另一方对此既不表示反对，也不表示赞成，是否可认定双方达成排除公约适用的合意？其实，该另一方此种状态属于沉默状态。《民法典》第 140 条第 2 款规定，只有当事人约定、法律规定或者符合当事人之间的交易习惯时，沉默才能视为意思表示。即沉默原则上不是意思表示的方式，是一个法律上的纯然无价值或零价值的状态。法律之所以赋予沉默以意思表示的效果，其实质属于意思表示的拟制，至于当事人是否具有希望此种法律后果发生的意思，在所不问。

（3）双方排除适用的合意形式：明示抑或默示。《销售公约》第 6 条仅仅规定了"可以不适用公约"，并未指明以何种方式进行排除。从而在实践中引发争议。

---

① 谢卫民：《论当事人对〈联合国国际货物销售合同公约〉的排除适用》，《暨南学报》（哲学社会科学版）2014 年第 3 期。

追根溯源,《销售公约》第 6 条渊源于 1964 年《国际货物买卖统一法公约》第 3 条。该条规定,合同当事人可以全部或部分地排除本法的适用,排除可以是明示的,也可以是默示。① 而在制定《销售公约》的过程中,与会各国代表对此产生分歧,有些主张《销售公约》应采用《国际货物买卖统一法公约》的规定,就当事人的排除方式规定明示和默示两种方式。但也有些国家反对,主张当事人的排除必须明示。然而,最后的条文中并没有使用明示(express)或默示(implied)措辞,而是模糊地规定,当事人可以排除《销售公约》的适用。

笼统的措辞却给司法实践滋生困惑。各国在适用《销售公约》这一规定时,具体解读并非完全一样。有些国家的法院采明示排除说,主张当事人之间必须存在一个清楚的(clear)、明确的(unequivocal)、肯定性的(affirmative)约定来排除《销售公约》的适用。少数法院则采默示排除说,认为即使合同中含有了法律选择条款,就可以认定双方当事人默示地排除了《销售公约》的适用。

但既然《销售公约》第 6 条没有使用"明示"这个词来限定公约排除适用的方式,这说明双方当事人排除《销售公约》适用的方式并不限于明示排除。公约的排除适用既包括明示排除,也包括默示排除,如此解释亦与该条款的拟定思路相吻合。公约之所以没有明确认可默示排除这一方式,旨在防止法院轻易认定公约被默示地排除,而非阻止当事人以默示地方法排除公约。

(4)排除公约适用的时间。当事人双方营业地均在《销售公约》当事国,庭审中能否共同合意不适用公约?其实,双方当事人庭审过程中可以共同变更国际货物买卖合同关于法律适用的约定或者直接选择不适用《销售公约》,这实际上属于双方对买卖合同法律适用问题的约定或变更,只是所处的阶段不同而已,法律效力相同。但国内法往往会对当事人协议选择或者变更选择适用法律的截止时间作出规定。如《涉外关系法律适用法解释》第六条规定,当事人在一审法庭辩论终结前协议选择或者变更选择适用的法律的,人民法院应予

---

① The parties to a contract of sale shall be free to exclude the application thereto of the present Law either entirely or partially. Such exclusion may be express or implied.

准许。

3. 合意排除适用的具体事由

（1）明示排除《销售公约》适用。营业地均在《销售公约》当事国的当事人，若在国际货物买卖合同中选择适用某一缔约国的法律，但又明确排除公约的适用。这种约定显然属于有效的明示排除。

浙江省高级人民法院审理的伊诺塔池技术株式会社诉宁波波普朗士数码科技有限公司国际货物买卖合同纠纷二审案[①]中，合同约定：本协议的解释管辖均适用中国法，不适用法律冲突规则，不适用《联合国国际货物销售合同公约》。法院认为，"本案系国际货物买卖合同纠纷，波普朗士公司与伊诺塔池会社的营业地分别在中华人民共和国及大韩民国，两国均为《销售公约》缔约国，故本案纠纷应适用《销售公约》处理。但上述公约第6条规定：双方当事人可以不适用本公约。因双方协议明确约定本协议的解释管辖均适用中华人民共和国法律，双方在诉讼中也明确选择适用我国法律审理，本院对此予以确认"。

但如果当事人在合同中明确排除适用《国际货物买卖合同成立统一法公约》或《国际货物买卖统一法公约》，则不属于对《销售公约》的明示排除，不具有排除《销售公约》适用的效力。

（2）默示排除。默示排除《销售公约》适用亦应当以双方当事人之间存在真实有效的排除适用的合意为实质标准。若双方当事人仅保持沉默，不存在排除的意图，则法官不得推定排除公约的适用。至于如何认定当事人之间存在真实的排除适用的合意，需要对当事人行为所体现出来的意思进行解释，即合同解释的问题。

但在我国司法实践中，对于如何认定《销售公约》的默示排除，则存在不同的认识和实践。

①选择适用《销售公约》当事国法律。司法实践中以双方选择适用中国法律为由而排除公约适用的现象相当普遍。

在AC-WORLD合同会社诉中国船舶工业物资有限公司买卖合同纠纷案[②]中，合同明确约定适用中国法。法院认为，根据《涉外关系

---

① 浙江省高级人民法院（2019）浙民终944号民事判决书。
② 北京市第四中级人民法院（2022）京04民初30号民事裁定书。

法律适用法》第四十一条规定，涉案合同明确约定适用中国法，故本案应当适用中国法作为准据法。同样在 SBGLOBALVENTURE-SPTE. LTD诉广东丰乐国际贸易有限公司国际货物买卖合同纠纷案[①]中，双方签订的《订制干巾桶销售合同》就争端解决事项约定"因执行本合同而发生的或与本合同有关的任何争议，由双方协商解决，协商不成的，交由合同签订所在地有管辖权的人民法院解决，适用中国法律……"法院认为，因原被告双方协议约定案涉争议所适用的法律为中国法律，故本院依法确定我国法律作为案涉争议的准据法。

而在青岛华汇动能国际贸易有限公司、东方科技有限公司国际货物买卖合同纠纷案[②]中，一审法院认为，本案系国际货物买卖合同纠纷。本案被告系注册于美国的公司，本案按照涉外程序进行审理。本案各方当事人均同意适用中华人民共和国法律作为解决本案实体争议的准据法，根据《中华人民共和国涉外民事关系法律适用法》第四十一条"当事人可以协议选择合同适用的法律"的规定，本院以中华人民共和国法律作为解决本案实体争议的准据法。而二审法院则认为，本案系国际货物买卖合同纠纷。双方当事人在合同中约定适用中华人民共和国法律，一审法院适用中华人民共和国法律处理本案争议，适用法律正确。东方科技公司与华汇公司营业地所在国均为《销售公约》的缔约国，根据《最高人民法院转发对外经济贸易部〈关于执行联合国国际货物销售合同公约应注意的几个问题〉的通知》规定，处理本案纠纷优先适用《销售公约》。

至于双方当事人在庭审中选择适用中国法律，是否意味着排除公约的适用？对于该问题，在司法实践中存在不同的案例。

一些法院认为，当事人在庭审过程中选择适用中国法律，但未明确排除适用《销售公约》时，仍应当适用《销售公约》。在萨拉平克曼公司与广东劳特斯企业有限公司国际货物买卖合同纠纷案[③]中，广东省高级人民法院认为，即使双方没有选定适用《销售公约》，双方

---

① 广东自由贸易区南沙片区人民法院（2021）粤0191民初17578号民事判决书。
② 青岛市中级人民法院（2016）鲁02民初第183号民事判决书；山东省高级人民法院（2019）鲁民终第1414号民事判决书。
③ 广东省高级人民法院（2018）粤民终第1424号民事判决书。

争讼的买卖合同也应适用该公约规定，除非双方当事人明确排除该公约的适用。而萨拉公司与劳特斯公司选择适用我国法律，但并没有明确排除公约适用，故本案买卖合同的处理应首先适用《销售公约》，《销售公约》没有规定的，再适用我国法律的有关规定。

而有些法院则采相反做法。在深圳市和科达电镀设备有限公司与Certus Automotive Inc买卖合同纠纷案①中，法院认为，本院认为，本案为国际货物买卖合同纠纷，虽然中国和加拿大均为《联合国国际货物销售合同公约》的缔约国，但原、被告均当庭选择适用中华人民共和国法律作为解决争议的准据法，本院从其约定。在青岛高德利物流器材有限公司与株式会社泰度系统国际货物买卖合同纠纷案②中，一审法院认为，本案为国际货物买卖合同纠纷，因泰度公司为韩国法人，本案应适用涉外民事诉讼程序的规定审理。因高德利公司住所地位于青岛市，故一审法院据此有管辖权。因双方庭审中选择中国法律作为本案的准据法，故一审法院以中国法律作为解决本案实体争议的准据法。二审法院认为，本案系涉韩货物买卖合同纠纷，在诉讼程序和实体法适用方面，应按照涉外民事诉讼程序的有关规定办理。当事双方一审庭审中共同选择适用中国法律解决争议，中国法律为解决本案实体争议的准据法。在信阳恒大猪鬃加工有限公司、依迪叶阿勒刷涂和辊涂工业股份公司不当得利纠纷案③中，河南省高级人民法院认为，由于案涉合同系营业地分属于中华人民共和国和土耳其共和国两国当事人之间订立的国际货物买卖合同，而中华人民共和国和土耳其共和国均为《销售公约》成员国，故本案因成员国当事人之间履行国际货物买卖合同引发的纠纷受《销售公约》约束。但由于《销售公约》赋予成员国当事人可以选择"不适用本公约"，而本案当事人均明示适用中华人民共和国法律解决纠纷，且《民法通则》第一百四十五条规定"涉外合同的当事人可以选择处理合同争议所适用的法律"，故尽管一审法院直接适用《中华人民共和国涉外民事关系法律

---

① 深圳前海合作区人民法院（2019）粤0391民初第5108号民事判决书。
② 青岛市中级人民法院（2018）鲁02民初第1148号民事判决书；山东省高级人民法院（2020）鲁民终第2号民事判决书。
③ 河南省高级人民法院（2017）豫民终第1119号民事判决书。

适用法》最密切联系原则确定准据法理由欠妥，但一审法院适用中华人民共和国法律作为本案准据法并无不当。

这个问题实际上涉及国际条约与国内法之间关系问题。虽然各国负有善意履行条约的义务，但执行条约的国内程序，仍然由各国自行决定。在国内适用条约，须将条约并入国内法律体系。而各国在国内法上接受条约规定有两种基本方式，第一种是将条约内容转变（transformation）为国内法；第二种是无须转变而将条约规定纳入（adoption）国内法。接受条约规定的国内法可以是宪法、议会制定法和判例法。① 在我国，2012年《涉外关系法律适用法解释》第四条规定，涉外民事关系的法律适用涉及适用国际条约的，人民法院应当根据《民法通则》第一百四十二条第二款以及《票据法》第九十五条第一款、《海商法》第二百六十八条第一款、《民用航空法》第一百八十四条第一款等法律规定予以适用，但知识产权领域的国际条约已经转化或者需要转化为国内法律的除外。最高人民法院曾就"涉外民事关系法律适用法没有对国际条约的适用和国际惯例的适用作出规定，司法实践中如何处理国际条约和国际惯例的适用问题"解析称："在涉外民事关系法律适用法制定过程中，各界亦曾建议法工委对国际条约、国际惯例的适用作出规定，但由于立法技术问题，特别是国际条约适用的复杂性，法工委没有在涉外民事关系法律适用法中对国际条约、国际惯例的适用作出规定。我们认为，司法实践中涉及国际条约、国际惯例的适用时，仍应当将上述《中华人民共和国民法通则》第一百四十二条等的相关规定作为法律依据。综上，司法解释第四条、第五条分别对适用国际条约和国际惯例的法律依据做出了指引。需要特别指出的是，由于国际上普遍承认知识产权的地域性原则和各国独立保护原则，我国对WTO项下的TRIPS协定采取了转化适用的模式，且TRIPS协定以外的知识产权领域的国际条约通常规定的是最低保护标准而不是完全统一的具体规则，因此，知识产权领域的司法实践中，在国内法与国际条约有不同规定的情况下，不一定优先适用国际条约的规定。鉴于此，司法解释第四条增加了'但知识产权

---

① 李浩培：《条约法概论》，法律出版社2003年版，第380、381页。

领域的国际条约已经转化或者需要转化为国内法律的除外'的规定"。① 据此，在我国，条约并入国内法律体系的方式，我国兼采转化和纳入两种方法。而《销售公约》，我国采用纳入方式将之纳入我国国内法律体系之内。故《销售公约》作为中国法律体系的一部分，当事人在诉讼过程中选择适用中国法律，并不意味着排除《销售公约》的适用，除非当事人一致同意且明确排除《销售公约》的适用，否则《销售公约》均应当适用。

2019 年公布的最高人民法第 21 批指导案例第 107 号案例中明确《销售公约》应当优先适用。且从《销售公约判例法摘要汇编》亦可以看出，域外大部分国家的法院和仲裁庭倾向于将《销售公约》认定为缔约国法律体系的一部分。

②选择适用缔约国特定国内法规或法典。联合国国际贸易法委员会秘书处《关于〈联合国国际货物销售合同公约〉的说明》第 12 条规定："国际货物销售中订约自由的基本原则已由以下规定加以承认，即允许当事双方不适用本公约或者减少或改变其任何一项规定的效力。例如，如果订约双方选择了非缔约国的法律或者某缔约国的国内实体法作为适用于合同的法律，即出现这种排除公约的情况。只要合同中的某项规定与公约中的规定不同，即出现减少本公约效力的情况。"但是如果只是笼统地约定"本合同中的权利和义务由中华人民共和国法律调整"，则不能被认定为有效地排除了《销售公约》的适用。中国作为公约当事国，《销售公约》已成为中国法律的一部分，而且在效力等级上，公约还高于中国国内合同法。

但在下述情况不应视为默示排除了《销售公约》的适用，即如果双方当事人援引其各自的国内法作为其诉辩的依据时，应视为双方当事人未就适用的法律达成一致，在这种情况下，《销售公约》不应视为被双方当事人排除。

③选择非缔约国法律。营业地均在《销售公约》当事国的当事人，在国际货物买卖合同中选择适用某一非缔约国的法律，这种选择能否排除公约的适用？

---

① 最高人民法院民四庭负责人就《关于适用〈中华人民共和国涉外民事关系法律适用法〉若干问题的解释（一）》答记者问。

依联合国国际贸易法委员会秘书处《关于〈联合国国际货物销售合同公约〉的说明》第 12 条规定,双方当事人在合同中约定选择非缔约国的法律作为其合同的适用法律或者双方当事人在合同中明确约定选择某一缔约国特定的国内法作为其合同的准据法,如约定合同由《中华人民共和国合同法》调整,则《销售公约》应视为被默示排除。故这种情形是一种典型的、没有争议的默示排除《销售公约》适用的方式。

④选择适用商事惯例。有观点认为,如果当事人选择适用商事惯例,如合同约定将国际商会《国际贸易术语解释通则》纳入其国际货物销售合同中,由于《国际贸易术语解释通则》并非法律文件,这并不构成对《销售公约》的默示排除。

然而《销售公约》第 9 条规定:"(1)双方当事人业已同意的任何惯例和他们之间确立的任何习惯做法,对双方当事人均有约束力。(2)除非另有协议,双方当事人应视为已默示地同意对他们的合同或合同的订立适用双方当事人已知道或理应知道的惯例,而这种惯例,在国际贸易上,已为有关特定贸易所涉同类合同的当事人所广泛知道并为他们所经常遵守。"即除非当事人另有约定,当事人自治原则为最高原则。《销售公约》尊重通常商事惯例,当事人同意的惯例优于《销售公约》规定。换言之,除非当事人约定不适用商事惯例,或当事人明示约定《销售公约》的适用优于商事惯例,否则商事惯例应解释为优于公约。[①]

据此,既然商事惯例业已成为合同的组成,《销售公约》中与商事惯例相抵触的部分自然被排除适用。而在合同选择适用不符合《销售公约》规定的术语,亦应如此。

惯例的优先适用效力亦体现在《国际商事合同通则》之中。《国际商事合同通则》第 1.9 条规定,(1)当事各方应受其业已同意的任何惯例和其相互之间业已确立的任何习惯做法的约束。(2)当事各方应受为所涉特定贸易当事人在国际贸易中所广泛知悉并惯常遵守惯例的约束,除非该惯例的适用为不合理。据此,习惯做法和惯例是

---

① 柯泽东:《国际私法》,中国政法大学出版社 2003 年版,第 264 页。

作为整个合同或单独声明的一个默示条款或一方当事人其他行为的一部分来约束当事人,因而其只能被当事人所约定的明示条款所取代。但正如合同明示条款优先于《通则》一样,一旦习惯做法和惯例在具体情况下被适用,则其相对于《通则》中的不同规定而言具有优先性。唯一例外的是《通则》的相应规定已特别表明具有强制性。①

⑤合同约定与《销售公约》规定不同的条款。在实践中,当事人往往在合同中仅约定其内容与《销售公约》的某些规定相矛盾的合同条款。该等约定,在不抵触《销售公约》有关强制性规定前提下,优先于《销售公约》的规定,构成对《销售公约》的排除适用;而合同没有约定的,才适用《销售公约》规定;《销售公约》没有约定的,应适用依照冲突法规范确定的法律的规定。这是适用《销售公约》的基本思路。《销售公约》第7条第(2)款规定,凡本公约未明确解决的属于本公约范围的问题,应按照本公约所依据的一般原则来解决,在没有一般原则的情况下,则应按照国际私法规定适用的法律来解决。

第三节　商事惯例作为裁判依据的方法

商事惯例广泛存在于国际商业或贸易诸领域。而为业界所熟知的商事惯例,主要涉及贸易术语、支付、运输和保险、担保等方面。但商事惯例如何成为涉外商事纠纷的裁判依据,因对商事惯例性质的不同认识而存在两种不同的路径或方法。

商事惯例发展至今,具有双面性特点。一方面,商事惯例,尤其是国际商事惯例作为一种自发形成的跨国性自治规范,超越了国内法范畴。另一方面,基于目前国际社会的法治现实,其法律效力又主要有赖于国内法明示与默示认可,其适用也多与国内法结合在一起,通过合同准据法而"间接"实现其作为评判标准的规范功能。这是处理两者之间关系的基本思路。

而就前者而言,鉴于商事惯例日臻完善,一些商人法学者设想

---

① 商务部条约法律司编译:《国际商事合同通则》,法律出版社2004年版,第49页。

将商事惯例作为与国内法并行的法律体系，通过引入自治性法律选择规范或改造传统的冲突规范而将之纳入准据法的范畴，实现商事惯例的直接适用，以达将商事惯例作为自成一类的涉外商事争议评判依据之目的。此以戈德曼为代表。而就后者而言，商事惯例对国内法的依附，致使其功能、方法和效力，概依合同准据法予以确定。商事惯例间接实现作为涉外商事争议裁判依据的目的。此以斯密托夫为代表。

一　商事惯例的界定

（一）立法中的商事惯例

商事惯例的界定显非易事，大多数国家立法一般仅提及惯例而不予定义，而美国《统一商法典》则对三种商事惯例作了解释。

该法典第1—205条存在有关贸易惯例（usages of trade，有译为行业惯例、交易惯例）和交易做法（course of dealing，有译为商业往来）的诸多规定。其中第2款将贸易惯例定义为：在一地区、一职业或行业中常为人们所遵守，以至于有理由预期其在有关争议之交易中也会得到遵守的任何交易的惯常做法或交易方法。可见，美国《统一商法典》项下贸易惯例十分宽泛，其基本要件是：经常遵守，及由此产生的合理期望（legitimate expectation）。所谓时间因素、地域因素和合理性因素，均不重要。①

《统一商法典》第1—205（1）条将交易做法定义为：特定交易的当事人在此交易之前作出的，可被合理地视为构成据以解释其意思表示和其他行为的共同理解之基础的一系列行为，即交易做法实质上是特定交易双方之间的习惯做法。其判断标准与贸易惯例基本相同，

---

① A "usage of trade" is any practice or method of dealing having such regularity of observance in a place, vocation, or trade as to justify an expectation that it will be observed with respect to the transaction in question. The existence and scope of such a usage must be proved as facts. If it is established that such a usage is embodied in a trade code or similar record, the interpretation of the record is a question of law. 美国法学会、美国统一州法委员会著：《统一商法典及其正式评述》（第一卷），孙新强译，中国人民大学出版社2004年版，第29—30页；单文华：《国际贸易惯例基本理论问题研究》，梁慧星主编《民商法论丛》第7卷，法律出版社1997年版，第599—600页。

即经常性行为及合理预期。①

此外,《统一商法典》第 2—208 条将履约过程（course of performance）② 解释为:（1）如果买卖合同涉及任何一方重复进行履约活动，且他了解此种履约活动的性质并知道对方有机会对其加以拒绝，在这种情况下，任何未经拒绝而被接受或默认的履约过程，均可用于确定协议的含义。（2）协议的明示条款和任何履约过程，以及交易过程和行业惯例，在合理的情况下，应作一致解释。如果此种解释不合理，明示条款的效力优于履约过程，履约过程的效力优于交易做法和行业惯例（第 1—205 条）。（3）除下条对修改合同和放弃合同权利另有规定外，此种履约过程可以用于表明对与履约做法有矛盾的条款的修改或放弃。③

上述条款实际上使商事惯例的范围涵盖了从二人之间到商业社会所有人之间所经常遵守并进而产生了合理期望的商事惯例，但贸易惯例、交易做法及履约过程主要是解释合同的工具，而不是正式的法律渊源。④

而在我国,《合同法解释二》第七条规定，下列情形，不违反法律、行政法规强制性规定的，人民法院可以认定为合同法所称"交易习惯":（一）在交易行为当地或者某一领域、某一行业通常采用并为交易对方订立合同时所知道或者应当知道的做法;（二）当事人双

---

① A "course of dealing" is a sequence of conduct concerning previous transactions between the parties to a particular transaction that is fairly to be regarded as establishing a common basis of understanding for interpreting their expressions and other conduct. 美国法学会、美国统一州法委员会:《统一商法典及其正式评述》（第一卷），孙新强译，中国人民大学出版社 2004 年版，第 29 页；单文华:《国际贸易惯例基本理论问题研究》，梁慧星主编《民商法论丛》第 7 卷，法律出版社 1997 年版，第 599—600 页。

② A "course of performance" is a sequence of conduct between the parties to a particular transaction that exists if:（1）the agreement of the parties with respect to the transaction involves repeated occasions for performance by a party; and（2）the other party, with knowledge of the nature of the performance and opportunity for objection to it, accepts the performance or acquiesces in it without objection.

③ 美国法学会、美国统一州法委员会:《统一商法典及其正式评述》（第一卷），孙新强译，中国人民大学出版社 2004 年版，第 66 页。

④ 单文华:《国际贸易惯例基本理论问题研究》，梁慧星主编《民商法论丛》第 7 卷，法律出版社 1997 年版，第 600 页。

方经常使用的习惯做法。对于交易习惯，由提出主张的一方当事人承担举证责任。就商事惯例主体视角而言，我国法中商事惯例的范围亦涵盖了两人到不特定人之间的商事惯例。

（二）国际商事惯例的特点与类型

在诸多域外国家，国际商事惯例与国内商事惯例并无明确的区分，原则上都适用同一标准，从而在其国内立法中不冠以"国际"，而简单称之为"贸易惯例"或"商事惯例"。[①]

1. 国际商事惯例的特点

国际商事惯例在不同学者视角下呈现不同的特点。有学者认为，国际商事惯例特点体现为：（1）国际商事惯例非由国家机构所制定，而由"国际商业社会""私商业团体"所创制，国家仅间接参与、协助或默认其存在；（2）国际商事惯例有别于一般内国习惯，具有成文法化、条文法化及系统化，普遍且长时间受内国法院判例或仲裁机构裁决所确认；（3）国际商事惯例普遍受世界所有国家承认，为国际实务所接受；（4）国际商事惯例以当事人意思自治原则为最高原则，当事人在援用商事惯例时可限制或更改商事惯例的内容；（5）国际商事惯例在适用层次上与一般内国法不同。除非当事人另有约定，当事人自治原则为最高原则。[②]

还有学者则将国际商事惯例的特点归纳为：（1）国际商事惯例是国际贸易实践中逐渐自发形成的惯常做法，具有形成过程上的自发性和渐进性特征；（2）国际商事惯例是得到经常遵守并由此产生了应该得到遵守的合理期望的惯常做法。"因惯成例"的临界点正是当事人（或广泛意义上的商人）产生了自己应该"照办"的义务感与对方也应该"照办"的合理期待心理的那一刻；（3）国际商事惯例的内容具有明确性和商业性；（4）国际商事惯例具有国际性与普遍性；（5）国际商事惯例是任意性的规范。一般说来，国际商事惯例只有当事人明示或默示同意采用，它们才对其有法律拘束力。[③]

[①] 单文华：《国际贸易惯例基本理论问题研究》，梁慧星主编《民商法论丛》第7卷，法律出版社1997年版，第598页。

[②] 柯泽东：《国际私法》，中国政法大学出版社2003年版，第263—264页。

[③] 单文华：《国际贸易惯例基本理论问题研究》，梁慧星主编《民商法论丛》第7卷，法律出版社1997年版，第602—603页。

2. 国际商事惯例的类型

国际商事惯例范围十分广泛,其涵盖所有成文的与不成文的,世界性的与区域性的、行业性的国际贸易惯例。而成文的国际商事惯例主要表现形式有两种。①

(1)非政府国际组织制定的普遍适用的国际贸易惯例。这类组织主要有国际商会(Incoterms、UCP)、国际法协会与国际海事委员会(1974年约克—安特卫普共同海损理算规则)。而国际商会的贡献最为突出。

(2)各类贸易协会(或商业同业公会)或专业团体以及某些国际经济组织制定的标准合同与标准合同条款。

①标准合同。标准合同由各类贸易协会(或商业同业公会)单独或与其他商业团队联合制定。此类标准合同在时间上被长期援用,在空间上被普遍采行,在心理上具有公信力,在权义设置上比较平等合理,因而有别于附合合同(contract of adhesion)。② 标准合同中最大量的部分由各类贸易协会所制定,其中最主要的贸易协会有:英国羊毛联合会、伦敦可可协会、伦敦油籽油脂联合会、伦敦谷物贸易协会等。这些标准合同多由同业公会邀请同业及专家学者共同研订印发,供当事人采用。由于这些合同格式已被广泛采用,在性质上,已渐具有被共同遵守的权威文书,并屡经仲裁院的确认,产生惯例的拘束力。③

②标准合同条款。即将那些典型的和经常使用的某一特定标准条款标准化,实质上只是标准条款而已。④ 联合国欧洲经济委员会所制定的一般交货条件即属之,其目的在于减少因各内国法规定的不同而发生的冲突。标准合同条款与上述标准合同相比较,两者最主要的共

---

① 单文华:《国际贸易惯例基本理论问题研究》,梁慧星主编《民商法论丛》第7卷,法律出版社1997年版,第607、616—624页;柯泽东:《国际私法》,中国政法大学出版社2003年版,第265—274页。
② 柯泽东:《国际私法》,中国政法大学出版社2003年版,第270—271页。
③ 单文华:《国际贸易惯例基本理论问题研究》,梁慧星主编《民商法论丛》第7卷,法律出版社1997年版,第613页。
④ 单文华:《国际贸易惯例基本理论问题研究》,梁慧星主编《民商法论丛》第7卷,法律出版社1997年版,第612页。

同点在于不纯粹以法律解释,原则、形式及效力上相近,而仅有一处不同,即标准合同条款不须填空白。而标准合同正面,印有主要条款,供当事人协商后填写。背面则为标准合同条款,以辅助正面约定的不足。①

③一般厂商所制定的标准合同。此类合同由个别企业所制作,本身缺乏公信力,无惯例的拘束力。如为一般企业或进出口商所制作的标准合同,仅在当事人间有拘束力。但重要企业所制作的标准合同有渐成惯例的潜力。不过其仅为商事惯例的发展过程中的初级阶段,尚不足以构成商业惯例本身。②

二 商事惯例作为裁判依据的传统方法

依传统的观念和目前国际国内法制,商事惯例作为裁判依据的方法取决于商事惯例的传统功能和效力,而商事惯例的间接适用,则是实现商事惯例传统功能的方法或路径。在这种模式项下,商事惯例功能和实现方式,取决于国内法的规定,从而商事惯例作为涉外商事争议的裁判依据,亦相应地取决于国内法的规定。

国际商事惯例作为一种自发形成的跨国性自治规范,虽超出了国内法的范畴,不是国内法的组成部分,但从实证法理学来看,其法律效力又有赖于国内法明示与默示的认可,其适用也多与国内法结合在一起,通过合同准据法而"间接"实现其传统功能,进而实现其作为评判标准的规范价值。这是认识商事惯例、商事合同、国内法与裁判依据四者之间关系的逻辑起点。

(一) 商事惯例与合同:作为合同条款的商事惯例

合同即法律。合同因当事人互相意思表示一致而成立,双方权利义务自应依此予以确定。但合同内容并非始终是完整的,而常有"合同漏洞"的存在。合同漏洞始于订约之时,于其后发生,不论其原因如何,当事人未获致合意时,即产生如何填补的问题。而以商事惯例

---

① 柯泽东:《国际私法》,中国政法大学出版社2003年版,第265—274页。
② 柯泽东:《国际私法》,中国政法大学出版社2003年版,第272—273页;单文华:《国际贸易惯例基本理论问题研究》,梁慧星主编《民商法论丛》第7卷,法律出版社1997年版,第615—616页。

对此加以填补,赋予商事惯例以补充或解释,以及规范功能,乃成为国内立法的常规做法。从而亦就发生合同与商事惯例之间关系,商事惯例借此成为评判合同当事人之间权义之争的裁判依据。

1. 商事惯例对合同的补充功能

《民法典》第五百一十条规定,合同生效后,当事人就质量、价款或者报酬、履行地点等内容没有约定或者约定不明确的,可以协议补充;不能达成补充协议的,按照合同相关条款或者交易习惯确定。

相关案例:上诉人(原审原告)中材供应链管理有限公司诉被上诉人(原审被告)黄石山力兴冶薄板有限公司、原审第三人上海中伊通物流有限公司、原审第三人上海禄马实业有限公司买卖合同纠纷[①]。该案争议焦点之一即为以交易惯例认定山力公司履行了交货义务是否属于适用法律错误。

在该案中,中材公司(需方)与山力公司(供方)2012 年度共签订四份《产品供货合同》,双方对前三份合同的履行并无异议,仅对第四份《产品供货合同》的履行有异议。本案的争议焦点为:山力公司是否履行了第四份《产品供货合同》约定的交货义务。

各方观点:中材公司认为:中远物流飞云库与中伊通仓库是位于上海市宝山区罗泾镇飞云路 21 号的不同仓库。根据合同的约定,山力公司应当在中远物流飞云库向其交付钢材。而根据中材公司与禄马公司的约定,中材公司收到货款后方可向禄马公司交货。但山力公司并未将钢材运到中远物流飞云库,而是违反合同的约定将钢材直接交付给禄马公司。山力公司的交付行为属于违约行为,应当承担返还货款并赔偿损失的违约责任。

山力公司认为:山力公司是钢材生产商,禄马公司是销售商,中材公司从事钢贸的方式主要是供应链代采购或托盘方式。在本案的涉诉两份合同签订后,已经于 2012 年 8 月 12 日至同月 28 日期间分别发出钢材,通过禄马公司委托的全诚物流将钢材送至上海铁山路码头,再由通豪物流运至上海市宝山区罗泾镇飞云路 21 号的中远物流飞云库(中伊通仓库)。而中材公司收到钢材后也交给禄马公司销

---

① 最高人民法院(2014)民二终字第 186 号民事判决书。

售。因禄马公司未能向中材公司付清货款，中材公司在本案起诉前已将禄马公司列为债务人。因禄马公司已资不抵债，中材公司为转嫁经营风险而恶意提起诉讼，其所有诉讼请求应予驳回。

湖北省高级人民法院认为，从双方签订合同的目的、交易模式、交易习惯，以及履行情况综合判断，山力公司已向中材公司履行了第四份《产品供货合同》约定的交货义务。具体理由为：从中材公司与山力公司先后履行四份《产品供货合同》看，双方就钢材送货已形成固定的交易惯例。中材公司与山力公司2012年度共签订四份《产品供货合同》，此前三次交易的钢材交货方式均为：钢材从山力公司出库后，由全诚物流运至上海铁山路码头，再由通豪物流运至上海市宝山区罗泾镇飞云路21号，通豪物流的送货单据上载明的收货单位均为禄马公司。中材公司与山力公司之间，相同的交易方式多次使用，非常成熟，而中材公司与山力公司对此前三次交易均无异议，应视为有固定的交易惯例。山力公司在履行第四份《产品供货合同》钢材的交付时，与此前的交易惯例一致，应为按双方合同约定履行交付钢材行为。

最高人民法院认为，中材公司与山力公司2012年度共签订的四份《产品供货合同》，均是双方当事人真实意思表示，不违反法律规定，原审认定合法有效正确，予以确认。因双方对前三份合同的履行无异议，仅对2012年8月1日签订的SL-D1208-0388号《产品供货合同》的履行有异议，故根据双方的诉辩意见，本案二审的争议焦点为，原审判决认定山力公司已经履行了第四份《产品供货合同》约定的交付义务是否正确。

对于原审判决以交易惯例认定山力公司履行了交货义务是否属于适用法律错误问题。最高人民法院认为，双方在合同履行过程中已经形成相对固定的交易模式、交易习惯等交易惯例，此前三次交易的钢材交货方式均为：钢材从山力公司出库后，通过禄马公司委托的全诚物流运至上海铁山路码头，再由通豪物流运至上海市宝山区飞云路21号，通豪物流的送货单据上载明的收货单位均为禄马公司，而相关运输费用亦由禄马公司承担。由此证明中材公司与山力公司之间，相同的交易方式多次使用，相对固定，而中材公司与山力公司对此前三次交易均无异议，应视为有固定的交易惯例。

虽然中材公司主张本案诉争合同约定的交货地点与已履行完毕的三份合同约定的交货地点不同，但本案已查明的事实证明，已经履行完毕且无争议的前三份合同的实际交货地点与本案诉争合同的交货地点均是上海市宝山区飞云路21号，对此，中材公司无异议，证明其认可前三份合同约定的交货地点和交货方式，同时也证明其认可山力公司将货物运抵到上海市宝山区飞云路21号后完成了交货义务。而对于诉争合同，虽与前三份约定交货地点不同，但运输的方式和运输单证上记载的送达地址均与前三次的相同，且已有证据充分证明诉争合同项下的货物已经送到上海市宝山区飞云路21号。在此情况下，原审结合前三次无异议的合同履行的交易惯例认定山力公司履行了诉争合同项下的交付义务，并不违反《中华人民共和国合同法》第六十一条的规定，适用法律亦无不当。故中材公司关于原审判决以交易惯例认定山力公司履行了交货义务属于适用法律错误的理由，缺乏事实和法律依据，本院不予支持，予以驳回。

《合同法解释二》第七条第（二）项虽然规定，合同法所称"交易习惯"为当事人双方经常使用的习惯做法，但对此并未作进一步规定。而依上述最高人民法院判决，中材公司与山力公司之间，相同的交易方式多次使用，相对固定，而中材公司与山力公司对此前三次交易均无异议，应视为有固定的交易惯例。即对于交易惯例的构成需要满足以下条件：（1）多次使用。本案中使用了三次，最高人民法院认可三次构成多次。（2）相对固定。包括交易条件固定和履行方式固定。本案货物运输目的地亦相同。本案送达前几次目的地即构成履行合同义务的重要参照标准。（3）各方都认可，包括各主体的认可及各主体对每次交易的认可。

2. 商事惯例对合同的解释功能

《民法典》第一百四十二条"意思表示的解释"规定，有相对人的意思表示的解释，应当按照所使用的词句，结合相关条款、行为的性质和目的、习惯以及诚信原则，确定意思表示的含义。无相对人的意思表示的解释，不能完全拘泥于所使用的词句，而应当结合相关条款、行为的性质和目的、习惯以及诚信原则，确定行为人的真实意思。第四百六十六条"合同条款的解释"规定，当事人对合同条款的理解有争议的，应当依据本法第一百四十二条第一款的规定，确定争议条款的含义。

《销售公约》第八条规定，（1）为本公约的目的，一方当事人所作的声明和其他行为，应依照他的意旨解释，如果另一方当事人已知道或者不可能不知道此一意旨。（2）如果上一款的规定不适用，当事人所作的声明和其他行为，应按照一个与另一方当事人同等资格、通情达理的人处于相同情况中，应有的理解来解释。（3）在确定一方当事人的意旨或一个通情达理的人应有的理解时，应适当地考虑到与事实有关的一切情况，包括谈判情形、当事人之间确立的任何习惯做法、惯例和当事人其后的任何行为。

以商事惯例来解释合同条款，广泛存在于国际货物销售、支付、建筑、海上运输等领域。在联中企业（资源）有限公司、厦门国贸集团股份有限公司买卖合同纠纷案①即是典型案例。

在该案中，双方争议焦点是货物的风险责任和违约责任的分配问题，即双方当事人对合同中"鱼粉不得含有任何活昆虫""买方保留卸货港复验权"约定含义的理解问题。

一审法院认为：本案是以C&F.FO贸易条件订立的合同，合同中关于"鱼粉不得含有任何活昆虫""买方保留卸货港复验权"的约定并未改变C&F贸易条件，故厦门国贸应承担货物超过船舷时起的一切风险责任。

二审法院认为：依本案合同"鱼粉不得含有任何活昆虫""买方保留卸货港复验权"约定，卖方有履行鱼粉不得含有活昆虫的义务，买方有行使在卸货港复验的权利。厦门国贸在检验发现鱼粉有虫后，即电传联中公司，要求派员来厦门察看。在联中公司未派人察看的情况下，厦门国贸按检疫所的要求，对鱼粉做熏蒸处理，因而延误了销售季节，造成鱼粉严重跌价和支出其他费用损失，对此，联中公司应当承担主要责任。但本案鱼粉跌价损失也有市场因素，据此，厦门国

---

① 最高人民法院（2016）最高法民再373号民事判决书。参见杨钦仁《最高院：国际贸易，小无知贸易术语与合同条款不一致，引发大问题》，https://business.sohu.com/a/502784026_100212515，访问时间：2022年12月15日。

贸对本案的损失也应承担一定责任。

最高人民法院再审认为：关于风险责任和违约责任问题。1980年《国际贸易价格术语解释通则》第五条规定，"买卖双方在合同中所订定的特殊约定，其效力超越本通则的任何规定"。本案双方当事人对于"鱼粉不得含有任何活昆虫"和"买方保留卸货港复验权"的含义理解不一，联中公司认为该约定并不改变原有的贸易条件，厦门国贸应承担货物越过船舷时起的一切风险责任；厦门国贸则认为该约定属于卖方的货物品质担保。鱼粉生虫属于风险责任，应由贸易双方通过价格术语分配风险，涉案合同采用C&F价格术语则意味着货物风险自越过船舷时转移至买方。而"鱼粉不得含有任何活昆虫"和"买方保留卸货港复验权"的约定并没有改变原有价格术语的构成，货物自越过船舷时的风险以及投保义务仍然属于买方厦门国贸。

3. 商事惯例对合同当事人的规范功能

商事惯例的补充或解释功能旨在确定合同条款的含义，而与解释和补充功能不同的是商事惯例的规范功能，其旨在直接确定当事人之间的权利义务。

（1）商事惯例规范功能的依据：意思自治

意思自治原则是商事惯例发挥其规范功能的基本原则。《销售公约》第9条规定，（1）双方当事人业已同意的任何惯例（any usage）和他们之间确立的任何习惯做法（any practices），对双方当事人均有约束力。（2）除非另有协议，双方当事人应视为已默示地同意对他们的合同或合同的订立适用双方当事人已知道或理应知道的惯例，而这种惯例，在国际贸易上，已为有关特定贸易所涉同类合同的当事人所广泛知道并为他们所经常遵守。[①] 第9条确定了三种惯例的三种适用方式：

①明示约定。对于一般商事惯例，须由双方当事人的"同意"，这是由商事惯例效力的任意性所决定。双方当事人不仅可决定是否援

---

① Article 9 of CISG：(1) The parties are bound by any usage to which they have agreed and by any practices which they have established between themselves. (2) The parties are considered, unless otherwise agreed, to have impliedly made applicable to their contract or its formation a usage of which the parties knew or ought to have known and which in international trade is widely known to, and regularly observed by, parties to contracts of the type involved in the particular trade concerned.

用商事惯例，而且于订约时可以明文约定限制商事惯例中部分内容的适用。不过，为维护商事惯例统一解释的安定性及其完整性，除要求当事人须为明确约定外，不得改变其基本形态，如此才能兼顾商事惯例的弹性与确定性，以及当事人依商事惯例从事商业活动的安定性。[1]

②默示同意。即对于双方当事人之间的习惯做法，须由双方当事人予以"确立"。在贝尔西公司诉中联伟天公司国际货物买卖合同纠纷案中，天津市第二中级人民法院指出，判断当事人之间是否存在"习惯做法"的标准，有主观（明示）和客观（默示）之分。客观（默示）标准是指按照交易双方之间客观存在的或者与当事人意志有关或者无关的客观现实为基础来判断"习惯做法"是否存在，一般情况下要求当事人之间的关系持续一段时间，且达到一定次数。当事人之间确立的习惯做法对当事人具有约束力，当"习惯做法"与当事人之前的合同约定甚至是与《销售公约》条款相冲突时，"习惯做法"应优先适用。[2]

③视为默示同意。对于一些特殊的商事惯例，除双方另有协议外，双方当事人应视为已默示同意受其约束。即对于该等商事惯例，其适用不再以当事人的明示同意为前提，而以当事人未明示排除为前提。只要当事人无相反的约定，即认为已为当事人默示采纳，因而可适用于他们之间的货物买卖合同之中。但排除须由双方协议，当事人一方意欲排除其适用，而若不能证明另一方亦业已同意，则该惯例仍应适用于他们的合同。[3]

而这些特殊的商事惯例，须具备以下两项条件：其一，客观条件，须为在国际贸易中为有关特定贸易所涉种类合同的当事人所广泛知道并为他们所经常遵守；其二，主观条件，双方当事人知道或理应知道这些惯例。即对于这些众所周知的惯例，当事人知悉（awareness）都不再必要，而只要其"理应知道"就足够。换言之，只要惯例在国际贸易中"广为人知"，"并为有关特定贸易所涉同类合同当

---

[1] 柯泽东：《国际私法》，中国政法大学出版社2003年版，第263—264页。
[2] 李金梅、姚强：《国际货物买卖合同纠纷中的"习惯做法"应优先适用》，《人民司法（案例）》2014年第22期。
[3] 单文华：《国际贸易惯例基本理论问题研究》，梁慧星主编《民商法论丛》第7卷，法律出版社1997年版，第650—651页。

事人所经常遵守",则该惯例即对其适用。①

《销售公约》的上述规定是其前身1964年《国际货物买卖统一法公约》和《国际货物买卖合同成立统一法公约》相应规定的继承与发展。《国际货物买卖统一法》第9（1）条规定，当事人受其明示或默示约定的惯例及受他们之间所确立的任何惯例的约束。《合同成立统一法》第2条有类似的条款，其规定：（1）除从最初的磋商、发盘、接受或当事人之间所确立的习惯或惯例中表明当事人适用其他规则外，以下各条均予适用。（2）沉默视为接受的条款是无效的。可见1964年公约关于一般商事惯例明示约定的规定与1980年公约基本一致。

但与《销售公约》不同的是，《国际货物买卖合同成立统一法公约》第13（1）条和《国际货物买卖统一法公约》第9（2）条规定，当事人也受在同样情况下理性的人（reasonable person）认为适用于其合同或其合同成立的惯例的约束。即1964年公约引入了理性人标准，只要一个理性的人可能会认为其适用于他们的合同即为可适用，而未有进一步的具体要求。可见1964年公约主观性较强，1980年公约则近乎纯客观的要求，而避免了使用理性人这样一个含混的概念。1980年公约比1964年公约更明确和严格。

《销售公约》就商事惯例规范功能两种实现方式的规定，反映了商事惯例由传统的任意性效力向强制性效力递进的趋向。更为甚者，一些国家国内立法对一些特殊商事惯例，如《国际贸易术语解释通则》予以一般性认可，赋予其直接的法律拘束力，如西班牙和伊拉克。商事惯例经国家认可，其效力即获得国家公权力的有效支持而成为本身具有法律拘束力的"习惯法"。正是基于商事惯例效力的双重性，国内学者提出，国际贸易惯例是任意性与准强制性相结合的规范。不过，另有学者认为，这种准强制性本质上似乎仍只能算是任意性规范。②

---

① 单文华：《国际贸易惯例基本理论问题研究》，梁慧星主编《民商法论丛》第7卷，法律出版社1997年版，第651—652页。

② 单文华：《国际贸易惯例基本理论问题研究》，梁慧星主编《民商法论丛》第7卷，法律出版社1997年版，第654页。

据上,《销售公约》将商事惯例分为三类:约定的惯例、确立的习惯做法,及众所周知的惯例。进而规定其规范功能的实现路径:明示约定+默示同意+视为默示同意。

(2)《国际商事合同通则》的相关规定①

《国际商事合同通则》亦作了类似规定,但与《销售公约》相较,其条款的设计更为精细。

①国际商事惯例自动适用的条件。其第1.9条规定,"(1)双方当事人业已同意的任何惯例和他们之间确立的任何习惯做法,对双方当事人均有约束力。(2)当事人受为国际贸易中所涉特定贸易当事人广泛知悉并惯常遵守的惯例约束,除非该惯例的适用不合理。"②。第2款规定了当事人就一些特殊商事惯例的适用标准:(1)惯例必须是"所涉特定贸易当事人广泛知悉并惯常遵守"。这是任何一个惯例得以适用的条件,国际惯例、国内惯例或是地方惯例无一例外。(2)"在国际贸易中"。这个附加条件,旨为避免将那些在国内交易中所形成的或仅限于国内交易的惯例,适用于与外国人之间的交易。房地产代理商对某一外国客户援用其所在国同行业的一个特定惯例。如果该惯例只具有地方性质,且只与国内因素占主导地位的贸易相关,则该外国客户不受约束。而与《销售公约》不同的是,《国际商事合同通则》第9条并未要求"当事人知道或理应知道",亦未使用视为默示地同意之类的措辞。即对于一些特殊商事惯例的适用,《国际商事合同通则》更偏向于客观性标准。从而在《国际商事合同通则》项下,三类商事惯例规范功能的实现路径:明示约定+默示同意+自动适用。

②国内或地方性商事惯例的例外适用。《国际商事合同通则》亦设计了适用国内惯例或地方性惯例适用的两项例外:第一项例外是,

---

① 商务部条约法律司编译:《国际商事合同通则》,法律出版社2004年版,第43—49页。

② ARTICLE 1.9 Usages and practices of Principles of International Commercial Contracts (1) The parties are bound by any usage to which they have agreed and by any practices which they have established between themselves. (2) The parties are bound by a usage that is widely known to and regularly observed in international trade by parties in the particular trade concerned except where the application of such a usage would be unreasonable.

在当事人没有其他任何可援用的惯例的情况下，纯粹的地方性惯例或国内惯例得以适用的唯一例外是，那些在某些商品交易所的或贸易展销会的或港口的惯例，只要它们通常也被外国人遵守，则应该适用于与外国人进行的交易。即地方性惯例或国内惯例，被其他同类交易外国人（基于他人遵守）通常遵守时，则可适用于眼下与外国人进行的交易。例：甲是港口经营人，乙是外国承运人。甲对乙援用其所在港口的一项特殊惯例。如果该港口通常也由外国人使用，所有用户不论其经营地和国籍如何，都惯常遵守该惯例，则乙也应受其约束。第二项例外是，若某一商人在某一外国已签订过大量类似的合同，则其应受该国国内关于此类合同的惯例的约束。即国内惯例或地方性惯例，若被眼下交易的当事人自身（基于自己遵守）在该外国签订过适用该惯例的合同，则亦同样适用于眼下交易。如甲国的一位销售代理人 A 接到其在乙国的客户 B 的一项要求，B 要求 A 对其现金付款给予惯常的 10% 的折扣。如果 A 在乙国已经经营了相当一段时间，则 A 不能因为该惯例的适用范围仅限于乙国而拒绝其适用。[①]

（3）我国的立法规定

2005 年最高人民法院《关于审理信用证纠纷案件若干问题的规定》第二条规定，人民法院审理信用证纠纷案件时，当事人约定适用相关国际惯例或者其他规定的，从其约定；当事人没有约定的，适用国际商会《跟单信用证统一惯例》或者其他相关国际惯例。2016 年最高人民法院《关于审理独立保函纠纷案件若干问题的规定》第五条规定，独立保函载明适用《见索即付保函统一规则》等独立保函交易示范规则，或开立人和受益人在一审法庭辩论终结前一致援引的，人民法院应当认定交易示范规则的内容构成独立保函条款的组成部分。不具有前款情形，当事人主张独立保函适用相关交易示范规则的，人民法院不予支持。上述规定虽然肯定了特殊商事惯例的规范价值，但与《销售公约》和《国际商事合同通则》相较，在适用方式的设置上，显得单一和模糊：除明示约定外，是否允许默示，甚至视为默示同意，则呈现首鼠两端现象。

[①] 商务部条约法律司编译：《国际商事合同通则》，法律出版社 2004 年版，第 45—47 页。

此外,《销售公约》将视为默示适用规则仅适用于一些特殊的商事惯例。而在我国司法实践中,甚至出现以商事惯例修正甚至否定合同条款的做法。① 如此夸大商事惯例的功能并非适宜,亦缺乏依据。

(二) 商事惯例与国内法:辅助国内法适用的商事惯例

商事惯例是在商事实践中逐渐自发形成的惯常做法,具有形成过程上的自发性和渐进性特征,与国家制定的成文法不同,但两者又存在特殊关系:从宏观而言,商事惯例通过并入、授权和遵从三种方式影响国家立法的制定与完善;从微观而言,商事惯例补充国内立法的缺漏,或修正国内立法的适用结果。即商事惯例的矫正功能和法律补漏功能。

在诉讼领域,依目前近乎所有国际国内立法,商事惯例的适用须与国内法相结合,通过合同准据法而"间接"实现。从而其如何作为裁判依据,亦取决于准据法的规定,这是商事惯例作为裁判依据与国内法之间的基本关系。与其与合同之间关系不同的是,就其与法律之间关系而言,商事惯例传统功能体现为:法律补漏功能与衡平功能。

1. 传统功能:法律补漏功能

(1) 我国立法的回应。商事惯例,尤其是国际商事惯例的补充法律漏洞功能,早为我国立法所确认。《民法通则》率先对国际商事惯例的补漏功能予以规定。

《民法通则》第一百四十二条规定,中华人民共和国缔结或者参加的国际条约同中华人民共和国的民事法律有不同规定的,适用国际条约的规定,但中华人民共和国声明保留的条款除外。中华人民共和国法律和中华人民共和国缔结或者参加的国际条约没有规定的,可以

---

① 依广东省佛山市中级人民法院 (2013) 佛中法民二终字第 854 号民事判决书记载,法院认为,"民然公司主张支付对价的事项是《统购铝料合同》所约定的义务。但该合同约定有违一般商事交易惯例,而且,民然公司取得案涉支票所给付的对价亦不属合理范畴。其二,合同第二条约定的履行期长达 5 年,但约定了 10 个月内预付与案涉关联的 4 张支票相当的金额,而且民然公司仅需保证统购期限 (合同履行期 5 年) 内销售予康福尔公司的铝料总价不低于前述的预付款 850 万元。上述权利义务的约定明显有违商事惯例。"进而法院完全否定了合同条款的效力,而根据掌握的商事习惯确定了双方权利义务内容。引自陈彦晶《商事习惯之司法功能》,《清华法学》2018 年第 1 期, https//mp.weixin.qq.com/s,访问时间:2022 年 11 月 18 日。

适用国际惯例。但第一百五十条规定，依照本章规定适用外国法律或者国际惯例的，不得违背中华人民共和国的社会公共利益。而《海商法》第二百六十八条、《民用航空法》第一百八十四条随后亦作了相应规定。

为明确涉外民事案件中商事惯例的适用问题，2012 年《涉外关系法律适用法解释》重述了上述立法规定。其第五条规定，涉外民事关系的法律适用涉及适用国际惯例的，人民法院应当根据《中华人民共和国民法通则》第一百四十二条第三款以及《中华人民共和国票据法》第九十五条第二款、《中华人民共和国海商法》第二百六十八条第二款、《中华人民共和国民用航空法》第一百八十四条第二款等法律规定予以适用。

但上述立法因仅明确涉外案件中商事惯例适用问题而仅具有限的规范价值，为根本解决商事惯例与国内法之间关系，《民法总则》第十条和《民法典》第十条规定，处理民事纠纷，应当依照法律；法律没有规定的，可以适用习惯，但是不得违背公序良俗。

至目前为止，创新力度最大的莫过于上海市高级人民法院 2019 年 12 月 30 日的《上海法院服务保障中国（上海）自由贸易试验区临港新片区建设的实施意见》。其第 10 条规定，积极对接国际通行规则。按照打造国际一流自贸试验区的目标，在涉新片区案件审判中正确适用国际条约、公约和多边协定，积极推动建立与国际通行规则相衔接的制度体系。在依照冲突规范确定的准据法和相关国际条约、公约及多边协定均缺乏明文规定时，积极借鉴其他司法管辖区已有司法成果，准确适用国际商事惯例和交易习惯，努力形成合理的裁判规则，稳定市场预期，保障交易自由和安全，增强中外投资者信心，促进新片区对全球市场的吸引力和资源配置能力提升。[1]

（2）商事惯例与国内法：补漏功能。《民法总则》第十条和《民法典》第十条规定，处理民事纠纷，应当依照法律；法律没有规定

---

[1] 《上海法院服务保障中国（上海）自由贸易试验区临港新片区建设的实施意见》甚至规定："8. 充分尊重当事人对法律适用的选择权。依法保障离岸交易纠纷当事人自由选择适用外国法律或者国际商事通行规则、商事惯例的权利，但违反我国法律基本原则或者损害国家主权、安全和社会公共利益的除外。"

的，可以适用习惯，但是不得违背公序良俗。即商事惯例的补漏功能。

所谓法律漏洞，是指现行法体系中所存在的影响法律功能，且违反立法意旨的不完全性现象。[①] 不论法律漏洞产生原因为何，有漏洞就应予补充，而补充方法大致有三种：以习惯补充，或以法理补充，或以判例补充。以习惯补充法律漏洞，为诸多国家民法所确认。所谓"习惯"，即为单纯的事实，"事实上的惯性"，而非习惯法。[②]《瑞士民法典》第1条规定，"如本法无相应规定时，法官应依据惯例；无惯例时，依据自己作为立法者所提出的规则裁判"。

其实，商事惯例补充法律漏洞功能亦早为我国法官所认识。在2008年Zhengzhou Jinshui District Jicheng Town 诉 Bank of China 案，原告与被告达成协议，约定被告测试原告生产的电视机组件的质量合格后，双方再签署正式协议。一年后，被告拟用原告供应的组件所生产的电视机的市场价格大幅下跌，双方同意调整组件价格。被告确认原告生产的组件质量合格，但此时电视机的价格又下跌了50%—60%，被告因此要求进一步降价，该要求被原告拒绝，被告因此中断了谈判。一审、二审法院均认定被告有权中断谈判，作出了有利于被告的判决。最高院法官在撰写该案的评析意见时，基于在我国无相关规定情况下，援引了2004年《国际商事合同通则》第2.1.15条关于"恶意磋商"规定，作为支持一审、二审法院判决的依据。[③]

又在马来西亚KUB电力公司（KUB Power Sdn. Bhd.）诉中国光大银行股份有限公司沈阳分行履行独立性保函承诺案[④]中，关于该案所涉中国投资银行沈阳分行所开立的No. APS2297012预付款保函是独立性保函还是从属性保函的问题，法院认为，独立性保函是指一种

[①] 梁慧星：《法律漏洞及其补充方法》，《民商法论丛》第1卷，法律出版社1994年版，第7页。

[②] 黄立：《民法债编总论》，中国政法大学出版社2002年版，第46页；单文华：《国际贸易惯例基本理论问题研究》，梁慧星主编《民商法论丛》第7卷，法律出版社1997年版，第705—706页。

[③] 环球商事仲裁：《国际仲裁 |〈国际商事合同通则〉如何弥补准据法的缺失》，https://baijiahao.baidu.com/s?id=1684866754657319192&wfr=spider&for=pc，访问时间2023年5月10日。

[④] 沈阳市中级人民法院（2004）沈中民（4）外初字第12号民事判决书。

独立于基础合同，仅以保函自身条款为付款责任确定依据的保函，而从属性保函是指将保函项下义务的履行取决于相应的基础商业合同。由于我国缺乏有关涉外独立性银行保函的具体法律规定，而我国缔结或者参加的国际条约也没有相关规定，所以法院依据《中华人民共和国民法通则》的相关规定适用有关的国际惯例《见索即付独立保证统一规则》（国际商会1992年正式公布的第458号出版物）对案件进行裁决。

2. 传统功能：衡平功能

商事惯例的衡平或矫正功能可见于国际立法之中。1994年《美洲国家间国际合同适用法律公约》（《墨西哥公约》）第10条规定，除上述条款规定外，除上述各条规定外，还应适用国际商法的准则、习惯和原则以及普遍接受的商业惯例和惯例，以在具体情况下满足正义和公平的要求。①

这种现象同样存在于国际商事仲裁领域。依一些国际商事仲裁法与规则的规定，商事惯例还可由仲裁庭依职权考虑适用。

《关于解决国家和他国国民之间投资争端公约》（《华盛顿公约》）第42条规定，一、仲裁庭应依照双方可能同意的法律规则对争端作出裁决。如无此种协议，仲裁庭应适用作为争端一方的缔约国的法律（包括其冲突法规则）以及可能适用的国际法规则。二、仲裁庭不得借口法律无明文规定或含义不清而暂不作出裁决。三、第1款和第2款的规定不得损害仲裁庭在双方同意时按公允及善良原则对争端作出裁决的权力。1961年《欧洲国际商事仲裁公约》第7条第1款规定，无论适用当事人选择的法律还是适用仲裁员确定的准据法，仲裁员都应考虑到合同条款与贸易惯例。《联合国国际贸易法委员会仲裁规则》第33条以及《国际商会仲裁规则》第13条第5款也都有类似的规定。

商事惯例的矫正功能亦为我国立法和实践所认可。《仲裁法》第七条规定，仲裁应当根据事实，符合法律规定，公平合理地解决纠纷。司法部《中华人民共和国仲裁法（修订）（征求意见稿）》第七

---

① In addition to the provisions in the foregoing articles, the guidelines, customs, and principles of international commercial law as well as commercial usage and practices generally accepted shall apply in order to discharge the requirements of justice and equity in the particular case.

条规定，仲裁应当根据事实，符合法律规定，参照交易习惯，公平合理地解决纠纷。

在我国商事仲裁实践中，《中国国际经济贸易仲裁委员会仲裁规则》第四十九第一款规定：仲裁庭应当根据事实和合同约定，依照法律规定，参考国际惯例，公平合理、独立公正地作出裁决。《北京仲裁委员会仲裁规则》第六十九条"法律适用"规定，（一）仲裁庭应当根据当事人选择适用的法律对争议作出裁决。除非当事人另有约定，选择适用的法律系指实体法，而非法律冲突法。（二）当事人未选择的，仲裁庭有权根据案件情况确定适用的法律。（三）根据当事人的约定，或者在仲裁程序中当事人一致同意，仲裁庭可以依据公平合理的原则作出裁决，但不得违背法律的强制性规定和社会公共利益。（四）在任何情况下，仲裁庭均应当根据有效的合同条款并考虑有关交易惯例作出裁决。

按上述规定，法官或仲裁庭有权也有义务，在"任何情况下"考虑适用相关商事惯例而不需顾及当事人的意愿。但"考虑适用"有别于"补充适用"：其一，"考虑适用"时惯例仅供参考，不必完全遵守，而"补充适用"，就应完全遵照惯例规定裁判；其二，"补充适用"仅在法律与条约无规定时方可适用，而"参考适用"可在任何时候实施。从这一意义上讲，"考虑适用"也可算作一种直接适用方法，尽管严格地说，这并不能算是一种独立的适用途径。[①]

三　商事惯例作为裁判依据的另类方法：准据法

国际经贸的发展促成了国际商业社会的形成。而国际商业社会则期望自治法律及商事惯例渐自独立，缩小对内国法的依赖，以补充及替代传统法律及方法上的不足与缺陷。[②] 商事惯例由此而在传统功能之外被赋予了新的功能：准据法功能。

（一）商事惯例作为准据法的成因

商事惯例的发展旨在使国际商事交易摆脱对国内法的依赖而成为

[①] 单文华：《国际贸易惯例基本理论问题研究》，梁慧星主编《民商法论丛》第7卷，法律出版社1997年版，第687—688页。

[②] 柯泽东：《国际私法》，中国政法大学出版社2003年版，第262页。

商事交易的准据法。因而商事惯例自身发展完善程度乃成为判断商事惯例能否成为准据法的关键性考量因素。

如上所述,英国学者斯密托夫强调,商人法是国内法律体系之内的具有某些自身特征的规则总和,而非存在于国内法律体系之外的自治性法律体系。故商事惯例不能作为自治的完全独立于国内法体系的法律体系而直接适用于国际商事争议,其适用应与国内法相结合。而法国学者戈德曼则将商人法视为一个未臻完善,却完全独立于国内法的自治的法律体系。因而戈德曼将当事人的合意选择作为基本的自治性冲突规则之形态,使其具有与国内冲突规范类似的功能,商事惯例基于自治性冲突规则的指引作为准据法予以适用。

我国学者柯泽东教授亦认为,在实证法理学上,法律规范至少应具备三个条件:第一,法律规范应具有一般性、普遍性,即法律规范的适用是抽象的、普遍的,而不是特殊的、个别的;第二,法律规范须有权威性,即由权威机构制定;第三,法律规范须有强制性,也即须具有强制执行力。上述三个基本条件,国际商事惯例都基本具备。[①]

商事惯例的日臻完善现实亦为《国际商事合同通则》所认可。《国际商事合同通则》在其 1994 年的首版文本"前言"指出,本通则旨在为国际商事合同制定一般规则。在当事人约定其合同受本通则支配时,应适用本通则。在当事人约定其合同受一般法律原则、商人法等支配时,可适用本通则。在当事人没有选择支配合同的任何法律时,可适用本通则。但《国际商事合同通则》亦认识到商事惯例的未臻完善的现实。其又指出:"当事人若选择《通则》作为管辖其合同的法律规则,最好是将这一法律选择条款与一项仲裁协议结合起来。因为当事人指定合同适用法律的选择自由传统上限于国家法,因此当事人对《国际商事合同通则》的引用将会很自然地仅被视为同意将一个协议纳入合同,而合同的适用法律仍需在国际私法规则的基础上加以确定,其结果是《国际商事合同通则》只有在不影响合同的准据法的规则的限度内才能约束当事人,即当事人不得排除适用法

[①] 单文华:《国际贸易惯例基本理论问题研究》,梁慧星主编《民商法论丛》第 7 卷,法律出版社 1997 年版,第 632 页;柯泽东:《国际私法》,中国政法大学出版社 2003 年版,第 261—274 页。

规则。"①

（二）商事惯例作为准据法的法律依据

依上所述，戈德曼的"自治性冲突规则"对一些国际国内商事仲裁立法产生极大影响。国际社会率先在仲裁领域通过对传统冲突规范的改造而将商事惯例纳入准据法的范畴，使商事惯例具有准据法的身份进而实现商事惯例功能的扩张。

然而，商事惯例并非在任何情况下均可以准据法身份而成为商事争议的裁判依据，其取决于仲裁地国家或地区立法规定。

如在法国，依《民事诉讼法典》第1511条规定，当事人可以选择商事惯例作为准据法，仲裁庭据此将之作为裁判依据，在当事人未作选择时，仲裁庭甚至可以以其认为适当的商事惯例作为准据法而据此对商事争议进行裁决。

依1987年瑞士《关于国际私法的联邦法》第187条第1款规定，与法国立法相同的是，当事人可以选择商事惯例作为准据法，仲裁庭据此将之作为裁判依据。但与法国立法不同的是，在当事人未选择时，仲裁庭依最密切联系原则而将与案件之间存在最密切联系关系的商事惯例作为准据法而对商事争议加以裁判。

1998年经修订的《德国民事诉讼法》与上述两国立法不同。虽然依《德国民事诉讼法》第1051（1）条规定，仲裁庭应根据当事人选择的商事惯例裁定争议，但在当事人未作选择时，仲裁庭只能将与仲裁事项有最密切联系的国家的法律，而非将与仲裁事项有最密切联系的商事惯例作为准据法。这显然与瑞士立法有别。

在国际层面，不同国际文本就商事惯例作为准据法的条件设置不一，因而商事惯例能否作为准据法，取决于商事争议所适用的国际文

---

① Parties who wish to choose the Principles as the rules of law governing their contract are well advised to combine such a choice of law clause with an arbitration agreement. The reason for this is that the freedom of choice of the parties in designating the law governing their contract is traditionally limited to national laws. Therefore, a reference by the parties to the Principles will normally be considered to be a mere agreement to incorporate them in the contract, while the law governing the contract will still have to be determined on the basis of the private international law rules of the forum. As a result, the Principles will bind the parties only to the extent that they do not affect the rules of the applicable law from which the parties may not derogate (see Comment 3 on Article 1.4).

件。1965年《关于解决各国和其他国家国民之间投资争端的公约》第42（1）条规定，法庭应依照双方同意的法律规则判定争端。如无此种协议，法庭应适用争端一方的缔约国的法律（包括其关于冲突法的规则）以及可适用的国际法规则。而2006年修正的《联合国国际商事仲裁示范法》第28条规定，（1）仲裁庭应按照当事各方选择的适用于争议问题的法律规则作出裁决。（2）如当事各方没有任何选择，仲裁庭应适用其认为可适用的冲突规范所确定的法律。

商事仲裁领域商事惯例功能的成功扩张，促使海牙国际私法将此移植入诉讼领域。海牙《国际合同法律选择通则》随之诞生。然而商事惯例准据法功能的设计并不彻底。表现为：其一，具有准据法功能的商事惯例，仅限于在国际、跨国或区域层面上被广泛接受的一套衡平和中性的规则；其二，商事惯例能否具有准据法功能，取决于法院地法的规定。①

（三）商事惯例作为准据法的我国实践：守正与创新

在我国，裁判者在商事案件中适用商事惯例并非稀少，但无论学界还是实务界，对所适用的商事惯例的身份问题，似乎并没予以应有的关注。

1. 主流观点：商事惯例并非准据法也

2005最高人民法院《关于审理信用证纠纷案件若干问题的规定》第二条规定，人民法院审理信用证纠纷案件时，当事人约定适用相关国际惯例或者其他规定的，从其约定；当事人没有约定的，适用国际商会《跟单信用证统一惯例》或者其他相关国际惯例。然而，《跟单信用证统一惯例》或者其他相关国际惯例是否作为准据法，则并不明确。

这种含糊其辞的处理思路在司法实践中得到直接回应。口福食品公司诉韩国企业银行、中行核电站支行信用证纠纷案②即为典型案例。

基本案情：在该案中，口福公司与韩国汉城昌技企业有限公司之间签订贸易合同。韩国中小企业银行于2002年4月24日开出不可撤

---

① 海牙《国际合同法律选择通则》第2条第1款规定，合同受当事人选择的法律支配。第3条"法律规则"规定，在本通则中，所指的法律包括在国际、跨国或区域层面上被广泛接受的一套衡平和中性的规则，除非法院地法有不同规定。

② 最高人民法院关于连云港口福食品有限公司与韩国中小企业银行信用证纠纷一案的请示的复函。

销跟单信用证一份，号码 M04E5204NS00484，开证日期 2002 年 4 月 24 日，有效日期 2002 年 6 月 30 日，申请人昌技公司，受益人口福公司（信用证上注明的英文为 LIANYUNGAND KUCHIFUKU FOODS. LTD），金额 110500 美元，议付行为任何银行，付款方式为见票即付，付款人韩国中小企业银行，最迟装船日期为 2002 年 5 月 31 日，所需的单据为已签署的商业发票一式 3 份、全套正本清洁提单、装箱单一式 3 份；该信用证还约定了交、议付单据期间等。

口福公司收到信用证后，于 2002 年 6 月 6 日向中行核电站支行提交了信用证项下的全套单据，其中提单正本载明的装船日为 2002 年 5 月 31 日。中行核电站支行收到单据后，对单据进行了严格核对，于当月 7 日通过快邮寄给了开证行。同月 19 日，中行核电站支行收到韩国中小企业银行 2 份拒付通知书，拒付理由为：1. 商品品名在发票、装箱单、提单上不一致；2. 提单上的日期是伪造的；3. 汇票上注明的付款行为"INDUSTRIAL BANK OF KOREA SEOUL（HEAD OFFICE SEOUL）"，而不是信用证上的"INDUSTRIAL BANK OF KOREA（HEAD OFFICE SEOUL）SEOUL"。4. 没有注明收货人的地址。中行核电站支行收到开证行的拒付通知后，于同月 20 日回函开证行要求韩国中小企业银行接受全套单据并立即付款。

同月 26 日，韩国中小企业银行第二次致函中行核电站支行，未再提出不符点问题，而是称"申请人告知我行他们曾通知贵行有关欺诈事宜并警告贵行不要接受受益人的单据。目前申请人正就欺诈一事起诉受益人。我行有证据证明单据系伪造，而且欺诈正在进行"。此后，中行核电站支行多次与韩国中小企业银行交涉，要求其履行开证行的付款责任，但开证行未予回复。

同年 9 月 3 日，中行核电站支行收到韩国中小企业银行退单。同月 9 日，中行核电站支行将退单退回给口福公司。2002 年 9 月，口福公司向原审法院提起诉讼。请求法院判决韩国中小企业银行与中行核电站支行承担连带支付责任，支付其信用证项下货款 110500 美元及相应的利息，并承担本案的一切诉讼费用。

裁判观点：一审法院南京市中级人民法院认为：口福公司系以 M04E5204NS00484 信用证为依据起诉韩国中小企业银行及中行核电

站支行，故本案系信用证纠纷案件，各方当事人应当按照各自在信用证关系中的法律地位享有权利，履行义务。各方当事人在起诉及答辩过程中均以 UCP500 为法律依据，且根据《中华人民共和国民法通则》第一百四十二条之规定，涉外民事法律关系的法律适用应依照我国法律的有关规定，我国法律及我国缔结或参加的国际条约没有规定的，可以适用国际惯例。而 UCP500 规定了信用证关系中各有关当事人的权利义务，是国际上通行的信用证业务的统一惯例，故因信用证发生的纠纷应当适用该国际惯例。

二审法院江苏省高级人民法院认为：关于本案的法律适用问题：1. 本案系信用证交易纠纷，各方当事人虽未约定本案纠纷所适用的准据法，但各方当事人一审中的诉辩均以 UCP500 为依据，原审法院依据《中华人民共和国民法通则》第一百四十二条之规定适用 UCP500 作出判决后，各方当事人未就法律适用问题提出异议，且二审中进一步明确表示适用 UCP500 处理本案纠纷，因此本案信用证纠纷应当以 UCP500 作为准据法确认各方当事人的权利义务。2. 本案关于信用证欺诈及法律救济问题应适用中国法。本案二审中的争议焦点之一是口福公司是否构成信用证欺诈，而 UCP500 并未涉及信用证欺诈及法律救济问题。本院在征询各方当事人关于信用证欺诈及法律救济的法律适用时，韩国中小企业银行选择以韩国法律作为准据法，而口福公司、中行核电站支行则选择以中国法律作为准据法。

最高人民法院认为，韩国中小企业银行主张口福公司伪造单据和倒签提单，而本案信用证项下有关单据和提单签发地在中国，中国是韩国中小企业银行所主张的口福公司实施欺诈行为的侵权行为地，根据《中华人民共和国民法通则》第一百四十六条第一款之规定，因侵权行为发生的争议应适用侵权行为地法律，故本案关于信用证欺诈及法律救济问题应适用中国法。

如果说《跟单信用证统一惯例》或者其他相关国际惯例可否作为准据法，尚不明确的话，2016 年最高人民法院《关于审理独立保函纠纷案件若干问题的规定》对此作了明确规定。其第五条规定，独立保函载明适用《见索即付保函统一规则》等独立保函交易示范规则，或开立人和受益人在一审法庭辩论终结前一致援引的，人民法院应当认定交易示范规则的内容构成独立保函条款的组成部分。不具有前款情形，当事人主张独立保函适用相关交易示范规则的，人民法院不予支持。

我国的上述司法实践否定了上述特定商事惯例的准据法功能而肯定了其契约性规范价值，但与《销售公约》和《国际商事合同通则》相较，在实现其契约性规范功能的方式设计上，显得谨慎和保守。

2. 商事惯例功能的扩张：准据法

商事惯例由传统的非法向法的转变，业已存在于国际商事仲裁领域。这一趋势亦若隐若现于我国司法实践中。上海市高级人民法院2019年12月30日《上海法院服务保障中国（上海）自由贸易试验区临港新片区建设的实施意见》即是对我国传统认知和实践的探索性变革。其一方面肯定了商事惯例的补漏功能，其第10条规定，积极对接国际通行规则。按照打造国际一流自贸试验区的目标，在涉新片区案件审判中正确适用国际条约、公约和多边协定，积极推动建立与国际通行规则相衔接的制度体系。在依照冲突规范确定的准据法和相关国际条约、公约及多边协定均缺乏明文规定时，积极借鉴其他司法管辖区已有司法成果，准确适用国际商事惯例和交易习惯，努力形成合理的裁判规则，稳定市场预期，保障交易自由和安全，增强中外投资者信心，促进新片区对全球市场的吸引力和资源配置能力提升。另一方面，则实际上赋予了商事惯例的准据法资格，而假借当事人合意选择实现其准据法的规范价值。其第8条明确规定，充分尊重当事人对法律适用的选择权。依法保障离岸交易纠纷当事人自由选择适用外国法律或者国际商事通行规则、商事惯例的权利，但违反我国法律基本原则或者损害国家主权、安全和社会公共利益的除外。此系对商事惯例准据法功能的明确认定。

然而，由于《涉外关系法律适用法》及其他现行法律并未对冲突规范的结构加以改造，故将商事惯例作为准据法而为裁判者用作商事争议的裁判依据，恐产生于法相悖的结果。

四　商事惯例作为裁判依据的限制

与商事惯例作为裁判依据的路径及身份相对应，商事惯例的适用亦可以不同的事由予以限制。一般来说，商事惯例的适用的限制主要来自三个方面。

1. 准据法中强制性法律规范的限制。在商事惯例假借国内法的适用而发挥其合同条款解释、法律漏洞补充及合同条款规范价值时，基于其契约性而不得与准据法国家强制性法律规范相抵触。

2. 公共秩序条款的限制。在商事惯例以准据法的身份作为裁判依据时，与以外国法为准据法时相同，其显然应受法院地公共秩序条款的限制。上海市高级人民法院2019年12月30日《上海法院服务保障中国（上海）自由贸易试验区临港新片区建设的实施意见》第8条规定，充分尊重当事人对法律适用的选择权。依法保障离岸交易纠纷当事人自由选择适用外国法律或者国际商事通行规则、商事惯例的权利，但违反我国法律基本原则或者损害国家主权、安全和社会公共利益的除外。

3. 适用结果的限制。《国际商事合同通则》指出，商事惯例即使被某一特殊贸易领域的商事主体所遵循，但在特定情况下，基于一方或双方当事人经营条件或所从事交易的特殊性，其适用可能不合理。这种情况下，该惯例不应予以适用。如在某一商品贸易领域存在这样一种惯例：如果买方不能及时得到国际认可的商检机构的证明，则不能主张该商品有瑕疵。故当买方甲在目的港接收货物时，如在该港口开业的唯一一个国际认可的商检机构因罢工而停业，而即使由距离最近的其他港口的商检机构出具证明，费用又太高。这种情况下，适用该惯例就不合理。即使没有得到国际认可的商检机构的证明，甲也应可以基于其所发现的商品瑕疵而主张权利。①

---

① 商务部条约法律司编译：《国际商事合同通则》，法律出版社2004年版，第43—49页。

第 四 章

涉外商事争议的特殊裁判依据：强制性法律规范

各国民商事法律体系无不由效力不同性质有异的各类规范组成，其中日渐为人们所知悉的是存在为达政治、经济或社会安全目的而制定的强制性法律规范，因其具有公法性质，其适用无须基于冲突规范所选择的准据法予以实现，而是由法院直接就某类法律关系，适用法院地法或某一国家法律中的强制性法律规范，以之作为涉外商事争议的裁判依据。进而在对外国法适用的排除上，又形成另一方法。[1]《涉外关系法律适用法》第四条规定，中华人民共和国法律对涉外民事关系有强制性规定的，直接适用该强制性规定。即我国强制性法律规范排除冲突规范在相关领域的适用，应予以直接适用。该条规定首次出现在我国涉外民事关系法律适用的法中，是该法律的一大亮点，具有重大理论意义和实践价值。[2]

第一节 强制性法律规范的界定

一 强制性法律规范的理论与立法

"对于强制性规范的直接适用原则，立法者和司法者面临最困难的任务便是识别哪些规范属于依其本身特殊性需要直接适用的规范。"[3]

---

[1] 柯泽东：《国际私法》，中国政法大学出版社2003年版，第116—120页。
[2] 刘贵强：《涉外民事关系法律适用法在审判实践中的几个问题》，《人民司法》2011年第11期。
[3] F. Vischer, "General Course on Private International Law", *Recueil des cours*, 1992 (232), p. 37.

究其原因，与理论研究的滞后不无关系。

（一）强制性法律规范的域外理论

作为法律现象，强制性规范的存在可追溯至中世纪的法则区别说时代。1804年《法国民法典》第3条第1款便规定有关警察和公共治安的法律，对居住在法国领土上的所有人具有强行力。① 而第6条又规定，个人不得以特别约定违反有关公共秩序和善良风俗的法律。

即《法国民法典》将公序良俗条款与具有强行力的有关警察和公共治安的法律分别加以规定。然而，自19世纪国际私法鼻祖萨维尼法律关系本座说始，强制性规范却一直蛰伏在公共秩序的理论谜丛之中。②

萨维尼在遵循罗马法中公私法严格划分的基础上建立了"以法律关系本座说"为中心的法律适用理论。其主要包含三部分内容：其一，法律共同团体说。其主张现代各国莫不互相承认其国格与权利，形成一国际团队。而对于他国宪法及其他法律，亦互为允许。故内外国法律彼此平等，形成一"法律共同团体"。由此，内外国人民发生法律关系，其情形与在一国之内地方与地方间法律冲突问题，实无差异，而毋庸考虑某项法律关系应适用的法律究为内国法抑或外国法。其二，法律关系本座说。其主张某一法律关系应受何种法律支配，应先就该法律关系的性质，探究其属于何种法域，而法律关系之所以应属于某一法域之根据，即为法律关系的本座。萨维尼将法律关系分为身份能力、物权、债权债务、亲属继承、诉讼程序及审判执行而定不同本座，以此适用本座所属地的法律。其三，本座说之例外。萨维尼例外情况归为两类：强行性实在法及没被本国完全认识的外国法律制度。而任何国家的强行法又分为两类：一类是纯粹为了保护个人利益的，如那些根据年龄或性别而限制当事人行为能力的规定便是；另一类是基于公益上理由而设的强行法规，其不仅为了保护个人利益，而且具有自己的道德基础或基于政治上、警察上、国民经济上的公共福祉而规

---

① 该条共3款：有关警察和公共治安的法律，对居住在法国领土上的所有人具有强行力（第1款）；不动产，即使属于外国人所有，仍适用法国法律（第2款）；有关人之身份与能力的法律，适用于全体法国人，即使居住在外国的法国人，也同（第3款）。

② 肖永平、龙威狄：《论中国国际私法中的强制性规范》，《中国社会科学》2012年第10期。

定的。前类法律虽不能因个人的约定而排除其适用，但在根据冲突规范须适用外国法时，其就应让位于外国法。后一类法律规则在制定该法律的国家内绝对适用，排除外国法适用的可能性。萨维尼将此两个例外作为公共秩序法，而公共秩序只是国际私法基本原则的一种例外。① 而第二个例外强行性实在法即可视为强制性规范。但萨维尼关于多边选法体系与强行法规范例外并存关系的描述，并非强制性规范的直接适用理论，亦未直接引发后人关于强制性规范系统理论的研究。

萨维尼后，卡恩将公共秩序分为"禁止性法律"与"保留条款"，此划分后来发展为"积极公共秩序"与"消极公共秩序"以及当代的"强制性规范"与"公共秩序保留"。随着强制性规范日益频繁地运用于国际民商事关系中，关于强制性规范的理论研究终在欧洲大陆开始涌动。②

不过，引发强制性规范理论研究的主要基于两个原因。其一是20世纪30年代美国债券持有人在美国发起的针对德国债务人的诉讼。德国债务人提出了"特别法"理论而主张德国外汇管制法由于其强制性也应予以考虑，此引发了德国学者对强制性规范的全面研究。德国学者温格勒（Wilhelm Wengler）和茨威格特（Konrad Zweigert）等进一步完善了特别法理论。1944年《国际货币基金组织协定》第8条第2款（b）项进一步强化了外汇管制法律在外汇合同法律适用中的特殊地位；其二是福利国家的出现。福利国家导致了一系列含有社会公共利益立法（如消费者保护、最低劳动保障等）的制订与实施。这些规范既非纯粹的私法，也非纯粹的公法。在这些规范出现的领域，传统的法律适用体系不再适用，而需要确定这类规范在国际私法中的地位和作用。③

---

① 身份能力本座在于住所地，物权关系本座在于物之所在地，债权债务本座在于债务人之住所地或履行地，亲属及继承关系本座在于当事人之住所地，诉讼及审判执行之本座在于诉讼地。刘铁铮、陈荣传：《国际私法论》，（台北）三民书局1996年版，第42—43页；［德］弗里德里希·卡尔·冯·萨维尼：《法律冲突与法律规则的地域和时间范围》，李双元等译，法律出版社1999年版，第18—20页。

② 肖永平、龙威狄：《论中国国际私法中的强制性规范》，《中国社会科学》2012年第10期。

③ 胡永庆：《"直接适用的法"的理论研究》，梁慧星主编《民商法论丛》第16卷，金桥文化出版（香港）有限公司2000年版，第646—721页。

为此，法国学者弗朗西斯卡基斯（Phocion Francescakis）、荷兰学者温特（Louis Izaak de Winter）等对强制性规范现象进行了深入研究。其中弗朗西斯卡基斯在其1958年在巴黎发表的"反致理论与国际私法体系冲突"一文中基于对以往法国司法实践的系统研究，就法院地强制性规范提出了系统的"直接适用法"理论。其指出：这些法律规范在调整这些特定的涉外民商事关系时，无须借助传统冲突规范的援引而直接予以适用。而这些法律规范，具有以下几个法律特征：第一，其对私法关系的介入，不是双边冲突规则运作的结果；第二，其适用范围是由制定该规则的立法者单方面决定的；第三，这类规则既具有属地性质，又具有属人性；第四，这类法律规则在传统的冲突法领域很少适用，但在国家试图控制和干预的领域却越来越广泛地得到运用。因而，直接适用法的一个共同特征便是其与国家的组织管理和职能密切相关，其常与行政机关管理经济的有关法规结合在一起，在诸如国际保险、反不正当竞争、环境保护等领域发挥着特殊的作用。[①]

（二）强制性法律规范的立法实践

弗朗西斯卡基斯"直接适用法"理论掀起了强制性法律规范的研究热潮，强制性法律规范的研究曾一度成为中外法学界的时尚，进而使曾被萨维尼认为是一种例外现象的强制性规范成为冲突立法的固有部分。

1. 欧盟的强制性规范立法

欧盟的强制性法律规范立法乃是国际社会强制性法律规范立法的典范。1980年《罗马公约》和2008年《罗马条例Ⅰ》[②]对强制性法律规范作了全面规定，而将国内法上的广义的强制性规范与国际私法中具有直接适用效力的狭义的强制性规范一并纳入其中。

（1）广义与狭义的强制性规范

①广义的强制性规范。广义的强制性规范即国内层面的强制法律

[①] 胡永庆：《"直接适用的法"的理论研究》，梁慧星主编《民商法论丛》第16卷，金桥文化出版（香港）有限公司2000年版，第646—721页。

[②] 欧洲议会和（欧盟）理事会2008年6月17日《关于合同之债法律适用的第593/2008号（欧共体）条例》。参见邹国勇译注《外国国际私法立法选择》，武汉大学出版社2017年版，第450—466页。

规范，是指"不能由协议予以减损"的法律规定或共同体法规定，其法律效力仅是否定当事人选择准据法的自由，集中规定在《罗马公约》第3条第3款、第5条第2款、第6条第1款和《罗马条例Ⅰ》第3条第3、4款，第6条第2款，第8条第1款。其中，《罗马公约》第3条"法律选择的自由"规定："1. 合同依当事人选择的法律。法律选择必须通过合同条款或具体情况相当明确地加以表示或表明，双方当事人可自行选择适用于合同的全部或部分的法律。……3. 当事人选择外国法这一事实，无论其是否同时选择外国法庭，如在法律选择时一切与当时情况有关的因素仅同一个国家有关，不应影响该国法律规定的适用，即该国法律规定（以下简称'强制性规定'）其适用不得以合同废除之。"

《罗马条例Ⅰ》第3条第3款规定，如果与选择时的情况有关的所有其他因素都位于所选择法律的国家以外的另一个国家，当事人的选择不应影响该另一国法律中不得通过协议加以减损的规定的适用。第4款规定，如果与选择时的情况有关的所有其他因素都位于一个或多个成员国，则当事各方选择适用该成员国以外的其他法律，不应损害在法院地的成员国实施的共同体法律中不得通过协议加以减损的条款的适用。

②狭义的强制性规范。狭义的强制性规范即为国际层面的强制性法律规范，其具有更强的法律效力，能够排除公约或条例中所有有关法律适用的规则，包括在当事人未选择时有关法律适用的规则。狭义的强制性规范集中规定在《罗马公约》第7条第1款和第2款（尤其是第7条第2款）、第9条第6款和《罗马条例Ⅰ》第9条、第11条第5款之中。

其中，《罗马公约》第7条"强制性规范"（Mandatory rules）规定："1. 在依照本公约适用某一国的法律时，如依其情况，与另一国有着密切的关系，则该另一国法律的强制性规定，得认为有效，但必须依该另一国的法律，亦不论何种法律适用于该合同，均必须适用此种强制性规定时为限。在考虑是否认为此种强制性规定为有效时，应注意此种规定的性质和目的，以及其适用或不适用的后果；2. 本公约任何条款不得限制法院地法强制规则的适用，不论合同适用什么法律。"

《罗马条例Ⅰ》第 9 条 "绝对/优先性强制规范" (Overriding mandatory provisions) 第 1 款规定,绝对/优先性强制规范是指在其所适用的范围内对维护一国诸如政治、社会或经济组织等公共利益至关重要,以致不论根据本条例本应适用于合同的法律为何而均应予以适用的那些规范;第 2 款规定,本条例的任何规定均不得限制法院所在地法律中绝对强制性规范的适用;第 3 款规定,应赋予合同所产生的义务必须履行或已经履行的国家的法律中最重要的强制性规范的效力,只要这些最重要的强制性规范使合同的履行非法。在考虑是否赋予这些规范以效力时,应考虑到其性质和目的以及适用或不适用的后果。

从措辞上看,《罗马公约》第 7 条使用了"强制性规范"这一术语,《罗马条例Ⅰ》第 9 条则使用了"绝对/优先性强制规范"之表述。强制性规则的范围越广,其对当事人意思自治或其他冲突规范的限制则越强,反之施加的限制就越弱。由此,依欧盟的公约和条例,如果合同的所有因素只与一个国家有关,合同的国际性质仅仅由当事人选择外国法所致,则为避免当事人选择与合同毫无关联的国家法律所带来的不利影响,合同应受到范围最广的强制性规则的制约,即合同必须受到广义的强制性规则的制约。除此之外,当事人的意思自治或其他冲突规则只应受到狭义的强制性规则即直接适用规则的制约。

(2)《罗马公约》与《罗马条例Ⅰ》项下强制性规范之异同

①强制性规范称谓之区别。就广义的强制性规范而言,《罗马公约》第 3 条第 3 款所称的"强制性规则"为"不能为合同约定所减损的国内法规定",属一般性强制性规范;第 5 条和第 6 条涉及的强制性规范则为保护特定合同当事方的强制性的保护性规范。而就狭义强制性规范而言,《罗马公约》第 7 条和第 9 条第 6 款规定的"强制性规范",除了具有不能为合同当事人以协议所减损这一特性外,还必须"无论本应适用于合同的法律如何均应适用"。这类规范可以排除冲突规范的运用,通常被称为"国际性强制性规范"。

上述三类强制性规范虽均谓"强制性规范 (mandatory rules)",

但其涵与外延不同,使《罗马公约》的强制性规范条款略显复杂。

而在《罗马条例Ⅰ》项下,"强制性规范"并未作为一般性概念适用于各种相关场合,而是以"其效力不得为当事人通过协议所减损的规范"之表述取代了《罗马公约》第3条第3款中的"强制性规范";以"不能为当事人以协议减损的保护性规范"取代了《罗马公约》第5、6条中的"保护性强制规范";以"优先性/绝对强制规范(overriding mandatory rules)"取代了《罗马公约》第7条和第9条确立的国际性强制规则。如此设计使得各类强制性规范之间的区别更加清楚明确。

②强制性规范定义之区别。尽管强制性规范难以准确定义,《罗马条例Ⅰ》第9条第1款仍将优先性/绝对强制规范定义为在其所适用的范围内对维护一国诸如政治、社会或经济组织等公共利益至关重要,以致不论根据本条例本应适用于合同的法律为何而均应予以适用的那些规范。该定义从目的和效果两个视角勾勒出绝对/优先性强制规范的基本特性,使其有别于国内一般性强行规范,显然比《罗马公约》更为明确。

③强制性规范范围之区别。在外国强制规范的适用问题上,《罗马公约》第7条第1款要求法官考虑适用任何与合同有紧密联系的国家的强制规范。据此,法官须(1)确立何国与合同有紧密联系;(2)明确该国哪些法律规范构成第7条第1款意义上的强制性规范。这赋予法官极大的自由裁量权,从而不可避免地影响到合同法律适用的确定性和可预见性。

而《罗马条例Ⅰ》第9条第3款则将考虑适用的外国强制性规范的范围限制在合同履行地的绝对/优先性强制规范,并将其进一步限于"使得合同履行不合法"的绝对/优先性强制规范,从而克服了《罗马公约》的不足。

2. 海牙《国际合同法律适用海牙通则》中的强制性法律规范

海牙国际私法会议2013年通过的《国际合同法律适用海牙通则》(以下简称《海牙通则》)也确立了国际合同法律适用中的"强制规范"制度。

第11条"绝对/优先性强制规范和公共政策(公共秩序)"规

定：1. 本原则不妨碍法院适用诉讼地的绝对/优先性强制法律规定，这些规定不论当事人选择何种法律都将适用；① 2. 诉讼地法律决定法院何时可以或者必须适用或者考虑另一法律的绝对优先性强制规定；3. 法院适用当事人所选择的某一法律规定将明显有悖于诉讼地公共政策（公共秩序）基本理念的，法院方可排除适用该规定，但仅限于此种情况；4. 一国法律将在没有作出法律选择的情况下适用的，由诉讼地法律决定法院何时可以或者必须适用或者考虑到该国的公共政策（公共秩序）；5. 本原则不妨碍仲裁庭适用或者考虑到公共政策（公共秩序），也不妨碍其适用或者考虑到非由当事人选择的法律的绝对优先强制性规定，前提是仲裁庭被要求这样做或者仲裁庭有权这样做。

根据海牙国际私法会议对《海牙通则》第11条的评注草案，其应当具备两个条件：一是该法律规范在国内法上不得由当事人通过协议减损；二是在涉外民事关系中，法院必须适用这些强制规范，而不论当事人选择的准据法或根据冲突规范确定的准据法为何。但《海牙通则》并没有对强制规范的范围予以限定，而仅赋予一国法院根据本国具体情况予以确定。

3. 我国立法的发展

以往，我国立法通过公共秩序条款和法律规避条款来确保强制性法律规范的适用。《民法通则》第一百五十条规定，依照本章规定适用外国法律或者国际惯例的，不得违背中华人民共和国的社会公共利益。《关于贯彻执行中华人民共和国民法通则若干问题的意见》第194条规定，当事人规避我国强制或者禁止性法律规范的行为，不发生适用外国法律的效力。

《涉外关系法律适用法》率先规定了强制性法律规范适用的独立路径，将之与公共秩序条款相区别。其第四条规定，中华人民共和国法律对涉外民事关系有强制性规定的，直接适用该强制性规定。第五条规定，外国法律的适用将损害中华人民共和国社会公共利益的，适用中华人民共和国法律。《涉外关系法律适用法解释》则进一步确定

---

① These Principles shall not prevent a court from applying overriding mandatory provisions of the law of the forum which apply irrespective of the law chosen by the parties.

强制性法律规范的基本特点和范围。其第八条规定，有下列情形之一，涉及中华人民共和国社会公共利益、当事人不能通过约定排除适用、无须通过冲突规范指引而直接适用于涉外民事关系的法律、行政法规的规定，人民法院应当认定为涉外民事关系法律适用法第四条规定的强制性规定：（一）涉及劳动者权益保护的；（二）涉及食品或公共卫生安全的；（三）涉及环境安全的；（四）涉及外汇管制等金融安全的；（五）涉及反垄断、反倾销的；（六）应当认定为强制性规定的其他情形。

二　强制性法律规范的界定

强制性规范有广义和狭义或国际强制性规范（Internationally mandatory rules）和国内强制性规范（Domestically mandatory rules）之别，在国内法中具有强制性效力的规范并不一定属于国际私法中的强制性规范。国际强制性规范的适用排除法律选择规范的指引，而国内强制性规范的适用则受制于法律选择规范，这业已成为通识。然而，能够排除法律选择规范的指引而凭借其自身效力而作为涉外商事争议裁判依据的强制性法律规范又将如何确定？

（一）主观标准与客观标准

萨维尼指出，排除外国法适用的强行法是基于公益上理由而设的强行法规。[1] 朗西斯卡基斯亦指出，直接适用法的一个共同特征便是其与国家的组织管理和职能密切相关。尔后有学者提出了更具操作性的识别此类规范的方法，认为国际私法中的强制性规范必须具备两个条件："其一，法律规范蕴含的政策被认为对社会至关重要；其二，在这些规范涵盖的范围内，不适用这些规范对其背后政策的推进将构成障碍。"这两个要素分别构成了强制性规范界定中的主观标准和客观标准。[2]

---

[1] ［德］弗里德里希·卡尔·冯·萨维尼：《法律冲突与法律规则的地域和时间范围》，李双元等译，法律出版社1999年版，第18—20页。

[2] 卜璐：《国际私法中强制性规范的界定》，《现代法学》2013年第3期；Thomas G. Guedj, "The Theory of the Lois de Police, A Functional Trend in Continental Private International Law-A Comparative Analysis with Modern American Theories", *American Journal of Comparative Law*, 1991 (4), p. 666.

所谓客观标准，即指此类规范在效力具有强制性，以至于足以排除双边冲突规范的指引和当事人的选择而予以直接适用。换言之，对于属于该规范调整范围内的事项只能适用该规范。而所谓主观标准，即指该规范所保护的是对该规范所属国至关重要的法益。这就需要考量该法律规范所蕴含的目的和政策，以识别法律规范的性质。争论的焦点在于，规定主观标准时是否把强制性规范所保护的法益仅限于公共利益，还是囊括对私益的保护。然而，在国际上并未形成统一意见。有主张公共利益说，亦有主张公益私益兼顾说，甚有些国家立法甚至明确规定保护私人利益。如 1987 年《瑞士联邦国际私法》第 19 条就外国法中强制性规范的适用问题，规定"如瑞士法律观念和一方当事人的重大显著利益要求考虑外国法律中的强制性规定"，就可考虑适用之。[1]

不过在立法上，不同立法对上述标准的反应各不相同。有的立法仅采客观标准而将强制性规范定义为无论冲突规范指引的准据法为何都必须适用的规范，《罗马公约》第 7 条即为范例。1998 年《吉尔吉斯共和国民法典》第 1174（2）条规定："根据本章规定适用一国法律时，法院可适用与法律关系有密切联系的另一国的强制性规范，只要依该另一国法律规定，此种强制性规范无须考虑准据法而直接调整该相应法律关系。同时法院须顾及此种规范的规定、性质及其适用的后果。"而有些立法则兼采客观标准和主观标准，最为典型的《罗马条例 I》第 9（1）条。[2]

（二）我国的实践

《涉外关系法律适用法》首次就强制性规范的适用问题作了明确规定。其第 4 条规定："中华人民共和国法律对涉外民事关系有强制性规定的，直接适用该强制性规定。"《涉外关系法律适用法解释》对此予以具体化。其第八条规定，有下列情形之一，涉及中华人民共和国社会公共利益、当事人不能通过约定排除适用、无须通过冲突规范指引而直接适用于涉外民事关系的法律、行政法规的规定，人民法

---

[1] 卜璐：《国际私法中强制性规范的界定》，《现代法学》2013 年第 3 期。
[2] 邹国勇：《外国国际私法立法选译》，武汉大学出版社 2017 年版，第 13—14 页；卜璐：《国际私法中强制性规范的界定》，《现代法学》2013 年第 3 期。

院应当认定为涉外民事关系法律适用法第四条规定的强制性规定：（一）涉及劳动者权益保护的；（二）涉及食品或公共卫生安全的；（三）涉及环境安全的；（四）涉及外汇管制等金融安全的；（五）涉及反垄断、反倾销的；（六）应当认定为强制性规定的其他情形。上述条款揭示了强制性规范的界定标准和范围。

1. 强制性规范的渊源

依《涉外关系法律适用法》第四条规定，能直接适用的强制性规定必须是"中华人民共和国法律"中的强制性规定。而依《涉外关系法律适用法解释》第八条规定，强制性规定是"法律、行政法规的规定"。这是否意味着我国法院在处理涉外商事案件时，法律与行政法规以外法源中的强制性规定都不能作为强制性规范予以适用？

（1）地方法规与部门规章

在我国合同法领域，确实存在将影响合同效力的强制性规定限于法律与行政法规的现象。1985年《中华人民共和国涉外经济合同法》第九条规定："违反中华人民共和国法律或者社会公共利益的合同无效。"1986年《中华人民共和国民法通则》第五十八条规定："下列民事行为无效：……（五）违反法律或者社会公共利益的；（六）经济合同违反国家指令性计划的"。1987年《中华人民共和国技术合同法》第二十一条规定："下列技术合同无效：（一）违反法律、法规或者损害国家利益、社会公共利益的。"1999年《合同法》第五十二条规定："有下列情形之一的，合同无效：……（四）损害社会公共利益；（五）违反法律、行政法规的强制性规定。"由此可见，影响合同效力的强制性规定在范围上逐步缩小，从"法律、法规、规章、行政指令"到"法律、行政法规的强制性规定"。之所以如此，是因为我国的地方性法规与行政规章数量庞大，据此判定法律行为的效力，将会导致大量合同无效。《合同法》的上述限制，是对公权力过分干预的回应。因而，依《法律适用法》第四条导致合同无效的强制性规范仅限于法律与行政法规。

然而，最高人民法院负责人在2007年全国民商事审判工作会议上指出："人民法院只能依据全国人大及其常委会制定的法律和国务院制定的行政法规认定合同无效，而不能直接援引地方性法规和行政规章作为判断合同无效的依据。如果违反地方性法规或者行政规章将导致损害社会公共利益，则可以根据合同法第五十二条第四项的规定，以损害公共利益为由确认合同无效。"

2019年《全国法院民商事审判工作会议纪要》第三十一条"违反规章的合同效力"规定，违反规章一般情况下不影响合同效力，但该规章的内容涉及金融安全、市场秩序、国家宏观政策等公序良俗的，应当认定合同无效。人民法院在认定规章是否涉及公序良俗时，要在考察规范对象基础上，兼顾监管强度、交易安全保护以及社会影响等方面进行慎重考量，并在裁判文书中进行充分说理。据此，违反规章原则上不影响合同效力，但在规章的内容涉及金融安全、市场秩序、国家宏观政策等公序良俗时，违反规章的合同无效。[①]

而司法实践，最高人民法院在福建伟杰投资有限公司与福州天策实业有限公司营业信托纠纷案[②]裁判就地方性法规或部门规章对合同效力的影响问题提出了新的裁判思路。

在该案中，天策公司与伟杰公司于2011年签订《信托持股协议》，约定天策公司通过信托的方式委托伟杰公司持有其拥有的2亿股君康人寿公司股份。2012年，君康人寿公司股东同比例增资，伟杰公司股份额为4亿股。天策公司此后与伟杰君因该《信托持股协议》发生纠纷，向福建省高级人民法院提起诉讼，要求确认《信托持股协议》终止，判令伟杰公司将其受托持有的4亿股君康人寿公司股份立即过户给天策公司，并办理相关的股份过户手续。

福建省高级人民法院认为，天策公司、伟杰公司之间签订的《信托持股协议》未违反法律、行政法规的禁止性规定，应为合法有效，天策公司为讼争股权的实际持有人，伟杰公司应当按照协议内容履行，故判决伟杰公司将其受托持有的4亿股君康人寿公司股份于判决生效之日起十日内过户给天策公司，并配合办理相关的股份过户手续。伟杰公司不服一审判决，向最高人民法院提起上诉。

[①] 有观点认为，此时之所以认定合同无效，不是因为违反了规章，而是因为违背了公序良俗。而反对观点认为，这并不意味着在考察某一合同是否违背公序良俗时，完全可以置规章而不顾。因为只有当一个合同违反了规章的强制性规定时，才会引发是否存在违背公序良俗的问题。

[②] 最高人民法院（2017）最高法民终529号民事裁定书。

最高人民法院经审理认为，无论天策公司、伟杰公司之间是否存在讼争保险公司股份的委托持有关系，由于双方签订的《信托持股协议》明显违反了《保险公司股权管理办法》第八条关于"任何单位或者个人不得委托他人或者接受他人委托持有保险公司的股权"的规定，损害了社会公共利益，依法应认定为无效。虽然《保险公司股权管理办法》在法律规范的效力位阶上属于部门规章，并非法律、行政法规，但该管理办法关于禁止代持保险公司股权的规定与《中华人民共和国保险法》的立法目的一致，都是为了加强对保险业的监督管理，维护社会经济秩序和社会公共利益。即其不与更高层级的相关法律、行政法规的规定相抵触，也未与具有同层级效力的其他规范相冲突，同时其制定和发布亦未违反法定程序。而从代持保险公司股权的危害后果来看，允许隐名持有保险公司股权，将使得真正的保险公司投资人游离于国家有关职能部门的监管之外，如此势必加大保险公司的经营风险，妨害保险行业的健康有序发展。由于保险行业涉及众多不特定被保险人的切身利益，保险公司这种潜在的经营风险在一定情况下还将危及金融秩序和社会稳定，进而直接损害社会公共利益。故依照《中华人民共和国合同法》第五十二条第四项等规定，本案天策公司、伟杰公司之间签订的《信托持股协议》应认定为无效。

最高人民法院上述裁判，基于违反部门规章的实际情况，假借"损害社会公共利益"，对违反部门规章禁止性规定的合同效力的认定提出了新的裁判思路。由此就涉外商事合同而言，学者认为我国法院至少可通过两个途径考虑地方法规与行政规章效力：其一，合同准据法是我国法律时，依《民法典》第一百五十三条第二款"违背公序良俗的民事法律行为无效"条款，可对违反部门规章的情形予以考虑，进而判断合同效力。但在此情形下，法院仅仅是"考虑"而非"适用"这些文件，其裁决依据仍然应该是第一百五十三条第二款"公序良俗"条款；其二，当准据法是外国法时，我国法院可依《涉外关系法律适用法》第五条（公共秩序）排除外国法的适用，接着援引《民法典》第一百五十三条第二款规定。①

---

① 肖永平、张驰：《论中国〈法律适用法〉中的"强制性规定"》，《华东政法大学学报》2015 年第 2 期。

(2) 规范性文件

实践中，我国国务院相关部门就国际经贸往来与文化交流中的某些特殊事件颁布规范性文件，是其履行管理职能的重要手段，往往影响到合同的履行或效力，甚至涉及社会公共利益的维护问题。

在舟山中海粮油工业有限公司申请不予执行香港国际仲裁中心仲裁裁决案[1]中，最高人民法院就浙江省高级人民法院〔2007〕浙执他字第 4 号《关于舟山中海粮油工业有限公司申请不予执行香港国际仲裁中心仲裁裁决一案的请示报告》答复："本案因来宝资源有限公司（以下简称来宝公司）申请执行香港国际仲裁中心所作的仲裁裁决，舟山中海粮油工业有限公司（以下简称中粮公司）提出抗辩不予执行而提起。你院经审查后倾向性意见认为，执行本案仲裁裁决既有损行政命令的权威，又有损社会公众的健康，从而以违反社会公共利益为由，决定不予执行仲裁裁决。从你院请示报告所陈述的事实可以看出，2004 年 5 月 10 日，国家质检总局发布〔2004〕322 号特急警示通报，决定从即日起暂停来宝公司及其他三家巴西供货商从巴西向我国出口大豆。但该特急警示通报明确指出，已启运在途的大豆，符合进境检验检疫要求的准予入境。本案中，特急警示通报发出前，案涉货物已经装船，系为启运在途货物。同年 6 月 23 日，国家质检总局终止了该进口禁令，恢复来宝公司等供货商向中国出口的资格。来宝公司于同年 7 月取得了大豆转基因生物安全证书，中粮公司也取得了大豆进口许可证。可见，该批货物符合进境检验检疫要求，不在禁止入境的货物之列。此外，并无证据表明案涉货物会带来严重的安全卫生问题，也不存在有损公众健康的事实。因此，执行香港国际仲裁中心的仲裁裁决并不违反社会公共利益。根据《最高人民法院关于内地与香港特别行政区相互执行仲裁裁决的安排》的规定，香港国际仲裁中心的仲裁裁决应予执行。"

这些规范性文件本质上是行政行为，无法基于《涉外关系法律适用法》第四条规定予以适用，但基于规范性文件与社会公共利益之间的密切关联，学者亦认为，与地方法规与行政规章的适用同理，我国

---

[1] 最高人民法院关于舟山中海粮油工业有限公司申请不予执行香港国际仲裁中心仲裁裁决一案的请示报告的复函〔2009 年 3 月 18 日（2009）民四他字第 2 号〕。

法院仍可通过上述两个途径"考虑"这些文件,即其一,当合同准据法为我国法律时,通过解释《民法典》第一百五十三条第 2 款的"公序良俗"考虑规范性文件中的强制性规定;其二当准据法是外国法时,可通过适用《法律适用法》第五条的公共秩序条款排除其适用后,再按第一种途径适用。①

2. 强制性规范的客观标准:强制性 + 直接适用性

依《涉外关系法律适用法解释》第八条规定,强制性规范必须是当事人不能通过约定排除适用且无须通过冲突规范指引而直接适用的法律、行政法规的规定。换言之,即具有实体法层面的强制性效力和冲突法层面的直接适用性。

(1) 实体法层面的强制性

《涉外关系法律适用法》第四条所规定的强制性规定必须具有实体法层面的强制性。《民法典》第一百五十三条规定,违反法律、行政法规的强制性规定的民事法律行为无效。但是,该强制性规定不导致该民事法律行为无效的除外。据此,所谓强制性,即指效力性强制性规定。如此解释与《合同法》以来的一系列规定相吻合。

《合同法》第五十二条规定,违反法律、行政法规的强制性规定的合同无效。2009 年《最高人民法院关于适用〈中华人民共和国合同法〉若干问题的解释(二)》[以下简称《〈合同法〉解释(二)》]第十四条规定:"《合同法》第五十二条第(五)项规定的'强制性规定',是指效力性强制性规定。"即违反法律与行政法规中强制性规定的合同,不能一律认定为无效,只有违反"效力性强制性规定"的合同才无效。

而对于何为"效力性强制性规定",该条并未界定。2010 年最高人民法院《关于当前形势下审理民商事合同纠纷案件若干问题的指导意见》(以下简称《指导意见》)第十五条规定,正确理解、识别和适用《合同法》第五十二条第(五)项中的"违反法律、行政法规的强制性规定",关系到民商事合同的效力维护以及市场交易的安全和稳定。人民法院应当注意根据《〈合同法〉解释(二)》第十四条

---

① 肖永平、张驰:《论中国〈法律适用法〉中的"强制性规定"》,《华东政法大学学报》2015 年第 2 期。

之规定，注意区分效力性强制规定和管理性强制规定。违反效力性强制规定的，人民法院应当认定合同无效；违反管理性强制规定的，人民法院应当根据具体情形认定其效力。第十六条规定，人民法院应当综合法律法规的意旨，权衡相互冲突的权益，诸如权益的种类、交易安全以及其所规制的对象等，综合认定强制性规定的类型。如果强制性规范规制的是合同行为本身即只要该合同行为发生即绝对地损害国家利益或者社会公共利益的，人民法院应当认定合同无效。如果强制性规定规制的是当事人的"市场准入"资格而非某种类型的合同行为，或者规制的是某种合同的履行行为而非某类合同行为，人民法院对于此类合同效力的认定，应当慎重把握，必要时应当征求相关立法部门的意见或者请示上级人民法院。即"强制性规定"针对的是合同本身，只要该合同行为发生即绝对地损害社会公共利益，该规定即为效力性规定，违反该规定的合同无效。而违反管理性强制性规定的合同的效力认定，应当慎重把握。

基于审判实践中法院不当扩大无效合同范围现象，2019年《全国法院民商事审判工作会议纪要》第30条指出，《〈合同法〉解释（二）》第十四条将《合同法》第五十二条第五项规定的"强制性规定"明确限于"效力性强制性规定"。法院在审理合同纠纷案件时，要依据《民法总则》第一百五十三条第1款和《〈合同法〉解释（二）》第十四条的规定慎重判断"强制性规定"的性质，特别是要在考量强制性规定所保护的法益类型、违法行为的法律后果以及交易安全保护等因素的基础上认定其性质，并在裁判文书中充分说明理由。下列强制性规定，应当认定为"效力性强制性规定"：强制性规定涉及金融安全、市场秩序、国家宏观政策等公序良俗的；交易标的禁止买卖的，如禁止人体器官、毒品、枪支等买卖；违反特许经营规定的，如场外配资合同；交易方式严重违法的，如违反招投标等竞争性缔约方式订立的合同；交易场所违法的，如在批准的交易场所之外进行期货交易。关于经营范围、交易时间、交易数量等行政管理性质的强制性规定，一般应当认定为"管理性强制性规定"。而违反管理性强制性规定的，人民法院应当根据具体情形认定合同效力。那些认为凡是行政管理性质的强制性规定都属于"管理性强制性规定"，不影响合同效力的认定方法，系望文生义，应予纠正。

效力性强制性规范对合同效力的影响，在张某与河北瑞海投资管理有限公司确认合同效力纠纷案①中得到充分体现。该案涉及《中华人民共和国外汇管理条例》第十七条适用问题。该条规定：境内机构、境内个人向境外直接投资或者从事境外有价证券、衍生品发行、交易，应当按照国务院外汇管理部门的规定办理登记。国家规定需要事先经有关主管部门批准或者备案的，应当在外汇登记前办理批准或者备案手续。委托没有资质的平台在境外开展外汇交易委托合同无效同时还要承担过错责任。②

在该案中，被告河北瑞海投资管理有限公司经营范围：以自有资金对国家非限制或非禁止的项目进行投资，并对所投资项目进行管理。2017年3月原告张某与被告河北瑞海投资管理有限公司签订《委托协议》，约定原告委托被告为其有偿在GMI外汇经纪商开设的外汇投资账户，进行EA代理操作。被告拥有独立且唯一的下单操作权，原告不得干预被告的操作或擅自下单，由此造成的一切损失由原告承担。开户后原告把账户的交易账号和交易密码告知被告，由被告进行交易，每天原告可以查询交易情况，资金余额和权益等。协议执行期间原告不得随意调出委托账户的资金。合同期间被告应严格控制风险，合理分配仓位。亏损超出账户本金的25%的部分由被告承担；在不撤资的前提下，被告于次月后的3个月内将客户亏损金额补回到本金。

张某向一审法院诉请《委托协议》无效，要求被告作为平台代理商、合同出具方、账户操作方应对损失负主要责任，返还总亏损数额136468.22元。

一审法院认为，根据中国人民银行颁布的《个人外汇管理办法》第三十条的规定，境内个人从事外汇买卖等交易，应当通过依法取得相应业务资格的境内金融机构办理。该规定并未对公民个人进行外汇买卖资质进行限制性规定，但对公民个人如何进行外汇买卖作出限制

---

① 河北省石家庄市中级人民法院（2018）冀01民终6631号民事判决书。
② 《2022年连云港法院金融审判典型案例》，https://www.163.com/dy/article/I2A8JMTT0514C67D.html，访问时间：2023年1月。

性规定,即必须通过"依法取得相应业务资格的境内金融机构办理"。《中华人民共和国外汇管理条例》第十七条规定,境内机构、境内个人向境外直接投资或者从事境外有价证券、衍生品发行、交易,应当按照国务院外汇管理部门的规定办理登记。国家规定需要事先经有关主管部门批准或者备案的,应当在外汇登记前办理批准或者备案手续。本案中,根据双方陈述及提交的证据显示,被告接收的委托事项为利用境外外汇交易机构为原告进行外汇交易。被告未提交相关证据证明其已取得相应业务资格进行外汇交易或在外汇管理部门依法办理登记及备案手续。原告作为中国公民,委托不具备相应业务资格的被告通过境外机构进行外汇交易,违反我国现行外汇管理制度。根据《中华人民共和国合同法》第五十二条的规定,原、被告签署的两份《委托协议》违反法律、行政法规强制性规定,当属无效。合同无效的,当事人因该合同取得的财产应当予以返还。有过错的一方应当赔偿对方因此所受的损失,双方均有过错的,应当各自承担相应的责任。二审法院对此予以确认。

（2）冲突法层面的"直接适用"性

《涉外关系法律适用法》第四条规定的强制性规定必须具有"直接适用"的特性。所谓"直接适用",就是无须冲突规范的指引,而基于强制性规定自身的性质、目的以及后果等因素考量而予以直接适用。

"效力性强制性规定"与"管理性强制性规定"的区分,旨在判断某一规范在实体法层面的强制性效力问题,而非判断该规范是否具有冲突法层面的"直接适用"的标准,其仅表明仅部分实体法上的强制性规范有在涉外民商事案件中得到直接适用的可能,即完成对强制性法律规范的首轮筛选。换言之,"直接适用"性标准是在强制性法律规范在实体法层面的效力问题业已解决的前提下,解决其在涉外民商事案件中如何适用的问题。后者是冲突法问题,前者是实体法问题,二者不可混淆。

但哪些强制性规范具有冲突法层面的"直接适用"性?学者主张,应借鉴欧洲国际私法的经验,我国强制性规定的直接适用应严格遵循比例原则,以此厘定国家强制与私法自治在国际私法上的合理边界。即其一,强制性规范的认定应以能维护特定领域的公益为限,无关公益者不具直接适用性;其二,直接适用性的强制性规范应以能维护特定领域的公益为限;其三,遵循比例原则对法院地强制性规范适用的谦抑要求。即在特定情况下,对于适用范围内的案件,在考量法院地强制性规范是否适用时,还须考虑其适用或不适用的后果,应考虑的因素包括但不限于强制性规范对法院地国利益、涉案当事人利益以及系争民事关系所处交易链的影响。在我国《涉外关系法律适用法》制定过程中,相似思路曾出现在学者起草的《北京稿》中。该稿第五款规定:"本法的规定不影响中华人民共和国法律的强制性规定的适用。"但该条第三款又限定:"适用强制性规则时,应该考虑强制性规则的性质、目的以及后果。"该规定关于适用强制性规范须考虑"后果"的要求,体现了比例原则对法院地强制性规范适用的谦抑要求。但是,由于立法技术等原因,《涉外关系适用法》第四条最终仅采用了极简要的措辞。[①]

而最高人民法院民四庭负责人曾就司法解释对司法实践中合理把握我国法律的"强制性规定"如何规定问题,在《涉外关系法律适用法解释》答记者问中指出:这里的"强制性规定",与我国合同法上的所谓效力性或管理性强制性规定不同,一定是适用于涉外民事关系的那类强制性规定,对此要从立法目的上考察。"强制性规定"的直接适用,与公共秩序保留条款一样,都是能够达到排除外国法适用目的的一项制度,因此,对于"强制性规定"的理解应当严格、谨慎,如果滥用,将会大大折损国际私法的积极作用,甚至带来消极后果。即哪些强制性法律规范具有"直接适用"性,要从立法目的上加以考察。

3. 强制性规范的主观标准:公共利益

强制性法律规范所保护法益包括私益抑或公益,还是兼而有之?我国主流观点认为关涉重大公益是强制性规范的必要条件。这种观点在《涉外关系法律适用法解释》第八条强制性规范的定义中得到了体现。第八条规定,有下列情形之一,涉及中华人民共和国社会公共

[①] 肖永平、龙威狄:《论中国国际私法中的强制性规范》,《中国社会科学》2012年第10期。

利益、当事人不能通过约定排除适用、无需通过冲突规范指引而直接适用于涉外民事关系的法律、行政法规的规定，人民法院应当认定为《涉外民事关系法律适用法》第四条规定的强制性规定。据此，我国立法将强制性规范保护法益，限于公益而将私益排除在外。

不过，是否将公共利益作为强制性规范界定的主观标准，在国际上并未形成统一意见。

自萨维尼提出法律关系本座说以来，国际私法理论认为私法公法不同，前者为市民社会之法，后者为政治国家之法。基于私法与公法泾渭分明的命题，国际私法被定位为政治中立的纯粹管辖权选择体系。然而，第一次世界大战后私法公法化与公法私法化现实，使传统国际私法逐渐丧失其中立性、纯粹性和工具性。特别是，被萨维尼视为例外的强制性规范非但没有如其所预想的那样，随着社会发展而消失，相反却随着国家干预经济及福利国家的出现而日益活跃。[①]

对于此类体现一国公益的规范，旨在指引私法规范的传统国际私法的多边主义方法无法提供了符合逻辑的解决方案，而单边选法方法则被引入国际私法领域以维护强制性规范的有效运行。《涉外关系法律适用法》借鉴欧陆经验，对多元方法兼容并蓄，而在第四条中将强制性法律规范原则上以关涉重大公益为前提。[②]

然而，"涉及中华人民共和国社会公共利益"作为主观标准不免狭隘之嫌，尤其在公共利益与私人利益之间绝非泾渭分明的现代社会，仅以所涉公益作为主观标准，在实践中难免出现强制性法律规范的界定困难。其实，强制性法律规范是国家加强对社会经济生活干预在国际私法领域的突出表现，不仅存在于反垄断法、外汇管制法、外贸管制法、价格法之中，而且亦存在于社会保障法、消费者权益保护法等，一般旨在保护本国经济秩序和对某类利益予以特殊保护，这些

[①] 肖永平、龙威狄：《论中国国际私法中的强制性规范》，《中国社会科学》2012年第10期。

[②] 肖永平、龙威狄：《论中国国际私法中的强制性规范》，《中国社会科学》2012年第10期。

领域的法律对涉外商事关系有重大影响。①

（1）强制性法律规范与保护性法律规范

保护性规范通常指能够为特定民事主体及其权益提供保护的制定法规范，此类规范通过向（往往弱势的）一方当事人倾斜而实现双方利益的平衡。一般而言，保护性规范以保护私益为目的，对弱者个体私益的保护并非强制性规范所关注的对象，仅当某一保护性规范具有更广泛而深刻的公益时，该规范才具有冲突法上的强制性而纳入强制性法律规范的范畴。故某一保护性规范是否为冲突法中的强制性法律规范，在个案中需由法官立足本国政策具体判断。②

而对于不构成强制性规范的保护性规范，则通过保护性多边冲突规范予以适用。而保护性多边冲突规范与选择性多边冲突规范和重叠性多边冲突规范不同，其并没有特殊的固定的规范结构，但三者亦并非泾渭分明。选择性多边冲突规范中有相当一部分规范允许特定的当事人选则对其有利的法律适用，因而其同时亦是保护性多边冲突规范。重叠性冲突规范亦可用以实现对特定当事人的保护。保护性冲突规范最典型的莫过于保护消费者和受雇佣者的法律选择规范，有利于侵权行为受害人的冲突规范以及有利于某些家庭成员的冲突规范。③

然在司法实践，诸多涉及劳动者权益保护的案件，有法院甚至将劳动合同法、涉及聘用管理规定纳入强制性法律规范的范畴。如在祝某某与东莞美源钢结构工程有限公司劳动合同纠纷案④中，法院将《中华人民共和国劳动合同法》中的相关条款作为强制性法律规范予以适用。而在温某诉香港万利达有限公司广州代表处劳动纠纷案⑤中，则将国务院《关于管理外国企业常务代表机构的暂行规定》等认定

---

① 刘贵强：《涉外民事关系法律适用法在审判实践中的几个问题》，《人民司法》2011年第11期。

② 肖永平、龙威狄：《论中国国际私法中的强制性规范》，《中国社会科学》2012年第10期。

③ 宋晓：《当代国际私法的实体取向》，武汉大学出版社2004年版，第176—190页。

④ 广东省东莞市中级人民法院（2014）东中法民五终字第1342号民事判决书。

⑤ 广东省广州市中级人民法院（2011）穗中法民一终字第5562号民事判决书。

为强制性法律规范予以适用。

（2）强制性法律规范与公共秩序规范

在涉外案件中，公共秩序条款因其是用以保护法院国的重大利益、基本政策、基本道德观念或法律的基本原则而不免与强制性法律规范相混淆。

公共秩序虽然在传统冲突法理论中是作为一项原则来适用，但公共秩序乃是法律适用中的一个例外情形，起着抵制外国法适用的消极作用。即公共秩序是用作防御而非进攻，是基于对外国实体法律规范在特定案件中适用结果的评价，而非基于对外国实体法律规则中所隐含的国家利益或法院地法相应规则中所隐含国家利益的评价，这就是公共秩序理论的真正面目。[①] 但之后公共秩序适用的积极功能扩展了公共秩序的概念，公共秩序条款遂演化为积极公共秩序条款与消极公共秩序条款，公共秩序成为扩张适用法院地法手段。

强制性法律规范理论的出现，公共秩序的这种积极功能得以抑制，但公共秩序至今仍被一些国家法院正面采用，在许多国家还构成了司法实践的相当部分。不过，越来越多国家的国际私法立法把强制性规范的适用问题作为与公共秩序相独立的一个问题予以规定。[②]

①公共秩序与强制性法律规范的区分

瑞士学者维希（F. Vischer）对两者，尤其与积极公共秩序条款之间关系作了区分。其指出，其一，两者保护的对象不同。公共秩序反映法院地国家的基本道德、价值和公正的原则。而强制性法律规范追求国家某些特殊的政治经济目标，与国家及其机构职能的实现密切相关，如国家监管保险或银行业活动的规范、保护经济秩序和社会福利的规范等，确保国家机构及其相关活动正常进行。其二，两者存在的领域与规范性质不同。积极公共秩序大多存在于私法领域，属于一国民法中的法律规范，由于其属于公共秩序法的范畴，在该国具有绝对效力，从而不适用与其相抵触的外国法。可见，公共秩序保留肯定

[①] ［美］西蒙尼德斯：《20世纪末的国际私法 进步还是退步？》，宋晓译，梁慧星主编《民商法论丛》（第24卷），金桥文化出版（香港）有限公司2002年版，第418页。

[②] ［美］西蒙尼德斯：《20世纪末的国际私法—进步还是退步？》，宋晓译，梁慧星主编《民商法论丛》（第24卷），金桥文化出版（香港）有限公司2002年版，第418页。

了内国法的绝对效力，其作用是积极的。而强制性法律规范由于反映了国家职能的扩大和国家干预主义的政策，其与国家公共职能的行使联系在一起。因此，其必然限定在那些能感受到公共利益强烈影响的领域，其规范形式多半具有公法的性质。其三，两者的发展趋势不同。强制性法律规范尽管在其发展初期与公共秩序之间千丝万缕，但是其并没有退回到公共秩序例外的境地，而存在于传统公共秩序与双边冲突规则所调整的法律领域之间所存在的灰色区域。但随着现代社会福利国家社会本位观念的盛行和对实质性结果关注的加强，将强制性法律规范仅限于有关国家组织或确保国家职能之实现的法律规则范围之内，显然不切实际。原先有关社会福利和保护某些群体利益的私法规范日益公法化，并进而纳入强制性法律规范的范畴，强制性法律规范的适用范围亦随之拓展。与之相反，随着强制性法规范理论的提出和立法司法的肯定，广义公共秩序论受到批判，而狭义公共秩序论逐渐得以肯定，公共秩序逐渐退缩至否定作用的范围之内，并为强制性法律规范的发展腾出了空间。而当今的国际国内立法趋向于同时规定强制性法律规范和消极的公共秩序，并对消极公共秩序的适用予以严格的限制，如欧盟《罗马公约》和《罗马条例Ⅰ》、海牙《代理法律适用公约》和《关于信托法律适用及承认的公约》等，积极的公共秩序呈现退缩趋势。其四，两者适用条件不同。强制性法律规范因其强烈维护法院地国某项特定的实体规范适用的政策和利益，以至于甚至当案件与法院地国之间只存在偶然或最低限度的联系时，也要予以适用。而积极的公共秩序仅当案件与法院地国之间有紧密联系时方予以适用。当案件与法院地国不存在紧密联系时，而本应适用的外国法规定了相类似的内容，法院地国积极公共秩序条款的适用难谓具有正当的适用理由。①

②我国的实践

最高人民法院《涉外关系法律适用法解释》第八条规定，涉及中

---

① See F. Vischer, "General Course on Private International Law", *Recueil des cours*, 1992 (232), pp. 32 – 44. 胡永庆：《"直接适用的法"的理论研究》，梁慧星主编《民商法论丛》第16卷，金桥文化出版（香港）有限公司2000年版，第647页；宋晓：《当代国际私法的实体取向》，武汉大学出版社2004年版，第263—264页。

华人民共和国社会公共利益、当事人不能通过约定排除适用、无须通过冲突规范指引而直接适用于涉外民事关系的法律、行政法规的规定，人民法院应当认定为《涉外民事关系法律适用法》第四条规定的强制性规定。而就在司法实践中如何合理把握我国法律的"强制性规定"，最高人民法院民四庭负责人就《涉外关系法律适用法解释》答记者问指出，强制性法律一定包含了本国社会公共利益的考量。近年来，越来越多的国家规定某些涉外民商事法律关系必须适用某些特别法、强行法、禁止性规范，从而排斥外国法的适用，这是国家加强对社会经济生活干预在国际私法法律适用领域中的一个突出表现。例如，反垄断法、外汇管制法、外贸管制法、价格法、社会保障法、消费者权益保护法等，一般旨在保护本国经济秩序或对某类利益进行特殊保护，这些领域的法律对涉外民事关系有重大影响。司法解释第8条结合上述情况，除对何为我国法律的强制性规定进行了一般性描述外，还以不完全列举的方式解决可操作性问题，列举排序是根据法律与民生的相关程度进行的。必须强调的是，这里的"强制性规定"，与我国合同法上的所谓效力性或管理性强制性规定不同，一定是适用于涉外民事关系的那类强制性规定，对此要从立法目的上考察。"强制性规定"的直接适用，与公共秩序保留条款一样，都是能够达到排除外国法适用目的的一项制度，因此，对于"强制性规定"的理解应当严格、谨慎，如果滥用，将会大大折损国际私法的积极作用，甚至带来消极后果。

由此可见，公共秩序与强制性法律规范虽然均涉及对社会公共利益的保护，但所保护的社会公共利益类型不同。强制性法律规范属于特别法，旨在保护某一特殊领域的特殊公益。而公共秩序条款属于一般性条款，保护的是一国的重大利益、基本政策、基本道德观念或法律的基本原则，即公共秩序一定是可以上升到国家主权、安全、社会利益这样高度的内容。在实践中既不能滥用，也不能在必要时不用。①在2010年日本新越化学工业株式会社申请承认与执行日本仲裁协会东京07—11号仲裁裁决案中，最高人民法院强调"关于公共政策问

---

① 刘贵强：《涉外民事关系法律适用法在审判实践中的几个问题》，《人民司法》2011年第11期。

题，应仅限于承认仲裁裁决的结果将违反我国的基本法律制度、损害我国根本社会利益情形。"① 借用社会"根本"利益和"基本"法律制度的标准，旨在区分一般性的强制性规则与构成公共政策的强制性规则。

而在司法实践中，我国法院亦一贯将强制性法律规范与公共秩序条款区别对待，而主张对我国法律、行政法规、部门规章中强制性规定的违反不能等同于对"公共政策"的违反。

就进出口配额对合同履行的影响问题，早在1992年开封市东风服装厂和大连国际贸易（香港）有限公司申请承认和执行中国国际经济贸易仲裁委员会仲裁裁决案中，被申请人河南省服装进出口（集团）公司与开封市东风服装厂、大连国际贸易（香港）有限公司合资建立河南开大服装公司。但不久，合资各方就因合同的履行发生争议。河南省服装进出口公司以国家规定合资企业不得使用出口配额为由拒绝提供出口配额，并扣留了合资企业的出口结汇款。开封东风服装厂依仲裁条款提请仲裁。仲裁庭裁定合资合同有效，服装进出口公司应赔偿经济损失。但服装进出口公司逾期不履行裁决，东风服装厂遂向郑州市中级人民法院请求执行。郑州市中级人民法院"依据国家现行政策、法规规定，如予以执行将严重损害国家经济利益和社会公共利益，影响国家对外贸易秩序"为由裁定不予执行。而最高人民法院则认为："郑州市中级人民法院以仲裁裁决的执行将严重损害国家经济利益和社会公共利益，影响国家对外贸易秩序为由，裁定不予执行，是不正确的。"②

就期货交易的强制性规定，在最高人民法院在ED&F曼氏（香港）有限公司申请承认和执行伦敦糖业协会仲裁裁决案中指出"依照我国有关法律法规的规定，境内企业未经批准不得擅自从事境外期货交易。中国糖业酒类集团公司未经批准擅自从事境外期货交易的行为，依照中国法律无疑应认定为无效。但违反我国法律的强制性规

---

① 最高人民法院关于不予承认日本仲裁协会东京07—11号仲裁裁决一案的请示的复函［2010年6月29日（2010）民四他字第32号］。

② 郭晓文：《中国涉外仲裁裁决撤销制度中存在的问题及立法完善》，《国际经济法论丛》第1卷，法律出版社1998年版，第416页。

定不能完全等同于违反我国的公共政策。"

该案基本事实是：1994年12月14日，中国糖业酒类集团公司（以下简称中糖集团）与ED&F曼氏（香港）有限公司（以下简称曼氏公司）签订8008合同，约定：曼氏公司向中糖集团销售原糖，销售分为两部分，一部分为7500吨，5%增/减，卖方选择。交货期为1995年7—9月，付款方式为以美元现金形式在香港议付，买方开立以卖方为受益人的不可撤销的、卖方可以接受的信用证；一部分为10万吨选择权，5%增/减，卖方选择。交货期为1995年10—12月，选择权宣布日期不迟于1995年9月15日，付款方式为买方在选择权宣布后4天内开出信用证。两部分原糖销售价格均为每吨345美元，C&FFO中国主要港口。对于合同引起的一切争议将依照伦敦糖业协会条款的规定，提交伦敦糖业协会仲裁，合同的执行应遵守伦敦糖业协会条款的规定，无论买卖双方是否是成员或成员代表。

8008合同中的7500吨部分，已履行完毕，无争议。但自1995年6月14日—1998年6月29日期间，中糖集团与曼氏公司就8008合同签订了19个附件，其中1996年4月9日签订的附件6将10万吨原糖的交货期从1996年3—5月推迟至1996年7—9月（此时中糖集团已无进口配额）；1998年7月29日签订的附件19将10万吨原糖的交货期推迟至1998年10月—12月15日。曼氏公司专门为8008合同在纽约期货市场开立账户，就10万吨原糖进行期货炒作，从中盈利。中糖集团对此明知，并通过收取曼氏公司的补偿款或降低商品价格的形式从中牟利，且有通过委托曼氏公司代理交易，直接参与期货交易的行为。

中糖集团没有按照附件19开出信用证，曼氏公司也没有实际发货。曼氏公司于1999年1月26日给中糖集团发一传真称，终止8008合同。

曼氏公司就8008合同及其附件引发的争端向伦敦糖业协会提起仲裁，要求中糖集团赔偿合同价与市场价之差额。中糖集团和曼氏公司均参加了全部仲裁程序。2001年8月6日，伦敦糖业协会作出158号仲裁裁决。裁决中糖集团向曼氏公司支付违反8008合同的赔偿金及利息。

2002年1月22日，曼氏公司提出了承认与执行伦敦糖业协会作出的第158号仲裁裁决的申请，北京市第一中级人民法院于2002年2月20日立案。

北京市高级人民法院认为，承认及执行 158 号仲裁裁决构成对我国公共政策的违反。8008 合同及其附件的操作过程是利用期货炒作牟取投机利益，该期货交易行为违反了我国法律禁止性规定。158 号仲裁裁决认可了双方通过规避中国期货交易管理法规，非法从事境外期货交易取得的非法利益，违反了我国法律强制性的规定，构成了对我国公共政策的违反。依据《承认及执行外国仲裁裁决公约》第五条第二款乙项，拟驳回曼氏公司的申请，拒绝承认及执行伦敦糖业协会第 158 号仲裁裁决。

而最高人民法院答复如下：依照我国有关法律法规的规定，境内企业未经批准不得擅自从事境外期货交易。中国糖业酒类集团公司未经批准擅自从事境外期货交易的行为，依照中国法律无疑应认定为无效，但违反我国法律的强制性规定不能完全等同于违反我国的公共政策。因此，本案亦不存在 1958 年《承认与执行外国仲裁裁决公约》第五条第二款规定的不可仲裁及承认与执行该判决将违反我国公共政策的情形。依照《中华人民共和国民事诉讼法》第二百六十九条及 1958 年《承认与执行外国仲裁裁决公约》第五条之规定，应当承认和执行本案仲裁裁决。[①]

而就外汇管制的强制性法律规范，在日本三井物产株式会社申请承认及执行瑞典斯德哥尔摩商会仲裁院 060/1999 号仲裁裁决案中，最高人民法院指出"海南省纺织工业总公司作为国有企业，在未经国家外汇管理部门批准并办理外债登记手续的情况下，对日本三井物产株式会社直接承担债务，违反了我国有关外债审批及登记的法律规定和国家的外汇管理政策。但是，对于行政法规和部门规章中强制性规定的违反，并不当然构成对我国公共政策的违反。"[②]

又在申请人大韩海运株式会社申请承认与执行海航集团有限公司仲裁裁决案[③]中，大韩海运于 2008 年 8 月 5 日作为船东与作为承租人的案外人大新华公司签订了《租船合同》，约定由大韩海运将"K

[①] 《最高人民法院在 ED&F 曼氏（香港）有限公司申请承认和执行伦敦糖业协会仲裁裁决案的复函》〔（2003）民四他字第 3 号〕。

[②] 《最高人民法院关于对海口中院不予承认和执行瑞典斯德哥尔摩商会仲裁院仲裁裁决请示的复函》〔（2005）民四他字第 12 号〕。

[③] 中华人民共和国海口海事法院（2016）琼 72 协外认 1 号之二民事裁定书。

Daphne"轮出租给大新华公司。双方在《租船合同》第17条中约定"任何因本租船合同引起的纠纷应提交伦敦三名仲裁员仲裁。当事人双方各自指定一名仲裁员，并由双方选定的仲裁员指定第三名仲裁员，他们或其中两人所作仲裁为终局。为执行任何裁决，按照本协议当事方可申请法院裁定。仲裁员应为航运/商业人士，且应是伦敦海事仲裁员协会正式会员。仲裁地为伦敦，适用英国法。"

《租船合同》签订当日即2008年8月5日，海航集团向大韩海运签发不可撤销的《履约保函》，对大新华公司在前述《租船合同》下的履约义务承担保证责任，并在第（g）条中约定"本保函适用英国法，并依其进行解释。我方同意本保函的执行及任何因本保函引起的争议或分歧，可依《租船合同》第17条的仲裁解决"。

在《租船合同》履行期间，因大新华公司多次迟延支付或未付租金，大韩海运依据《履约保函》中的约定提起仲裁。

2016年1月13日，仲裁庭适用《英国1996年仲裁法》在英国伦敦就大韩海运与海航集团关于"K Daphne"轮2008年8月5日《租船合同》和《履约保函》的纠纷作出《最终裁决》，裁定：海航集团应赔偿大韩海运77830179.46美元及其利息。因海航集团未履行该《最终裁决》确定的付款义务，大韩海运向海口海事法院提出承认与执行该《最终裁决》之申请。

海口海事法院认为："公共政策是一个国家根本政治经济秩序和一般社会道德规范、基本法律原则的集中反映，是维护一国根本社会利益和正义的'安全阀'，我国现有法律并未明晰地界定公共政策的内涵和外延，也没有规定其适用的标准和范围，但我国的司法实践一直秉持'有利于执行'的公约理念对《纽约公约》第5条第2款规定的公共政策采取慎用的态度。"法院指出，"在日本三井物产株式会社申请承认与执行瑞典斯德哥尔摩商会仲裁院060/1999号仲裁裁决一案中，最高人民法院在（2001）民四他字第12号复函中指出'海南省纺织工业总公司作为国有企业，在未经国家外汇管理部门批准并办理外债登记手续的情况下，对日本三井物产株式会社直接承担债务，违反了我国有关外债审批及登记的法律规定和国家外汇管理政策，但是对于行政法规和部门规章中强制性规定的违反，并不当然构成对我国公共政策的违反'；在 ED&F 曼氏（香港）有限公司申请承认和执行伦敦糖业协会第 158 号仲裁裁决案中，最高人民法院在 (2003) 民四他字第 3 号复函中也指出'违反我国法律的强制性规定不能完全等同于违反我国的公共政策'。该两批复实际已经确立了在承认与执行外国仲裁裁决案件中，违反我国法律、行政法规、部门规章中的强制性规定并不当然构成对我国公共政策的违反，不得当然地以此为由拒绝承认与执行相关外国仲裁裁决的裁判规则。而另一方面，公共政策也会因执行地国家所处的不同历史时期而具有时间上的可变性，《纽约公约》中的公共政策不是仲裁所涉合同签订时或仲裁裁决作出时执行地国家的公共政策，而是仲裁裁决承认和执行时的公共政策。本案中，海航集团曾提出其就大新华公司在《租船合同》中所负债务向大韩海运出具《履约保函》时未经外汇管理部门审批。综上，法院认为，海航集团未经批准即对外担保（对外担保时间为 2008 年 8 月 5 日）的行为确实违反了当时的《中华人民共和国外汇管理条例》《境内机构对外担保管理办法》等行政法规和部门规章，也违反了《最高人民法院关于适用〈中华人民共和国担保法〉若干问题的解释》第六条的规定，但 2014 年 6 月 1 日起实施的《跨境担保外汇管理规定》已将对外担保由审批制改为登记制，并明确外汇管理部门对跨境担保合同的核准、登记或备案等管理要求不构成跨境担保合同的生效要件。在此背景下，海航集团前述担保行为并不构成对我国公共政策的违反；承认与执行涉案《最终裁决》也无其他违反我国法律基本原则、侵犯我国国家主权、危害国家及社会公共安全、违反善良风俗等危及我国根本利益的情形存在。因此，承认与执行《最终裁决》不违反我国公共政策。"

此外，就区际案件而言，我国法院对公共秩序亦显谦抑解释趋势。

在"徐某与胡某确认合同效力纠纷案"中，原告徐某诉称：其于 2012 年 1 月被被告胡某邀约至澳门投资博彩业转码经营服务，双方签订《合作协议》，约定：徐某将 8181000 元人民币支付给胡某，胡某收款后开始经营，徐某可以了解并参与经营内容，同时获得分红，资金用于澳门博彩业转码获取码粮的经营。在原告将该款项交付给被告胡某后，被告拒绝原告参与有关博彩内容的经营，徐某为此诉至法院请求判令被告返还所有投资款。被告答辩称，该案应该适用内地法律，而按我国大陆法律规定，该《合作协议》所约定的"转码"行为是为赌客赌博提供的一种便利行为，系为我国大陆法律所规定的违法犯罪行为，徐某诉讼请求不合法。一审法院认为，经查明原被告签订协议投资以获取码粮经营，该案争议焦点在于准据法的适用与原告的诉请是否合法。法院认定双方当事人之间所签订的《合作协议》应属涉外合同，《合作协议》所协定的经营内容实际上属于一种赌博中介的活动，这种赌博中介依澳门法律规定为一种法定之债，原告行为在澳门应属合法行为，然而如果认定本案适用澳门法律则显然违背了我国的公序良俗，故判决驳回原告徐某的诉讼请求。而二审法院认为，《涉外民事关系法律适用法》第五条规定："外国法律的适用将损害中华人民共和国社会公共利益的，适用中华人民共和国法律。"因此，在对涉案合同及上诉人权利进行评判时，参照该条法律规定，审慎适用公共秩序保留原则，以中华人民共和国内地法律作为处理本案的法律依据和判断标准。①

但在"宋某与李某股权转让纠纷案"中，最高人民法院则予以不同裁判。在该案中，宋某签订协议以其持有的51%的股权抵偿其承担连带责任的案外人范添财转让给李某的债权。股权转让并办理了变更登记手续后，宋某起诉至法院，请求解除该股权转让的协议。一审法院陕西高院认为宋某与李某之间关于股权转让的协议已履行完毕，宋某已向李某转让了股权，而李某也依约向宋某抵偿了转让对价，对此宋某还签署了《确认书》确认了抵偿行为，因故驳回宋某的全部诉讼请求。宋某不服陕西省高级人民法院的一审判决，上诉至最高人民法院。最高人民法院在该案中认为，上诉人主张及案涉系列股权转让协议系由发生在澳门特别行政区的赌债而产生，因赌债不受我国法律保护，以赌债为基础的合同应属无效。对此，《中华人民共和国涉外民事关系法律适用法》第四十一条规定"当事人可以协议选择合同适用的法律。当事人没有选择的，适用履行义务最能体现该合同特征的一方当事人经常居所地法律或者其他与该合同有最密切联系的法律"。因此

---

① 贵州省高级人民法院（2015）黔高民三终字第7号民事判决书。

上诉人所主张在澳门特别行政区发生的赌债即使属实，在没有证据表明当事人约定适用其他法律的情况下，亦应适用履行义务最能体现赌债特征的博彩机构经常居所地及与赌债有最密切联系的澳门特别行政区法律认定其法律效力。对宋某主张应当适用我国大陆地区法律认定《确认书》及案涉系列股权转让协议因基于赌债发生而无效的主张，法院不予支持。法院并未依据公共秩序保留而认定该合同无效。①

三 强制性法律规范的范围

在当今的国际私法领域，强制性规范的地位日益提高，其作用也与日俱增。越来越多的国家规定某些涉外民商事法律关系必须适用某些特别法、强行法、禁止性规范，从而排斥外国法的适用。其所涉领域业已从保护无行为能力、保护未成年人等这些由传统冲突规范所调整的领域，扩展到保护国民经济生活中与银行、股票、保险、外贸、劳工及外国移民有关的各个方面。这是国家加强对社会经济生活干预在国际私法法律适用领域中的一个突出表现。

现代国际关系的调整不能也不应该没有这类规范，但事与愿违，强制性法律规范的适用范围则出现了无限扩张的趋势，双边冲突规范的价值大为减损。正如美国学者 David Cavers 指出，产生冲突的主要缘由之一在于日益扩大的规则网络。这些规则尽管条款及影响事件的方式不同，但都对私法权利和义务产生影响，私法领域的强制性规则特别易于扰乱整个冲突法体系。这一危险性由于强制性规则范围的扩张并超越双边冲突体系而日趋严重。② 为此，对强制性规范的范围予以必要的限制，更显必要。

（一）域外学说与实践

在域外，学者们就强制性规范的范围各抒己见。弗朗斯西卡基斯指出，强制性法律规范是"那些为维护国家的政治、经济和社会利益而必须予以实施的法律"，包括"调整国家占主导、支配地位的关系的规范"以及"具有公法性质的规范或介于公法和私法之间灰色区

---

① 最高人民法院（2016）最高法民终 152 号民事判决书。
② F. Vischer, "General Course on Private International Law", *Recueil des cours*, 1992 (232), p. 158.

第四章 涉外商事争议的特殊裁判依据：强制性法律规范

域内的混合规范"。

瑞士学者奥弗贝克则认为，强制性规范应包括保护文化遗产、公共卫生及某些根本性经济利益的规范，对雇员或合同中弱方当事人实施保护的规范，外汇管制法规等。[①] 比利时学者兰多列举了较为宽泛的规范范围，包括限制性贸易惯例、价格法规、外汇管制法规、进出口管制法规、与敌国交易法规、禁运法规以及其他涉及合同实质有效性的政治经济法规。[②] 瑞士学者维希尔指出，一般可以认为，法院地国的法律规则和立法由于表达了该国强烈的政策，因而要求适用法院地法。例如当问题涉及规制和控制市场、国民经济（反托拉斯法、进出口限制）、对陆上财产的国家利益的保护（禁止外国人拥有陆上财产、保护农地）、货币资源的保护（确保支出平衡）、对证券市场的控制（兼并规制、控制性参与的披露义务）、保护环境或劳工（工作时间的限制）等时，国家利益是至关重要的。在上述领域规制规则常常以公法形式予以制定。[③]

德国学者贝斯多（Basedow）主张，国家干预的范围极其广泛，几乎所有经济部门都能感受到立法者规范经济生活的意图。当今，经济法虽然不是一个界定清楚的法律概念，经济法亦既不能说是私法也不能说是公法，经济法与相邻法律领域存在交叉，但是区别于私法的经济法业已现实存在。[④]

但在实践中，各国对强制性法律规范的认定颇为多样。在瑞士国际私法起草过程中，1982年联邦委员会在其拟向议会提交的"政府报告"中认为强制性法律规范在瑞士为数并不多，并举了1961年3月23日关于住所在外国的人取得不动产的联邦法令为例，认为这一

[①] Von Overbeck, The Explanatory Report, Actes et documents—Proceedings of the Fifteenth Session: Rome Ⅱ, p. 613.

[②] Ole Lando, "The Conflict of Laws of Contracts", *Recueil des cours*, 1984 (189), p. 394.

[③] F. Vischer, "General Course on Private International Law", *Recueil des cours*, 1992 (232), p. 157. 胡永庆：《"直接适用的法"的理论研究》，梁慧星主编《民商法论丛》第16卷，金桥文化出版（香港）有限公司2000年版，第646—721页。

[④] Jurgen Basedow, "Conflicts of Economic Regalation", Am. J. Comp. L., 1992 (42), pp. 423 - 427. 转引自宋晓《当代国际私法的实体取向》，武汉大学出版社2004年版，第256—257页。

法令由于其要达到的目的，即使以不动产为标的的合同并不受瑞士法律支配，亦应予以适用。另外，关于社会保险的某些规定也被认为是直接适用法规范。另一个明显例子是关于保护顾客在房租的确定中免受滥用之害以及关于解除租约的规定。不论当事人指定的法律为何，一旦租约针对坐落于瑞士的房屋而订立，这些规定即应予以适用。不过，瑞士国际私法典第18条所规定的强制性法律规范，多与法院地的国家组织有关，"遵守这些规则对于维护国家的政治、社会和经济组织来说是必不可少的。"[①]

在荷兰法律中存在一些目的特殊而要求排他地予以适用的规定。由于其不是笼统的法律适用制度，而是具体的法律规范，因而往往自行确定其本身的适用范围。如1945年颁布的《关于劳资关系的特别令》第6条规定，禁止雇佣者与雇主之间没有经过地方公共当局同意而解除劳资关系。此外，这类规范还体现在外汇管制条例、发垄断法和进出口条例等专门立法之中。[②]

而在英国，1971年《海上货物运输法》中有关承运人责任限制的条款亦被认为是强制性法律规范。在 The Hollandia 案，也就是众所周知的 The Morviken 案中，一台道路修整机装载于一艘名为 Haico Holwerda 的荷兰船舶的甲板上，从苏格兰的利斯（Leith）港运往荷属安的列斯群岛的博奈尔（Bonaire）港。提单中一条款约定海上运输合同受荷兰法支配，所有诉讼均在阿姆斯特丹法院提起。该机器在阿姆斯特丹港被转载于一艘名为 Morviken 的挪威船舶上，当该机器在博奈尔港被卸载时，按物主所称，由于承运人的雇员的疏忽而受损。在英国，依海牙—威斯比规则，货物所有人如果能证明案件事实，则能获得11000英镑的赔偿，但在荷兰，由于使用未经修改的海牙规则，承运人的最大赔偿责任大约限于250英镑。在英兰法院进行的有关其是否有管辖权这一初步问题的诉讼中，上议院裁定，选择适用荷兰法的法律选择条款，根据海牙—威斯比规则第3条第8项，在导致减轻承运人在海牙—威斯比规则项下所应承担责任的范围内无效。因为否则承运人可以仅通过在提单中选择一个并不适用海牙—威斯比规则的

---

① 陈卫佐：《瑞士国际私法典研究》，法律出版社1998年版，第52—53页。
② 袁泉：《荷兰国际私法研究》，法律出版社2000年版，第174—175页。

法律来逃避该责任。上议院同时裁定，选择阿姆斯特丹法院管辖的管辖权选择条款，也仅在导致减轻承运人责任的限度内无效。如果纠纷并不涉及承运人责任，例如如果涉及未付运费，则该条款仍然有效。[1]

(二) 我国的实践

而在我国，同样存在强制性法律规范的界定困惑。深圳市粮食集团有限公司与美景伊恩伊公司海上货物运输合同货损纠纷案[2]，原告持有的"美景"轮（m/v alpha future）第 1 号康金格式提单背面条款第 1 条约定"正面所注明日期的租船合同中的所有条件、条款、权利和除外事项，包括法律适用条款和仲裁条款，都并入本提单。"该提单正面注明该合同为 2004 年 3 月 24 日签订的租船合同。该租船合同第 17 条规定，双方产生的任何纠纷均由伦敦仲裁。第 19 条规定，本合同适用英国法律。被告以上述仲裁条款，根据提单的并入条款，已构成本案原、被告之间的书面仲裁协议为由，向青岛海事法院提出管辖权抗辩。青岛海事法院经审查，依法裁定驳回了被告美景公司的管辖异议申请。被告美景公司不服该裁定提起了上诉。山东省高级人民法院经审理认为："定期租船合同中的仲裁条款和法律适用条款是否可以并入提单的争议属于诉讼程序问题，应当适用法院地法，中华人民共和国法律应当作为判断有关租船合同并入提单的准据法。《中华人民共和国海商法》仅对航次租船合同有效并入提单作出规定，并未涉及与航次租船合同具有不同法律性质的定期租船合同有效并入提单问题，当事人将定期租船合同的所有条款并入提单的约定，不能产生法定意义上并入提单的效力。定期租船合同中的仲裁条款不能成为解决因提单运输引起纠纷的依据。中华人民共和国青岛海事法院作为涉案货物卸货港的海事法院管辖该案并无不当"。

对此，学者认为，从国际私法的根本目的出发，我们需要对国际意义的强制性规则进行严格解释，这样才能抑制各国法院为了单方面增进本国利益而扩大本国强制性规则域外适用范围的天然倾向。而在其他涉及财产之外的私法领域，包括属人法领域、人身侵权领域、婚

---

[1] See Carole Murray, David Holloway and Daren Timson-Hunt, *Schmitthoff's Export Trade: The Law and Practice of International Trade*, Sweet & Maxwell, 2007, p. 304.

[2] 青岛海事法院（2004）青海法海商初字第 245 号民事判决书。

姻家庭领域和继承领域，也存在集中鲜明地体现该领域的社会利益和价值观念，以至于近似"公法性质"的法律规则。但由于这些领域本质上毕竟属于私法领域，这样的法律规则是极少数的。强制性法律规范对国际私法各个领域具有普遍意义，但其主要源自于一个范畴模糊而又包容甚广的经济法部门，而在私法的自身内部是极少数的。[①]

而《涉外关系法律适用法解释》第八条规定，《涉外民事关系法律适用法》第四条规定的强制性规定包括：（一）涉及劳动者权益保护的；（二）涉及食品或公共卫生安全的；（三）涉及环境安全的；（四）涉及外汇管制等金融安全的；（五）涉及反垄断、反倾销的；（六）应当认定为强制性规定的其他情形。即强制性法律规范是国家加强对社会经济生活干预在国际私法领域的突出表现。诸如反垄断法、外汇管制法、外贸管制法、价格法、社会保障法、消费者权益保护法等，一般旨在保护本国经济秩序和对某类利益予以特殊保护，这些领域的法律对涉外商事关系有重大影响。[②]

对此，最高人民法院民四庭负责人就《涉外关系法律适用法解释》答记者问指出，强制性法律一定包含了本国社会公共利益的考量，是某些涉外民商事法律关系必须适用的某些特别法、强行法、禁止性规范，是国家加强对社会经济生活干预在国际私法法律适用领域中的一个突出表现。例如，反垄断法、外汇管制法、外贸管制法、价格法、社会保障法、消费者权益保护法等，一般旨在保护本国经济秩序或对某类利益进行特殊保护，这些领域的法律对涉外民事关系有重大影响。《涉外关系法律适用法解释》第八条结合上述情况，除对何为我国法律的强制性规定进行了一般性描述外，还以不完全列举的方式解决可操作性问题，列举排序是根据法律与民生的相关程度进行的。必须强调的是，这里的"强制性规定"，与我国合同法上的所谓效力性或管理性强制性规定不同，一定是适用于涉外民事关系的那类强制性规定，对此要从立法目的上考察。即其一，强制性法律规范是适用于涉外民事关系的强制性规定，而非流于我国合同法上的所谓效

---

① 宋晓：《当代国际私法的实体取向》，武汉大学出版社2004年版，第260页。
② 刘贵强：《涉外民事关系法律适用法在审判实践中的几个问题》，《人民司法》2011年第11期。

力性或管理性强制性规定层面；其二，是国家对社会经济生活干预的某些特别法、强行法、禁止性规范；其三，既包括旨在保护本国经济秩序的法律规范，亦包括对某类利益进行特殊保护的法律规范；其四，第十条采"例举+概括"的立法模式，在根据法律与民生的相关程度进行例举的基础上，采兜底条款以达调整事项的周延。即采例示式列举（又称例举式规定）而非穷尽式列举（又称列举式规定）。既如此，例示式列举的兜底条款，并非毫无限制地包罗万象而是必须对予以严格的限定，通过适用同类解释规则以确明未例举规范是否属于强制性法律规范的范畴。[1]

第二节 强制性规范作为裁判依据的方法

强制性法律规范如何适用，曾在国际私法学界争执不休。英国学者利普斯顿（Lipstein）甚至认为，强制性规范，与其对应物指引性规范（directory rules）一样，仍需通过冲突规范的援引。[2] 我国国内亦有学者持相同主张而认为，一国的强制性法律规范与其他实体规范一样，必须经过国际私法中法律选择规则的指引，才能适用于适用于涉外关系，只不过这种法律选择规则在类型上属于单边法律选择规则。而且除第三国强制性法律规范适用外，这样的法律选择规则系仅指向内国法适用的单边规则。《涉外关系法律适用》第四条、《涉外关系法律适用解释》第八条，便是援引国内强制性法律规范的冲突规范，在类型上属于单边法律选择规则。[3]

然观诸当今各国立法、司法实践，强制性法律规范的适用，一般区分法院地国强制性法律规范的适用和外国强制性法律规范的适用两大类。对后者进一步区分准据法国强制性法律规范的适用和第三国强

---

[1] 例示式列举的兜底条款，并非毫无限制地包罗万象而是必须对予以严格的限定，适用同类/同质解释规则（Functional_ Equivalence_ Theory）以对该限定予以同类解释。所谓同类解释，即未被例举的事项与被例举的事项属"同类"或"同质"。

[2] 参见胡永庆《"直接适用的法"的理论研究》，梁慧星主编《民商法论丛》第16卷，金桥文化出版（香港）有限公司2000年版，第655—656页；See F. Vischer, "General Course on Private International Law", *Recueil des cours*, 1992（232），p. 150.

[3] 沈娟：《强行性规定适用制度再认识》，《国际法研究》2020年第6期。

制性法律规范的适用两种情况。

一 强制性法律规范的性质：公法抑或私法

在欧洲大陆法系国家，公私法的二分法根深蒂固，其可溯源至罗马法时代。然而，随着国家对社会福利和经济秩序的关注延伸至私人关系领域，并以公法为手段予以干涉时，私法公法化和公法私法化现象随之发生，二分法日渐模糊。而强制性法律规范究竟是公法还是私法，则是论及强制性法律规范适用问题时所首先遇到的棘手问题。之所以讨论该问题，乃因为在国际私法领域，公法，尤其是外国公法的适用与私法的适用不可相提并论。因而，强制性法律规范的公私法性，关系到外国强制性法律规范的适用问题。在这个问题上，目前主要有以下三种不同观点。

1. 公法说。法国学者巴迪福尔认为此类规范应归于公法范畴。巴迪福尔还以"鲍尔"案（Boll case）[①]为例来说明瑞典为保护儿童权益所制定的监护法具有公法性质，必须予以适用。此外，英国学者利普斯顿支持这种看法。但国际私法只对强制性法律规范在私法上的法律效果

[①] 在鲍尔案中，玛丽·鲍尔是一个具有荷兰国籍的未成年人，1945年出生在瑞典的一个荷兰侨民之家。父亲约翰·鲍尔为荷兰人。鲍尔一家长期居住在瑞典。1953年，玛丽·鲍尔的母亲去世，留下大量遗产，而当时玛丽·鲍尔还是一个未成年的女孩。瑞典当局根据瑞典1924年保护未成年人法的规定，决定对她采取"保护性教育"措施，否认其父约翰·鲍尔的监护权。约翰·鲍尔向瑞典最高行政法院上诉，被驳回。为此，荷兰政府代表本国公民约翰·鲍尔将此案提交国际法院，并对瑞典政府违背1902年《关于保护未成年人的海牙公约》之事实提起诉讼。荷兰政府指出，根据上述海牙公约第1条"未成年的监护适用其本国法"的规定，荷兰法是调整该涉外监护关系的准据法。瑞典政府辩称，瑞典1924年法的规范具有公法性质，其涉及到瑞典的公共秩序，具有强制适用的效力。这些法律，较之于1902年海牙公约所规定的冲突规范，瑞典当局有权予以优先适用。最后，国际法院在1958年判决指出：首先，瑞典1924年法的规范具有公法性质；其次，那些包括1902年海牙公约在内的、旨在"保护个人"的法律，与诸如瑞典1924年法等"旨在保护社会"的法律是有差异的。两者着眼于不同的目标。前者主要是为了避免未成年人在物质上和精神上造成损害而制定的，而后者则是为了防止青少年酗酒、卖淫以及扰乱社会治安而制定的，具有强制适用的效力，必要时可直接用来支配涉外民事法律关系。所以瑞典当局直接适用1924年法并没有违背1902年海牙公约。瑞典胜诉。参见徐冬根《论直接适用法与冲突规范的关系》，《中国法学》1990年第3期。

作出回应,并不关注那部分规则中的刑事制裁或行政制裁的内容。①

2. 公私法兼具说。此说认为,强制性规范同时存在于公法领域和私法领域。比利时学者兰多便持此观点。

3. 折中说。此说认为,强制性法律规范调整领域和调整手段的特殊性,是国家干预市民社会经济生活领域的结果,从而此类规范具有半公半私的性质。弗朗西斯卡基斯也以上述鲍尔案为例说明"直接适用法"是半公半私性质的法律规范。②

二 法院地国强制性规范作为裁判依据的方法

对于法院地公法规则的适用,各国基本上奉行本国中心主义:适用国内规则,排除外国规则的适用,而不论合同本座所在。③

（一）法院地强制性规范的适用方式

一国的强制性规范传统上系通过国际私法中公共秩序条款或法律规避制度予以适用。④ 然而在1979年蒙得维的亚举行的第二次美洲国家国际私法特别会议上,委内瑞拉代表认为,在某些法律领域,冲突规则是不能介入的,如果适用外国的法律体系,那是不可想象的。因此,反映成员国法律体系基本原则的实体规则应优先于冲突规则而适用。委内瑞拉代表关于法院地国强制性规则优先适用的提议并未遭到与会代表的反对,⑤ 这也已为越来越多的国际国内立法所证实。如《瑞士联邦国际私法法规》第18条规定,不论本法所指定的法律为

---

① See F. Vischer, "General Course on Private International Law", *Recueil des cours*, 1992 (232), p.157；宋晓:《当代国际私法的实体取向》,武汉大学出版社2004年版,第257页。

② 参见胡永庆《"直接适用的法"的理论研究》,慧星主编《民商法论丛》第16卷,金桥文化出版（香港）有限公司2000年版,第676—677页。

③ O. Lando, "The Conflict of Laws of Contracts", *Recueil des cours*, 1984 (189), p.403.

④ 《涉外关系法律适用法》第5条规定,外国法律的适用将损害中华人民共和国社会公共利益的,适用中华人民共和国法律。《涉外关系法律适用法解释》第9条规定,一方当事人故意制造涉外民事关系的联结点,规避中华人民共和国法律、行政法规的强制性规定的,人民法院应认定为不发生适用外国法律的效力。

⑤ See Para-Aranguren, "General Course on Private International Law", *Recueil des cours*, 1988 (218), p.133.

何，因其特殊目的应予适用的瑞士法律的强制性规定，应予以保留。①德国1986年《民法典施行法》第34条规定，本法规定不影响那些不考虑合同本身之准据法而强制性适用于合同关系的德国法规定的适用。② 1995年意大利《国际私法制度改革法》第17条，2002年《俄罗斯联邦民法典》第1192条等均对此作了规定。欧盟《罗马条例Ⅰ》第9条第2款规定，本条例不影响法院地国强制性规则的适用。强制性规范终于在国际私法立法中找到了一块属于自己的底盘。

  在我国其实亦较早认可强制性法律规范的存在，但其适用则借助法律规避制度或者公共秩序保留制度予以实现。在以往司法实践中，我国部分法院诸如广东省高级人民法院及中级人民法院，以及最高人民法院受理大量的对外外汇担保纠纷案件。此类案件一般由内地担保人对外提供外汇担保，在担保合同中约定适用香港或澳门特别行政区法律。如果适用当事人所约定的法律，则会规避内地法律中关于对外外汇担保须经外汇管理部门审批的规定。因而法院或根据《民法通则》第一百五十条公共秩序条款或根据最高人民法院《关于贯彻执行民法通则若干问题的意见（试行）》第一百九十四条法律规避制度规定而适用内地法律作出判决。由于外汇担保审批制度属于强制性法律规范，这类法律规范应当得到直接适用，而与冲突规范的适用无关。故最高人民法院向全国人大法工委提出建议，建议明确规定强制

---

① 瑞士学者希尔（Siehr）教授对《瑞士联邦国际私法法规》第18条持批评态度。其认为没有必要制定本条。法院地国的一项法律规则是否具有绝对优先效力，属于解释的问题。参见［美］西蒙尼德斯：《20世纪末的国际私法——进步还是退步？》，宋晓译，《民商法论丛》2002年第3号/总第24卷，第374页。

② 法院地国强制性规则优先适用亦同样体现在德国司法实践中。早在1986年德国法院审理的一起国际文物索赔案中，一件文物在1980年从原始国尼加拉瓜非法偷运到甲国。在甲国，根据甲国的普通法律，该文物为一个善意买主购买。后来该善意买主将该文物运到德国准备出售，以图暴利。案发后，作为法院地国的德国制定有调整涉外文物关系的专门立法。该立法规定，自文物从原始国被非法偷运出境之日起，10年内原始国有权要求归回该文物。如果本案根据冲突法方法进行处理，则善意购买人对文物所享有的物权依之所在地法，即该善意买主在甲国境内购买文物时的文物所在地国法，也就是甲国法确定。甲国的普通法律承认善意买主对文物的所有权。根据甲国法，文物原始国无权要求归还。参见徐冬根《论直接适用的法与冲突规范的关系》，《中国法学》1990年第3期。

性法律直接适用的条文。①《涉外关系法律适用法》第四条由此形成。《涉外关系法律适用法解释》第八条规定,有下列情形之一,涉及中华人民共和国社会公共利益、当事人不能通过约定排除适用、无须通过冲突规范指引而直接适用于涉外民事关系的法律、行政法规的规定,人民法院应当认定为涉外民事关系法律适用法第四条规定的强制性规定。从而司法实践中,法院不再依赖于法律规避制度或者公共秩序保留制度而直接依据上述规定来确保强制性法律规范的适用。《涉外关系法律适用法》对法院地强制性法律规范适用的肯定,结束了我国法院运用公共秩序条款或法律规避制度适用我国强制性法律规范的历史。

典型案例:违反禁止性规定订立的涉境外理财平台委托理财合同无效:甲某诉乙某委托理财合同纠纷案②。在该案中,2014年10月,甲某在某境外理财平台公司代理人乙某的推荐下,成为该平台网站的注册用户。该理财平台系由注册在境外的公司运营,未获得国内监管机构批准在境内开展外汇交易。甲某向其账户投入资金5600余美元进行外汇保证金交易,杠杆比例为1:500。2014年10月13日,甲某与乙某通过往来邮件订立《共同投资协议》,约定甲某为账户资金出资人,乙某负责实盘操作,投资账户产生盈利的分配比例为甲某占70%,乙某占30%,乙某承担交易带来的账户亏损责任。同时,甲某向乙某告知了账户交易密码。10月至11月间,甲某账户频繁操作,本金发生了5100余美元的损失。甲某为账户亏损之事至乙某公司交涉,乙某自认其从甲某的交易中累计获得约900美元佣金。甲某向法院起诉要求乙某赔偿投资损失5100余美元(折合人民币31000余元),并承担相应利息及费用。

法院认为:《中华人民共和国外汇管理条例》第十七条规定:"境内机构、境内个人向境外直接投资或者从事境外有价证券、衍生产品发行、交易,应当按照国务院外汇管理部门的规定办理登记。国

---

① 刘贵强:《涉外民事关系法律适用法在审判实践中的几个问题》,《人民司法》2011年第11期。

② 上海市第二中级人民法院王伟斌与陈婧委托理财合同纠纷案(2016)沪02民终5427号。

家规定需要事先经有关主管部门批准或者备案的,应当在外汇登记前办理批准或者备案手续。"中国人民银行《个人外汇管理办法》第三十条规定:"境内个人从事外汇买卖等交易,应当通过依法取得相应业务资格的境内金融机构办理。"本案中,《共同投资协议》中约定投资所用账户为甲某境外理财平台账号,该平台未进行过登记、备案手续,故甲某账户从事的外汇保证金交易并不符合国家外汇管理要求,《共同投资协议》因违反法律、行政法规的强制性规定而无效。关于合同无效所致的法律后果,有过错的一方应当赔偿对方因此所受到的损失,双方都有过错的,应当各自承担相应的责任。本案中,乙某作为境外理财平台公司的代理人,较甲某有更丰富的金融投资经验和更专业的知识能力,应当清楚涉案交易为国家法律法规所禁止,但仍继续鼓励甲某从事非法外汇保证金交易并从中获得佣金,具有较大过错。就甲某而言,其理应在投资前谨慎了解外汇交易是否合规、有无交易风险,但未作充分了解即贸然委托乙某操作账户从事违法交易,自身也具有过错。法院在综合考虑双方各自的过错程度后,对乙某应承担甲某资金损失的金额作出了认定。[①]

当然,对《涉外关系法律适用法》第四条和《涉外关系法律适用法解释》第八条的性质问题,学者指出,法院地国强制性法律规范的适用并非无须冲突规范指引。一国强制性法律规范的适用实际上亦需要法律选择规则的指引,该条款本身属于指向内国法适用的单边冲突规范。[②]

(二) 法院地强制性规范的滥用风险

法院地国的一项法律规则是否具有绝对优先效力,属于解释的问题,[③] 这主要取决于立法者的意图。如果立法者明确宣布此种效力,法官则必须遵守之。然而,在大多数情况下,立法对此保持缄默,法官需要考量相关因素加以界定或判定。换言之,强制性法律规范是法

---

① 张涛:《违反禁止性规定订立的涉境外理财平台委托理财合同无效——甲某诉乙某委托理财合同纠纷案》,https://lawyers.66law.cn/s2707d40497445_i377261.aspx,访问时间:2023年7月5日。
② 沈娟:《强行性规定适用制度再认识》,《国际法研究》2020年第6期。
③ [美] 西蒙尼德斯:《20世纪末的国际私法——进步还是退步?》,宋晓译,《民商法论丛》2002年第3号/总第24卷,第374页。

官依职权适用的规则,这与冲突规范的适用不同。①

1. 学界主张

实体规则一旦被认定为强制性法律规范,最常见的法律效果便是导致国际合同的无效,或者至少也会在实质上改变当事人的权利义务。空间使用范围模糊不清的经济法规则不可避免地给国际民商事交往带来需要不确定性因素,而且还为片面保护法院地国及其国民的利益打开方便之门。② 为此,一些国际私法学家认为,问题的关键是应该将强制性法律规范作为例外方式来对待,或正确确定法院地强制性法律规范的适用范围。只有当存在联结点时,才能使该法律关系受法院地国强制性法律规范的支配。我国学者也认为,强制性法律规范适用的关键在于自身所包含的联结因素和自我设定的空间适用范围。一项成功的强制性法律规范,应该是一项具有明确适用范围的立法。为了避免强制性规范急剧膨胀、被随意滥用以及盲目排除冲突规范的不正常现象,首先在制定法律时,必须严格控制强制性法律规范的立法数量;其次立法者在制定强制性法律规范时,应对每一项强制性法律规范的适用范围作出明确具体的规定,使法官得以在司法实践中依照明确的客观标准来决定强制性法律规范的适用,还是应按冲突规范援引准据法。③

2. 我国实践

(1) 强制性法律规范适用的谦抑要求

最高人民法院民四庭负责人在就《涉外关系法律适用解释》答记者问指出,这里的"强制性规定",与我国合同法上的所谓效力性或管理性强制性规定不同,一定是适用于涉外民事关系的那类强制性规定,对此要从立法目的上考察。"强制性规定"的直接适用,与公共秩序保留条款一样,都是能够达到排除外国法适用目的的一项制度,因此,对于"强制性规定"的理解应当严格、谨慎,如果滥用,将

---

① See F. Vischer, "General Course on Private International Law", *Recueil des cours*, 1992 (232), pp. 155 – 157;宋晓:《当代国际私法的实体取向》,武汉大学出版社2004年版,第275—276页。

② See Peter Nygh, *Autonomy in International Contract*, Clarendon Press, 1999, pp. 211 – 212;宋晓:《当代国际私法的实体取向》,武汉大学出版社2004年版,第275—276页。

③ 徐冬根:《论直接适用法与冲突规范的关系》,《中国法学》1990年第3期。

会大大折损国际私法的积极作用,甚至带来消极后果。而在司法实践中,法院亦秉持谨慎适用的理念以免强制性法律规范的扩张适用。

在赵某诉姜某某等出资纠纷案①中,原告诉称:2002年4月16日,MPI公司董事长被告高汉中及股东被告姜照柏与原告签订了《增资认股合同》,约定由原告向MPI公司投资400万美元的等值人民币3304万元;MPI公司承诺在收到该款项后两个月内完成以原告名义的增资,使原告成为其新股东,并委任原告为公司董事,享有并行使股东、董事职权。被告姜照柏、高汉中承诺负有协助实现原告上述权利的义务,并向原告提供MPI公司的技术资料。合同签订后,原告分别于2002年4月6日、18日、27日分三笔将400万美元等值人民币共计3304万元汇入被告姜照柏、高汉中指定的上海龙林通信技术有限公司的账户,用以认购MPI公司11428571股股份,龙林公司于同年5月10日确认全部款项已到账。原告收到了由被告高汉中单独签署的MPI公司股权证书。原告认为,其已按照《增资认股合同》约定履行了义务,但三被告没有在合同约定的期限内履行其义务,至今为止没有按《增资认股合同》的规定使原告得以行使股东及董事的权利,故诉请判令三被告返还人民币3304万元,支付按中国人民银行同期贷款利率计算的利息及每日万分之四利率的罚息。被告姜照柏辩称:其已履行合同项下义务,原告已成为MPI公司的股东和董事。故原告要求返还购股款及支付利息、罚息没有法律依据和合同依据。

上海市第一中级人民法院认为:本案的争议焦点是原告是否已实现合同目的,成为MPI公司的股东与董事,即被告姜照柏、高汉中是否已履行确保原告合法地成为MPI公司股东和董事的合同义务。并作出如下判决:原告赵涛的诉讼请求不予支持。

原告赵涛不服判决,上诉至上海市高级人民法院。上诉人赵涛上诉称:(1)本案所涉及合同的效力的认定,应适用中华人民共和国法律;(2)本案所涉及合同违反了中华人民共和国关于境外投资、外汇管理以及金融管理法规的规定,应确认为无效合同;(3)本案

---

① 怀效锋主编:《中国最新公司法典型案例评析》,法律出版社2007年版;上海法院域外法查明典型案例(附中英文版全文),https//mp.weixin.qq.com/s?,访问时间:2023年7月1日。

所涉及合同系"认股预约协议",在上诉人与案外人 MPI 公司订立"新股认购协议"之前,上诉人有权随时要求被上诉人返还所付款项;(4)鹏欣公司依照合同约定,须承担连带责任。被上诉人高汉中答辩称:中华人民共和国主管对外投资的部门从未禁止中国公民对外投资,而涉案合同约定的支付方式为人民币支付,因此涉案合同既不违反对外投资的法律规定,也不违反外汇管理的法律规定。涉案合同已经实际履行完毕,并非"认股预约协议"。至于法律适用问题,上诉人在原审中也是依照美国的法律来主张被上诉人违约。据此,请求驳回上诉。

上海市高级人民法院认为:1. 关于案件审理的法律适用问题。本案所涉及的合同虽然约定争议的解决适用中华人民共和国法律,但根据该合同,被上诉人需履行的主要义务为保证上诉人合法地成为 MPI 公司的股东、董事。鉴于 MPI 公司设立于美国特拉华州,故对该公司股东、董事身份的确认,应当根据美国特拉华州的公司法进行判断。因此,对于被上诉人是否履行了保证上诉人合法地成为 MPI 公司的股东、董事的义务的事实,需要根据美国特拉华州的法律来认定。2. 关于本案所涉及合同效力的认定。上海市高级人民法院认为,违反法律、行政法规的强制性规定的合同,应确认为无效。然而,本案当事人所争议的合同,法律、行政法规并无强制性禁止规定合同中所约定的支付方式为人民币支付,亦不违反外汇管理行政法规。被上诉人虽指令上诉人将款项汇入案外人龙林公司的银行账户,但无证据表明此为出租或出借银行账户的行为,即便可能存在此种情况,亦只应对出借账户行为依法进行制裁,而不影响上诉人与被上诉人之间合同之效力。

(2)强制性法律规范与单边冲突规范

单边冲突规范,又称不完全冲突规范,是指就某种涉外民事关系直接规定适用某国法的冲突规范。简言之,在其指向适用外国法时法院就不能再适用内国法,相反在其指向适用内国法时就不得再适用外国法。

就某些重要的涉外法律关系适用我国法,长期为我国立法所肯定。中国在合同领域指向国内法的单边法律选择规则,即为在我国境内履行的涉外投资合同法律适用的单边冲突规范。《合同法》第一百二十六条第二款规定，在中华人民共和国境内履行的中外合资经营企业合同、中外合作经营企业合同、中外合作勘探开发自然资源合同，适用中华人民共和国法律。此外，2007年最高人民法院《关于审理涉外民事或商事合同纠纷案件法律适用若干问题的规定》第八条则将更将单边冲突规范所适用的合同范围作了扩大解释，除上述3类合同之外，其他涉外投资合同也同样适用中国法律。即中外合资经营企业合同，中外合作经营企业合同、中外合资经营企业、中外合作经营企业和外商独资企业的股权转让合同，外国自然人、法人或者其他组织在中华人民共和国境内设立的中外合资经营企业、中外合作经营企业的承包经营合同，外国自然人、法人或者其他组织的承包经营合同购买中华人民共和国境内非外商投资企业股东的股权，外国自然人合同，法人或者其他组织认购中华人民共和国境内的非外商投资有限责任公司、股份有限公司增资，外国自然人合同，法人或者其他组织在中华人民共和国境内收购非外商投资企业资产，中华人民共和国法律、行政法规规定应当适用中华人民共和国法律的其他合同。《民法典》第四百六十七条第二款规定，合作经营企业合同、中外合作勘探开发自然资源合同，适用中华人民共和国法律。

但在实践中，仍然存在有一些法院将强制性法律规范与单边冲突规范相混淆。莫瑞拉托及世腾股份有限公司（Morellato and Sector S. p. a）与朱水青等股权转让纠纷案[①]即是较为典型的实例。

在该案中，原告朱某某、伊某某莉与阿莫公司（Armonetherl and Sfinanceb V.）曾是被告的莫瑞拉托绍泰（北京）商贸有限公司（以下简称绍泰公司）股东，其中朱某某持绍泰公司27.5%股权，伊某某持22.5%股权，阿莫公司持50%股权。后阿莫公司因合并成为莫瑞拉托公司所属子公司，阿莫公司在绍泰公司的股权转由莫瑞拉托公司享有。2011年5月9日，朱某某、伊某某与莫瑞拉托公司签订股权买卖协议，约定朱某某、伊某某将其合计持有的绍泰公司40%股权转让给莫瑞拉托公司，股权转让款为人民币80万元。

---

① 北京市高级人民法院（2014）高民（商）终字第4839号民事判决书。

转让后，朱某某、伊某某仍然各自持有绍泰公司5%的股权。该协议同时约定，协议自外商投资企业审批机关批准后生效。因莫瑞拉托公司未将阿莫公司合并成为莫瑞拉托公司附属子公司一事及时告知朱某某、伊某某，亦未在变更后及时办理股东变更登记手续，导致股权买卖协议签订后相关的变更、审批手续均需补充提交。

但莫瑞拉托公司先后以要求绍泰公司承担境外文件翻译费用、重新签订股权买卖协议等理由，拖延、拒绝提交相关审批资料。莫瑞拉托公司已成为绍泰公司实际控制人，却仅支付了人民币80万元股权转让款，拒绝支付剩余人民币1695589元股权转让款。故朱某某、伊某某诉至法院，要求：（1）确认股权买卖协议已生效并应予执行；（2）莫瑞拉托公司向朱某某、伊某某合计支付股权转让款人民币1695589元。

一审法院北京市第一中级人民法院认定：关于本案的法律适用问题，《中华人民共和国涉外民事关系法律适用法》第三条规定："当事人依照法律规定可以明示选择涉外民事关系适用的法律。"本案系涉外股权转让合同纠纷，在一审审理期间，朱某某、伊某某以及莫瑞拉托公司作为股权转让合同的双方当事人，均选择适用中华人民共和国法律审理本案，故法院确认适用中华人民共和国法律作为审理本案的实体法。

但二审北京市高级人民法院认为：关于本案的法律适用。本案系股权转让纠纷，股权买卖协议所涉的绍泰公司为在中华人民共和国境内以有限责任公司形式设立的中外合资经营企业，根据《中华人民共和国涉外民事关系法律适用法》第四条、《中华人民共和国公司法》第二条及第二百一十七条之规定，在中国境内设立的公司之股权转让纠纷应当适用中华人民共和国法律。[①] 各方当事人对本案应适用中华人民共和国法律解决争议亦无异议，本院予以确认。一审法院判决关于"适用中华人民共和国法律作为审理本案的实体法"的认定结论正确，但其依据《中华人民共和国涉外民事关系法律适用法》第三条规定："当事人依照法律规定可以明示选择涉外民事关系适用的法

[①]《公司法》第二百一十七条：外商投资的有限责任公司和股份有限公司适用本法；有关外商投资的法律另有规定的，适用其规定。

律"属于适用法律错误，应予纠正。

显然，北京市高级人民法院将强制性法律规范与单边冲突规范相混淆，而将《合同法》第一百二十六条第二款这一典型的单边冲突规范误认作强制性规范。其实，单边冲突规范和强制性规范之间差异显著。单边冲突规范系法律选择规范，其与双边冲突规范相同，通过设定联结点的方式来指引法院地法的适用，仅解决法律选择问题却不管法院地实体法的规定；而强制性规范则系实体法规范，其适用仅取决于其本身的实体内容。

三 外国强制性法律规范作为裁判依据的方法

外国强制性法律规范包括准据法国强制性法律规范与第三国强制性法律规范，而外国强制性法律规范的适用呈现与法院地国强制性法律规范不同的理念与方法。①

（一）准据法国强制性法律规范的适用

公私法的划分对于国际私法的影响由来已久，外国强制性规范的适用深受影响。

传统冲突规范仅规范各国私法规则的空间适用范围，而强制性法律规范如何适用，乃成为各国立法、司法和学界苦思冥想的问题。在传统公私法二分法项下，强制性法律规范往往被认为是公法规范。故当冲突规范指引的准据法为外国法时，法院是否适用该国的强制性规范，就取决于法院地国对外国公法的态度。②

1. 外国公法规范的适用

冲突规则对外国法，即准据法的援引，是否具有这样一种效果：该法律秩序中的所有立法和法律，不论某一特定规则的性质，原则上均应予以适用？

对于外国公法规则的适用，众说纷纭。大陆法系国家基于公法的

---

① 沈娟：《强行性规定适用制度再认识》，《国际法研究》2020 年第 6 期。
② 肖永平、龙威狄：《论中国国际私法中的强制性规范》，《中国社会科学》2012 年第 10 期。1994 年《美洲国家间国际合同适用法律公约》第 11 条：Notwithstanding the provisions of the preceding articles, the provisions of the law of the forum shall necessarily be applied when they are mandatory requirements. It shall be up to the forum to decide when it applies the mandatory provisions of the law of another State with which the contract has close ties.

属地性和公法规范内容而比普通法系国家更主张排除外国公法的适用。传统上，在大陆法系国家，公法涉及国家利益，外国法除以公共政策为根据不予适用外，外国刑罚、财税法和其他公法性质的规则被认为不可适用。规制合同有效性的经济法也遭受同样的命运，它们被认为基于其公法性而具有属地性或不可适用。而在普通法系国家，法院比大陆法系国家法院更愿意考虑不属于刑罚或财税法的外国经济法。因此，在普通法系国家，绝对为公共利益服务的外汇管制规则，如果要求适用，并且如果构成准据法的组成部分的话，予以适用。①

（1）否定论。国际私法传统上只是关于私法问题的规范，与公法无关。从而，不论冲突规范如何规定，法院地公法规范始终予以适用。与之相反，在冲突规范指向外国法时，其仅指外国私法的适用，而非外国公法。也就是说，传统冲突规则只是规定处于平等地位的可相互置换的各国私法的空间适用范围。国际私法一直致力于解决多元法律体系的民商事法律冲突，公法规则因具有严格的属地效力而被严格地排除在国际私法的范围之外。②

但否定论学者所持理由各不相同，主要有：①公法领域无冲突规范。即公法规范游离于在国际私法之外，因而法官可先验地排除外国公法的适用，从而在外国公法的适用性问题上是不存在冲突规范的。②单边冲突规范。即公法领域存在冲突规范，但都是单边冲突规范，因而外国公法得不到适用。因而，在公法领域，法院地国只能就其本国公法适用及其适用范围作出规定。③公共秩序理论。即以公共秩序理论来排除外国公法的适用，然而公共秩序理论主张只是当其适用结果损及法院地国重大利益、法律和道德的基本原则时，才排除其适用。从而，以公共秩序排除外国公法的适用，并不能就所有的外国公法规范的适用加以先验地排除。③

---

① 宋晓：《当代国际私法的实体取向》，武汉大学出版社2004年版，第282—285页；O. Lando, "The Conflict of Laws of Contracts", *Recueil des cours*, 1984 (189), p. 396.

② See Jürgen Basedow, "Conflict of Economic Regulation", Am. J. Comp. L., 1994 (42), pp. 423, 435；宋晓：《当代国际私法的实体取向》，武汉大学出版社2004年版，第283—284页。

③ 胡永庆：《"直接适用的法"的理论研究》，梁慧星主编《民商法论丛》第16卷，金桥文化出版（香港）有限公司2000年版，第678—679页。

(2) 肯定论。普通法系国家法院比大陆法系国家法院更愿意考虑不属于刑罚或财税法的强制性法律规范。在涉及公法规范的可适用性问题时，国际法协会于 1975 年在威斯巴顿召开的会议上专门就公法规范在国际私法中的地位问题进行了讨论，并形成一项重要决议，即国际法协会《威斯巴顿决议》。该决议指出：其一，由冲突规范指向的外国法条款具有公法性质并不妨碍该条款的适用，但需受一般公共秩序保留的限制；无论何时外国法某条款构成适用其他法律规范的条件或者无论何时必须考虑到前款规定，适用同样的规定。其二，所谓的外国公法的先验的不可适用性的原则，同其绝对的属地性原则一样，若得不到真实的适用，在司法判决和法学著述中援引的该项原则：（1）并没有绝对的理论或实践上的理由；且（2）经常与公共政策原则相重复；（3）可能产生与当代国际交往不相符的不合理结果。其三，对于某些类别的外国公法规范——诸如主要是保护国家利益而不是私人利益的公法规范的先验的不可适用性问题，出于类似的理由而适用相同的规则。其四，以上规则的适用范围决不受以下事实的影响，即被视为公法性质的外国法律规范由于诸多原因而适用的并不多，并且主要是：（1）因为该问题并不由于冲突规范中指引的社会关系的性质或该外国法律规范的组织而产生；或者（2）因为该外国法规范的适用范围被限制于其所源于的立法者的领域内，并且此项限制在原则上是受尊重的；或者（3）因为法院地国的机关经常主张，他们或者无权适用某类具有公法性质的外国法规范，或者在缺乏条约、互惠关系以及在有关国家间的经济、政治利益联系密切时，无须坚持此类外国法律规范的适用。

国际法协会《威斯巴顿决议》对克服陈腐的外国公法不可适用的原则贡献卓著，其对准据法中的公法和私法规范，基于二者均构成由冲突规范所指引的准据法的组成部分而予以相同对待。瑞士学者维希尔指出，由于社会和法律的发展，国际私法并不先验地将公法排除在适用范围之外，外国公法不予适用的原则并非牢不可破。外国公法，当其影响或修正私法时，构成调整私法关系的规则的组成部分。[①]

---

① See F. Vischer, "General Course on Private International Law", *Recueil des cours*, 1992 (232), pp. 9, 151, 179-180.

而1987年《瑞士联邦国际私法法规》也规定了与之相似的条款。其第13条规定，本法对外国法的指定，包括依照该外国法应适用案件的所有规定。外国法的适用，不得仅以其规定被认为具有公法性质而予以排除。也就是说，无论是准据法国的公法规则还是私法规则，都应该得到适用。这意味着并没有必要专门讨论适用外国公法规则适用的情况，传统冲突规则自然延伸到了公法领域从而也决定了各国公法规范的适用条件。

2. 准据法国强制性法律规范的适用方式

时至今日，强制性规范如果属于法院地国冲突规范所指引的准据法国，则予以适用。这一点已基本为当代国际社会所认可，但其适用不得违背法院地国法律的基本原则。我国《涉外关系法律适用法》第五条规定，外国法律的适用将损害中华人民共和国社会公共利益的，适用中华人民共和国法律。然而，对于如何适用准据法国的强制性规范，则不无争议。目前学术界主要存在三种不同的观点。

（1）多边主义方法论。该说认为，鉴于强制性法律规范的普遍化，国际私法应谋求建立相对客观中立的双边或多边冲突规则，也就是说将国际私法普遍适用的多边主义方法扩展适用于强制性法律规范，无论是法院地国的强制性法律规范，还是准据法国或其他第三国的强制性法律规范，其适用与否都必须依据客观中立的多边冲突规则。[①]

（2）准据法组成部分说。该说认为，如果法院地国的冲突规范指向某一外国法，法官可适用该外国的强制性法规范。这种主张将外国的强制性法律规范与传统冲突规范结合起来适用，以法院地国冲突规范的援引作为适用外国强制性法律规范的前提条件。从而亦有别于法院地国强制性法律规范的适用条件。

（3）单边主义方法论。该主张认为准据法国的强制性法律规范和第三国的强制性法律规范一样，都必须根据同样的条件运用单边主义方法予以解决，单边主义方法应统一所有强制性法律规范，包括法院

[①] 宋晓：《当代国际私法的实体取向》，武汉大学出版社2004年版，第279页；F. Vischer, "General Course on Private International Law", *Recueil des cours*, 1992（232），p. 152. The necessary restriction to one-sided conflict rules has been challenged above all by Konrad Zweigert and called a petition principle.

地国强制性法律规范和外国强制性法律规范的域外适用方法。①

准据法组成部分说为目前诸多域外立法所采纳。1987年《瑞士联邦国际私法法规》第13条即为典型范例。其第13条规定,本法对外国法的指定,包括依照该外国法应适用案件的所有规定。

(二) 第三国强制性法律规范的适用

第三国强制性法律规范的适用,则更具争议。主要涉及可否适用和如何适用两大问题。

1. 第三国强制性法律规范的可适用性

对于可否适用第三国强制性法律规范,学术界并未形成一致看法。

(1) 否定论。其理由主要有:第一,法律适用的不确定性。适用第三国强制性法律规范,将危及当事人依法院地国冲突规范确定应适用法律的正当期望;第二,加重法官负担。第三国强制性法律规范由于表达了外国立法者的政治目的和利益,致使法官在确定是否适用时须考虑具有政治性的法律规范,从而把政治职能强加到法官身上,加重了法官的责任;第三,扩大法官自由裁量权。适用第三国强制性法律规范扩大法官的自由裁量权,导致司法行为主义和司法专断,进而危及司法安全和判决的国际同一性;第四,司法实践中难以操作。第三国强制性法律规范的适用会加大法官的负担,需要考虑所有可能适用于特定案件的外国强制性法律规范,这在司法实践中难以操作。②

(2) 肯定论。其主要理由有:第一,维护交易安全。如立法规定要适用第三国强制性法律规范,当事人在订立合同或从事其他交易时,就会为自己利益考虑而去探究有关国家的强制性法律规范的存在,并就其交易是否违反与交易有联系的国家的强制性法律规范加以预判,从而确保交易的安全性;第二,有利于实现判决的国际协调。各国法院基于

---

① See F. Vischer, "General Course on Private International Law", *Recueil des cours*, 1992 (232), pp. 181 – 186;沈娟:《强行性规定适用制度再认识》,《国际法研究》2020年第6期。

② 胡永庆:《"直接适用的法"的理论研究》,梁慧星主编《民商法论丛》第16卷,金桥文化出版(香港)有限公司2000年版,第696—697页;Patrick Ross Williams, "The EEC Convention on the Law Applicable to Contractual Obligations", ICIQ., 1996 (35), pp. 22 – 24;A. Boggiano, "The Contribution of the Hague Conference to the Demerican", *Recueil des cours*, 1992 (233), p. 150.

互惠考虑，相互适用各国的强制性法律规范，有助于内外国利益和政策目标的实现，进而实现判决的国际协调；第三，国际礼让的需要。相互考虑适用第三国强制性法律规范是出于国际礼让的需要。①

目前在学界，诸多学者主张内外国强制性法律规范一视同仁。如1983年10月在瑞士洛桑召开的"瑞士和德国国际私法草案研讨会"上，虽然有一些学者主张应取消有关适用外国强制性规范的条款，将这些问题留给学者和法官。但大多数学者，如冯·欧弗贝克（Von Overbeck）、维希尔（F. Vischer）等都肯定草案的有关规定，并认为为了更恰当地处理涉外民商事关系，必要时法官可以考虑适用第三国的强制性法律规范。② 而在司法实践中，也不乏法院考虑第三国强制性法律规范的适用问题，荷兰最高法院1966年阿尔纳提案即为典型实例。在该案中，法院在判决中指出："一个外国国家若对其法律规定的域外适用具有如此重大的利益，因而荷兰法院也应该对其加以考虑，并应当优先适用这些法规，而排除当事人选择的其他国家的法律。但本案中，比利时上诉法院所适用的比利时法律则不具有这种性质，因而荷兰法院没有义务优先适用该法律规定而排除当事人所选择的荷兰法律。"即荷兰最高法院虽然仍适用了当事人所选择的荷兰法，但却依照案件中涉及的比利时法律所体现的政策和利益而对比利时上诉法院所主张适用的比利时法律进行了考虑，进而认定其不具有强制适用的效力。③

2. 第三国强制性法律规范的适用方式

就第三国强制性法律规范如何适用问题，学界存在以下几种

---

① 胡永庆：《"直接适用的法"的理论研究》，梁慧星主编《民商法论丛》第16卷，金桥文化出版（香港）有限公司2000年版，第698页；Ole Lando, "The Conflict of Laws of Contracts", *Recueil des cours*, 1984 (189), pp. 398–399; Parra-Aranguren, "General Course on Private International Law", *Recueil des cours*, 1988 (218), p. 170; A. Boggiano, "The Contribution of the Hague Conference to the Demerican", *Recueil des cours*, 1992 (233), p. 156.

② 参见徐冬根《论当代国际私法中的"法律直接适用说"》，载《宁波大学学报》（人文科学版）1993年第1期。

③ 参见杜涛、陈力《国际私法》，复旦大学出版社2004年版，第257—258页；胡永庆：《"直接适用的法"的理论研究》，梁慧星主编《民商法论丛》第16卷，金桥文化出版（香港）有限公司2000年版，第700页。

设想。①

(1) 内外国强制性法律规范平等适用说。即主张对外国的强制性法律规范与内国的强制性法律规范平等对待，在同一平面上，基于这些法律规范本身所限定的适用范围，来决定应适用内国的强制性法律规范还是外国的强制性规范。这种主张贯穿互惠的思想，通过内国平等适用外国强制性法律规范，使外国也能平等地接受内国的强制性法律规范，从而使内国强制性法律规范的效力在空间上得以扩展和延伸，以增加内国强制性规范的域外效力。

(2) 比拟说。该说认为，在大多数情况下，对强制性法律规范可以与对待冲突规范相同的方式加以处理。即将强制性法律规范双边化，如果无法实现这种双边化，则通过部分单边化的方法来确保外国强制性法律规范的适用。从方法论上讲，即将强制性法律规范纳入到传统的冲突规范的范畴之中，并将其作为特殊冲突规范来对待。

(3) 最密切联系说。此说认为，如果某一外国强制性法律规范与案件之间存在最密切联系，法院可以排除适用内国冲突规范及其所援引的法律，直接适用该外国强制性法律规范。瑞士学者维希尔即认为，准据法国和第三国的干预规则应该置于相同的地位，须与案件之间存在最密切联系的要求和法官的自由裁量权相结合的单边主义方法，应该适用于所有外国公法，而不论它们源于准据法还是第三国法。②

3. 第三国强制性法律规范适用的域外实践

第三国强制性法律规范的可适用性，业已为一些域外立法和司法实践所认可，并根据最密切联系说加以适用。

(1) 国际立法。早在1951年《比荷卢统一国际私法》就采纳了这种做法。该法第17条第1款规定，"当合同与某一国家有最密切联系时，合同应受该国法律支配。但当事人意欲合同的全部或部分受其他国家法律调整的除外。然而，如果该国的强制性规定与合同有最密

---

① 参见徐冬根《论当代国际私法中的"法律直接适用说"》，载《宁波大学学报》(人文科学版) 1993年第1期。

② See F. Vischer, "General Course on Private International Law", *Recueil des cours*, 1992 (232), pp. 181–186.

切联系时，当事人不能以其意愿排除该国强制性规范对合同的支配。"在1969年对该法的修订中，仍然重申了这一立场。

《比荷卢统一国际私法》为欧盟1980年《罗马公约》的草拟奠定了基础。1980年《罗马公约》第7条第1款规定："根据本公约适用某一国的法律时，如依其情况，合同与另一国有密切的关系，则该另一国的强制性规定，得认为有效，但必须依该另一国的法律，不论何种法律适用于该合同，均必须适用此种强制性规定为限。在考虑此种强制性规定是否有效时，应注意此种规定的性质和目的，以及其适用或不适用的后果。"该条款为第三国强制性法律规范适用的理论探讨和立法提供了基本的框架。然而，2008年《罗马条例Ⅰ》则将之限于合同履行地的强制性法律规范。其第9条第3款规定，对于源于合同的债务将履行或业已履行地国家的法律中的那些致使合同为非法的绝对强制性法律规范，可赋予其效力。在考虑是否赋予该等条款以效力时，应考虑这些条款的性质、目的及适用或不适用的后果。① 《罗马条例Ⅰ》第9条"优先适用的强制性规定"规定：1. 优先适用的强制性规定是指，被一国认为对维护该国的公共利益，尤其是对维护其政治、社会和经济组织的利益至关重要而必须遵守的强制性条款，以至于对属于其适用范围的所有情况，不论根据本条例适用于合同的是何种法律，它们都必须予以适用。2. 本条例的任何规定均不得限制法院地法中强制性条款的适用。3. 就合同履行地国家致使合同履行非法的绝对强制性规范而言，可赋予该国绝对强制性规范以效力。在决定是否赋予这些规定以强制性效力时，应考虑这些法律规定的性质目的以及适用不适用该规定将产生的后果。

1978年《海牙代理法律适用公约》第16条深受《罗马公约》第7条第1款影响。其第16条规定，"在适用本公约时，如果根据与案情有重要联系的任何国家的法律，该国强制性规范必须适用，则此项强制规范可以予以实施，而不管该国法律选择规则规定的是何种法

---

① Effect may be given to the overriding mandatory provisions of the law of the country where the obligations arising out of the contract have to be or have been performed, in so far as those overriding mandatory provisions render the performance of the contract unlawful. In considering whether to give effect to those provisions, regard shall be had to their nature and purpose and to the consequences of their application or non-application.

律。"据此，法官享有较大的自由裁量权以决定是否适用与案件有重要联系的任何国家的强制性规范。1985 年《信托法律适用及其承认海牙公约》第 16 条第 2 款也作了类似的规定。

1986 年海牙《国际货物销售合同法律适用公约》为避免第三国直接适用法规则给合同关系带来不确定性和复杂性而有意对第三国直接适用法规则不作规定。其仅在第 17 条规定，本公约并不阻止适用那些不论法律对合同另有如何规定，必须适用的法院地法。第 18 条规定，本公约确定适用的法律，只有在其适用明显地与公共政策（公共秩序）相抵触时，才可拒绝适用。但处理第三国强制规则的特别会议代表却承认，诸如导致履行不能的第三国的禁令，也必须作为事实因素考虑在内。

而具有广泛影响的 1994 年《美洲国家间国际合同法律适用公约》第 11 条第 2 款就第三国直接适用法规则的适用作了如下规定："何时适用与案件之间有密切联系的另一国的强制条款，应由法院决定。"该条除了更加明确地赋予法官自由裁量权之外，与《罗马公约》第 7 条第 1 款没有什么实质性的差异。

1991 年国际法协会的巴塞尔决议（Basel Resolution）也支持适用第三国强制性法律规范。决议第 9 条第 2 款规定："在法院地国或当事人所选择的合同准据法之外，如果还需考虑其他国家的在上一款（第 9 条第 1 款强制性法律规范）意义上的强制性规则，那么只有当合同与该国法律存在密切的联系，并且这些规则促进了国际社会普遍认可的目的时，此类条款才能排除当事人所选择的法律的适用。"第三国强制性法律规范如需获得法院地国的适用，必须能够同时"促进了国际社会普遍认可的目的"，这是该条款相对于其他国家立法的新意所在。[①]

（2）国内立法。除国际立法外，愈来愈多国家开始接受或承认第三国强制性法律规范的适用。

瑞士《联邦国际私法法规》第 19 条规定，"外国法的强制性规定的考虑"规定，（1）依瑞士法律观念为合理且明显占优势的利益

[①] 参见宋晓《当代国际私法的实体取向》，武汉大学出版社 2004 年版，第 288—289 页。

要求考虑本法所指定的法律以外的另一法律的强制性规定时，如果所涉及的情况与该另一法律有密切的联系，得考虑其强制性规定。（2）为决定前款所称的外国法的强制性规定是否应予考虑，应考虑其所要达到的目的及其适用对于作出依瑞士法律观念为适当的判决所可能产生的后果。即该法以存在密切联系为必要，且融入瑞士法律观念。从而带有浓厚的单边主义色彩。

而其他国际立法，似乎更倾向于多边主义理念。1994年实施的加拿大魁北克省《民法典》第10卷"国际私法"第3079条规定："如果存在某种合法的、明显占优势的利益，则可以适用另一国家的强制性法律规则，只要有关情况与该国具有密切联系。在作此决定前，应考虑到该强制性法律规则的目的，以及其适用可能带来的各种后果。"

1999年2月1日生效的《突尼斯国际私法典》第38条规定："根据立法动机必须适用的突尼斯法律的有关规定应当直接适用，而不论冲突规则如何指定。法官可以适用某项未被冲突规则指定的外国法的有关规定，只要此种规定被证实与需解决的法律事实或情况具有紧密的联系，而且根据其目的该种规定确实有适用的必要。外国法律的公法性质不妨碍其适用或对此予以考虑。"

1999年7月1日实施的白俄罗斯《民法典》第7部分（国际私法）第1100条"强制规范的适用"规定："1.本部分规定，不影响白俄罗斯共和国法律中独立于准据法而直接调整法律关系的强制规范的效力。2.依本部分规定适用白俄罗斯共和国以外国家的法律时，法院可适用该国强制性的、与决定性法律关系具有密切联系的规范，只要依照该国法律此类规范独立于准据法而必须调整该法律关系。此时法院必须顾及此类规范的目的、特征及其适用后果。"

2002年生效的俄罗斯《联邦民法典》（第7部分）第1192条"强行性规范的适用"规定："1.本编规则不能影响俄罗斯联邦立法（令）中那些强制性规范的效力；即由于强制性规范自身的标明或由于其特殊的意义，其中包括为了保障民事流转参与者的权利和由法律保护的其利益、调整者相应关系而不受应适用法的限制的强行性规范。2.依据本编规则适用无论哪一国家的法时，法院可以考虑另一个与关系有着紧密联系的国家的法的强行性规范,如果依照这个国家的法那些规范应当调整相应的关系而不受应适用法的限制。在这种情况下法院应当考虑那些规范的目的和性质,以及适用或不适用其的后果。"

而美国,其《第二次冲突法重述》第187条第2款(b)项规定,当事人选择的法律不应予以适用,如果"适用当事人选择的州法,将违反另一州的根本政策,该州较之当事人所选择的州,在决定合同的特定问题时实质上具有更大的利益,而且该州将是根据第188条当事人未作有效的法律选择时的准据法州。"其中,"另一州的根本政策……实质上具有更大的利益",可被视为另一个州的强制性法律规范。①

英国上诉法院在1920年布劳斯(Ralli Bros)案中确立了一项规则:英国法院不会强制执行合同履行地法所禁止的合同债务。在该案中,买方从印度购得货物,运往其营业地西班牙的巴塞罗那。买方只支付了部分货款,其援引西班牙的价格管制法,拒绝支付所余货款。尽管合同准据法是英国法,但英国法院最终适用了西班牙的管制法规而免除了买方的义务。法院称买方必须遵守其营业地国的价格管制法规,这与合同之间有密切联系。英国法院实践显示:当法官行使自由裁量权以决定是否适用第三国强制性法律规范时,如果合同履行地的强制规则全部或部分禁止合同的履行而导致合同全部或部分不能合法地予以履行,同时合同准据法又没有提出替代履行方式,法官则完全有必要考虑作为合同履行地的第三国强制性法规范。至于其他第三国,包括当事人的居所地或债务人营业地所在国的禁止合同履行的强制性法律规范,法官一般可以不予考虑。②

4. 第三国强制性法律规范的适用条件

比较上述相关国家的立法和司法实践,尤其是欧盟《罗马公约》第9条规定、《罗马条例Ⅰ》和瑞士《联邦国际私法法规》第19条

---

① 宋晓:《当代国际私法的实体取向》,武汉大学出版社2004年版,第287、288—289页。

② 胡永庆:《"直接适用的法"的理论研究》,梁慧星主编《民商法论丛》第16卷,金桥文化出版(香港)有限公司2000年版,第700页;宋晓:《当代国际私法的实体取向》,武汉大学出版社2004年版,第289—290页;Peter Nygh, *Autonomy in International Contracts*, Clarendon Press, 1999, pp. 225–226; Mosconi, "Exception to the Operation of Choice of Law Rules", *Recueil des cours*, 1989 (215), p. 154.

规定，第三国强制性法律规范的适用近乎一致地采用最密切联系说。具体言之，一般得把握以下几点。

（1）第三国强制性法律规范一般系指准据法国之外的其他国家法律。即上述立法将外国准据法中的强制性法律规范与准据法国之外的外国强制性法律规范的适用问题分割处理，英国上诉法院则将第三国进一步限于履行地国家。

（2）合同或合同当事人与该第三国法律体系之间存在密切联系。第三国也许并不是法院地国或准据法国之外的所有国家或任一国家，而应该是与该案件有较密切联系的国家，甚至较之准据法与案件之间联系更密切，尤其当准据法系由当事人选择的与案件之间并不存在联系的国家法律。① 密切联系是适用第三国强制性法律规范的先决条件或合理基础，但一般不要求存在最密切的联系。瑞士卢塞纳市初级法院于1980年10月31日所处理的案件即属于这种情况。在该案中，甲是美国公司设在瑞士的子公司，乙是居住在A国的瑞士公民，双方签订了一份经纪合同，约定乙为甲公司物色一位购买该公司在瑞士所生产的机械的买主，而甲公司则届时按一定的比例给乙一笔佣金。该经纪合同还约定，佣金以瑞士法郎支付，直接划入乙在一家瑞士银行的账户中，合同还约定一切合同纠纷由瑞士法院管辖。乙经努力，为甲公司物色到一位买主——A国政府的一位高级官员，但事后甲公司并没有在合同约定的期限内向乙支付佣金。当时，乙已迁居瑞士。为此，其在卢塞纳市初级法院对甲公司提起诉讼。甲公司拒绝付款，其援引美国1977年12月19日的《反行贿法》，认为该法是强制性法律规范，其对美国在国外的子公司有约束力。

卢塞纳市初级法院认为，当事人事先未就合同所适用的法律作出选择，合同纠纷发生后，甲公司单方选择的具有强制性效力的《反行贿法》，与本案没有密切联系，故拒绝适用。法院认为，调整经纪合同的法律应是经纪人的住所地法。法院最后驳回被告要求适用美国强制性法律规范的请求，乙胜诉。②

---

① 沈娟：《强行性规定适用制度再认识》，《国际法研究》2020年第6期。
② 参见徐冬根《论当代国际私法中的"法律直接适用说"》，《宁波大学学报》（人文科学版）1993年第1期。

存在密切联系由此亦可能存在数个国家强制性法律规范竞合适用之虞。即当数个国家和案件之间存在密切联系，并且这些国家的强制性法律规范都竞相适用于案件时，将会导致数个国家强制性法律规范之间的冲突。这个风险的解决唯有赖于法院地国法官的自由裁量。

（3）第三国强制性法律规范的适用必须是令人信服的、合理的。欧盟1980年《罗马公约》第7条第1款和瑞士《联邦国际私法法规》第19条就第三国强制性法律规范适用间条件的规定，设置了合理检验标准。《罗马公约》第7条第1款规定："在考虑此种强制性规定是否有效时，应注意此种规定的性质和目的，以及其适用或不适用的后果。"瑞士《联邦国际私法法规》第19条规定，"为决定前款所称的外国法的强制性规定是否应予考虑，应考虑其所要达到的目的及其适用对于作出依瑞士法律观念为适当的判决所可能产生的后果。"1994年加拿大魁北克省《民法典》第3079条规定，"如果存在某种合法的、明显占优势的利益，则可以适用另一国家的强制性法律规则。"即既要考虑第三国强制性法律规范本身的性质和立法目的，又要依法院地国观念考虑其适用所可能产生的后果。

然而，兼顾第三国强制性法律规范本身的性质和立法目的与法院地国观念的双重考虑要求，引致法院自由裁量时的重心平衡问题和案件中利害关系的权衡问题。由于强制性法律规范大多是带有制定国强烈的政治经济目的的强制性经济法规则，因而用一国观念来判断另一国的强制性法律规范，难免使裁判者难以作出准确判断。偏向于法院地国的考量易于导致只承认了法院地国强制性法律规范存在并适用的现象的发生，瑞士《联邦国际私法法规》第19条强调必须用瑞士的法律概念来判定第三国强制性法律规范适用于案件的必要性。而偏向于第三国的考量，强调依第三国强制性法律规范本身的性质和立法目的来确定其强制性法律规范的适用，则有扩大适用第三国强制性法律规范之虞。《罗马条例Ⅰ》第9条规定，优先适用的强制性规定是指，被一国认为对维护该国的公共利益，尤其是对维护其政治、社会和经济组织的利益至关重要。在决定是否赋予履行地国家法律规定以强制性效力时，应考虑这些法律规定的性质目的以及适用不适用该规定将产生的后果。1994年加拿大魁北克省《民法典》第3079条规定，

"如果存在某种合法的、明显占优势的利益，则可以适用另一国家的强制性法律规则。"故令人信服的和合理的适用条件，要求法院必须合理地衡量案件中的利害关系。荷兰法院的一个判例具有典型性。荷兰公司 S 是一家美国公司全资子公司，其于 1982 年 5 月允诺向法国公司 C 交付在荷兰生产的"地震监波器"（strings of geophones）。C 公司将此转售给苏联，用作连接西伯利亚和西欧之间管道的设备。1982 年 6 月 22 日，美国政府对此种商品实施禁运。禁运令特别针对在美国之外的所有美国公司的子公司。S 以不可抗力为由拒绝交付监波器。C 公司在荷兰法院对 S 提起诉讼，要求实际履行。法院认为该合同受荷兰法支配，拒绝考虑美国禁运令，因为其针对在美国之外的美国公司的子公司，并涉及在美国之外生产的商品，美国法的域外适用不具备合法利益的，因而违反国际公法。法院命令 S 履行合同。①

（4）第三国强制性法律规范即使符合立法中的相关要求或条件，也并非当然予以适用。上述国家立法基本使用"可以"而非"应该"措辞。瑞士法在此方面小心谨慎，其使用"得考虑（may take it into consideration）其强制性规定"之表述，以限制国家权力和利益对国际私法关系的干涉程度。由于法院在民事案件中的责任乃是解决私人争议，关注合法的私人利益，瑞士法的措辞反映了这一目标。

因而无论在判定案件是否与第三国之间存在密切联系关系上，还是在评估该第三国强制性法律规范的适用是否令人信服和合理性问题上，法官均享有较大的自由裁量权。而对当事人来说，则面临相当大的不确定性。

（三）我国的实践

1.《涉外关系法律适用法》及其司法解释项下的外国强制性法律规范适用问题

虽然域外立法在确立内国强制性法律规范适用制度时，也就外国强制性法律规范的适用问题作出相应规定。但我国立法尚付阙如，司法实践中亦鲜见案例。而在学界，学者们就是否应该适用外国强制性

---

① 胡永庆：《"直接适用的法"的理论研究》，梁慧星主编《民商法论丛》第 16 卷，金桥文化出版（香港）有限公司 2000 年版，第 699 页；Ole Lando, "The Conflict of Laws of Contracts", *Recueil des cours*, 1984 (189), p. 404.

法律规范的讨论甚为踊跃,但这些讨论尚欠深入和成熟。中国在立法和司法中确立外国强制性规定适用制度仅会加重司法负担。① 在此背景下,将外国强制性法律规范作为裁判依据所存在的风险毋庸置疑。《涉外关系法律适用法》及其司法解释于该问题上有待于司法实践的不断丰富而予以进一步补充完善。

2. 《阻断法》等法律法规对外国强制性法律规范适用问题的影响

但另一方面,为维护国家主权、安全、发展利益,我国先后颁布《中华人民共和国对外关系法》《中华人民共和国反外国制裁法》《阻断外国法律与措施不当域外适用办法》《不可靠实体清单规定》等法律法规,为裁判者在处理涉外商事案件涉及外国强制性法律规范的适用问题时提供了相应的法律依据。

(1) 《中华人民共和国对外关系法》在涉外法律领域的地位

其中,2023年7月1日起施行的《中华人民共和国对外关系法》第三十二条规定,国家在遵守国际法基本原则和国际关系基本准则的基础上,加强涉外领域法律法规的实施和适用,并依法采取执法、司法等措施,维护国家主权、安全、发展利益,保护中国公民、组织合法权益。全国人大常委会法工委负责人就"对外关系法明确加强涉外领域法律法规的实施和适用"问题答记者问时指出,"为维护国家利益,保护公民权利,一国法律有条件有限度地域外适用,是国际通行的做法。对外关系法作为涉外领域的基础性、综合性法律,有必要作出原则性规定。……这反映了在发展对外关系中,我国始终恪守国际法基本原则和国际关系基本准则,尊重国际惯例,坚决捍卫国家主权、安全、发展利益和国家尊严,保护中国公民、组织合法权益。"② 换言之,《对外关系法》在法律体系中占据重要地位,是涉外法律领域的基本法,是涉外法律法规体系的基础性、综合性法律,为其他涉外法律法规提供授权和指引。③ 从而为裁判者在面临外国强制性法律

---

① 沈娟:《强行性规定适用制度再认识》,《国际法研究》2020年第6期。
② 《全国人大常委会法工委负责人就对外关系法答记者问》,https://www.npc.gov.cn/npc/c30834/202306/dfb5d69d9ba34a3ca36bbc76d6b567d5.shtml,访问时间:2023年7月1日。
③ 黄进:《论〈对外关系法〉在中国涉外法治体系中的地位》,《国际法研究》2023年第4期。

规范的适用问题时提供基础性立法指引。

（2）《中华人民共和国反外国制裁法》的规范对象

2021年6月10日通过的《中华人民共和国反外国制裁法》（以下简称《反外国制裁法》）第三条第2款规定，外国国家违反国际法和国际关系基本准则，以各种借口或者依据其本国法律对我国进行遏制、打压，对我国公民、组织采取歧视性限制措施，干涉我国内政的，我国有权采取相应反制措施。第四条规定，国务院有关部门可以决定将直接或者间接参与制定、决定、实施本法第三条规定的歧视性限制措施的个人、组织列入反制清单。第十二条规定，任何组织和个人均不得执行或者协助执行外国国家对我国公民、组织采取的歧视性限制措施。组织和个人违反前款规定，侵害我国公民、组织合法权益的，我国公民、组织可以依法向人民法院提起诉讼，要求其停止侵害、赔偿损失。即我国境内的任何组织和个人均不得执行或者协助执行经国务院有关部门认定的外国国家对我国公民、组织所采取的歧视性限制措施。[1]

（3）《阻断外国法律与措施不当域外适用办法》规范对象与实现路径

商务部于2021年1月颁布的《阻断外国法律与措施不当域外适用办法》（以下简称《阻断法》）则就外国法律与措施的不当域外适用造成我国利益损害的事项作了全面规范。[2] 其第一条规定，为了阻断外国法律与措施不当域外适用对中国的影响，维护国家主权、安全、发展利益，保护中国公民、法人或者其他组织的合法权益，根据《中华人民共和国国家安全法》等有关法律，制定本办法。故与《反外国制裁法》反制外国国家所采取的歧视性限制措施的做法不同，《阻断法》针对的则是外国法律与措施的不当域外适用。

对于外国法律与措施的域外适用是否构成不当的问题，《阻断法》第二条规定，本办法适用于外国法律与措施的域外适用违反国际法和

---

[1] 漆彤：《欧盟〈阻断法〉的适用困境及其对我国的启示》，《财经法学》2022年第1期。

[2] 依《反外国制裁法》第3条和第12条规定，其主要针对的是外国国家所采取的歧视性限制措施。而依《阻断办法》第1条规定，其针对的则是影响我国的外国法律与措施的不当域外适用。

国际关系基本准则，不当禁止或者限制中国公民、法人或者其他组织与第三国（地区）及其公民、法人或者其他组织进行正常的经贸及相关活动的情形。第六条规定，有关外国法律与措施是否存在不当域外适用情形，由工作机制综合考虑下列因素评估确认：（一）是否违反国际法和国际关系基本准则；（二）对中国国家主权、安全、发展利益可能产生的影响；（三）对中国公民、法人或者其他组织合法权益可能产生的影响；（四）其他应当考虑的因素。即外国法律与措施域外适用的不当与否，须符合两项条件：其一，违反国际法和国际关系基本准则；其二，对中国公民、法人或者其他组织与第三国（地区）及其公民、法人或者其他组织之间的正常经贸及相关活动产生不当禁止或者限制之结果。

而对于存在不当域外适用的外国法律与措施的应对问题，《阻断法》提供了其中几条应对路径。

其一，否定外国法律与措施在我国的效力。《阻断法》第七条规定，工作机制经评估，确认有关外国法律与措施存在不当域外适用情形的，可以决定由国务院商务主管部门发布不得承认、不得执行、不得遵守有关外国法律与措施的禁令。从而，在处理涉外民商事纠纷时，裁判者不得将存在不当域外适用情形的有关外国法律作为裁判依据。

其二，受害者提起诉讼索赔。《阻断法》第九条第1款规定，当事人遵守禁令范围内的外国法律与措施，侵害中国公民、法人或者其他组织合法权益的，中国公民、法人或者其他组织可以依法向人民法院提起诉讼，要求该当事人赔偿损失；但是，当事人依照本办法第八条规定获得豁免的除外。第2款规定，根据禁令范围内的外国法律作出的判决、裁定致使中国公民、法人或者其他组织遭受损失的，中国公民、法人或者其他组织可以依法向人民法院提起诉讼，要求在该判决、裁定中获益的当事人赔偿损失。据此，有权提起诉讼索赔的受害者包括两类：第一类是指因当事人遵守禁令范围内的外国法律与措施而致使其合法权益遭受侵害的中国公民、法人或者其他组织；第二类是因根据禁令范围内的外国法律作出的判决、裁定致使遭受损失的中国公民、法人或者其他组织。

一国对外国法律和措施域外效力的最直截了当的阻断就是否定其在本国的法律效力。《阻断法》显然肯定了这一路径及此种阻断效果，从而为裁判者在处理涉外商事案件而面临是否应以外国强制性法律规范作为裁判依据这一问题时，提供了相应的法律依据。[①] 且依上述条款揭示，外国法律与措施是否存在不当域外适用的情形由中央国家机关有关部门参加的工作机制评估确认。这不仅有助于减轻裁判者在评判应否适用外国强制性法律规范时所面临的压力，而且避免裁判者就相同的外国强制性法律规范可否作为涉外商事争议的裁判依据作出不一致的认定结论。

但学者亦指出，其一，《阻断法》将是否违反国际法和国际关系基本准则作为认定有关外国法律与措施是否存在不当域外适用情形的标准之一。但目前国际社会可据以评判外国法律与措施域外适用是否违反国际法和国际关系基本准则的国际条约和国际习惯并不充分，因而在个案处理中裁判者在行使其自由裁量权进行评判时，在多数情况下只能借助宽泛的主权原则进行解释，甚至可能存在"以外交思维取代法律原则"的偏颇，因而难免存在不确定。其二，《阻断办法》立法层级偏低，属于部门规章，在涉外民商事案件中作为裁判者用以确定是否排除适用外国强制性规范的依据时，可能面临法律依据不充分之困境。《反外国制裁法》虽然立法层级更高，但《反外国制裁法》和《阻断办法》的调整对象并不完全重合。且从《反外国制裁法》的条文设计和立法目的而言，其并不能充分弥补《阻断办法》不足。[②] 不过，《阻断办法》与《对外关系法》《反外国制裁法》作为一个整体为裁判者在考量能否将外国强制性法律规范作为涉外商事争议的裁判依据提供了相应的法律依据，亦为我国未来就外国强制性法律规范适用问题的立法提供实践参考。

3.《涉外关系法律适用法》与《阻断法》对裁判者的不同影响

在涉外民商事案件中，裁判者可能面临应否适用外国强制性法律规范的问题。但《涉外关系法律适用法》并未就如何适用问题作出积极回应，相反，其第五条公共秩序条款则为裁判者就如何排除适用

---

① 丁汉韬：《论阻断法的实施机制及其中国实践》，《环球法律评论》2022 年第 2 期。
② 丁汉韬：《论阻断法的实施机制及其中国实践》，《环球法律评论》2022 年第 2 期。

包括外国强制性法律规范在内的外国法律提供了法律依据。而《反外国制裁法》《阻断办法》等实际上在《涉外关系法律适用法》第五条之外为裁判者如何排除适用包括外国强制性法律规范在内的外国法律提供了又一法律依据。

然而,在商业实践中,为应对外国制裁措施、外国法律与措施对合同履行所可能产生的不利影响,当事人往往在合同中约定相关免责条款。这将使裁判者面临左右为难的处境:认定免责条款有效,实质上亦就承认了存在不当域外适用情形的外国法律与措施的效力,即使采事实说亦如此;而否定免责条款效力,则将使当事人承担违约责任之虞。在解决涉外民商事纠纷时,如何处理《涉外关系法律适用法》与《反外国制裁法》《阻断法》之间关系问题,又是一个亟须研究和解决的新问题。

参考文献

陈卫左：《瑞士国际私法法典研究》，法律出版社1998年版。
陈自强：《民法讲义II：契约之内容与消灭》，法律出版社2004年版。
杜涛、陈力：《国际私法》（第二版），复旦大学出版社2008年版。
杜涛：《德国国际私法：理论、方法和立法的变迁》，法律出版社2006年版。
国际统一私法协会，商务部条约法律司编译：《国际商事合同通则》，法律出版社2004年版。
韩德培、肖永平主编：《国际私法》（第三版），高等教育出版社2014年版。
黄立：《民法总则》，中国政法大学出版社2002年版。
黄茂荣：《法学方法与现代民法》，中国政法大学出版社2001年版。
柯泽东：《国际私法》，中国政法大学出版社2003年版。
赖来焜：《当代国际私法学之构造论》，（台北）神州图书出版有限公司2001年版。
李浩培：《条约法概论》，法律出版社2003年版。
刘铁铮、陈荣传：《国际私法》，（台北）三民书局1996年版。
宋晓：《当代国际私法的实体取向》，武汉大学出版社2004年版。
王泽鉴：《法律思维与民法实例》，中国政法大学出版社2001年版。
吴香香：《请求权基础》，北京大学出版社2021年版。
邹碧华：《要件审判九步法》，法律出版社2011年版。
邹国勇：《外国国际私法立法选择》，武汉大学出版社2017年版。
［德］马丁·沃尔夫著：《国际私法》（上下）（第二版），李浩培、汤宗舜译，北京大学出版社2009年版。

[德] 萨维尼著:《法律冲突与法律规则的地域和时间范围》,李双元等译,法律出版社 1999 年版。

[加拿大] 威廉·泰特雷著:《国际冲突法》,刘兴莉译,法律出版社 2003 年版。

Adrian Briggs, Private International Law in English Courts (Second Edition), Oxford University Press, 2023.

Daniel Girsberger, Thomas Kadner Graziano, and Jan L Neels, Choice of Law in International Commercial Contracts, Oxford University Press, 2021.

Filip De Ly, International Business Law and Lex Mercatoria, Elsevier Science Publishers B. V. , 1992.

Lord Collins of Mapesbury et al. , Dicey, Morris & Collins The Conflict of Laws (16ed), Sweet & Maxwell Ltd, 2023.

Paul Torremans et al. , Cheshire, North & Fawcett: Private International Law (15ed), Oxford University press, 2017.

后　　记

　　站了数年的大学讲台，教了数届的学生，自然有数本有关各类课程的讲稿。然唯独对于这本关于涉外民商事法律适用问题专题的讲稿，总有一种不愿束之高阁而使之成书的冲动。

　　作为老师，总想给学生讲点有用的新的知识，因而每每看到新的著作、新的论文、新的学术观点，总是及时将之体现在讲稿之中而与学生分享。而融入了各路中外专家学者深邃思想和真知灼见的讲稿，年复一年而自然终成难以分清你我他的"添附"物。故感恩各位学者！

　　然而我还清晰记得，在亲身处理实际案件之时，昔日不过尔尔的臆想灰飞烟灭。这是一个全然不同的专业世界。在脑袋发懵的同时亦让我感觉到仅向学生传授知识、分享自己的学术思维，远远不够。还必须让学生分享老师处理现实案件的思维和方法。记得王泽鉴先生曾说，案例是一切法律思维的开始，是学习法律的根本。实务思维有别于学术思维，前者来自于各类庭审而非象牙塔，服务于解决现实纠纷而非学术争鸣，以有效的法律规则而非各种学说或理论为评价标准。十余年接触实务的经历，让我练就了对新的典型案例的敏锐嗅觉，亦愈益自如地将新的案例融入教案之中，端上讲台之上而与学生分享，以培养其批判性思维。故感恩各位法官和律师！

　　然而，讲稿毕竟是讲稿。许琳编辑成人之善的胸怀终使我讲稿成书的心愿得以实现。而其与其他编辑对文字符号的纠错、素材的核实、语言的润色，乃至点石成金的辛劳，终使书稿成为著作。故感恩许琳编辑、其他编辑及社科出版社！

　　感谢单位（注：不写学校名称）一如既往的支持和帮助，作为教员当益加勤勉，仰高笃行，知新致远。

  书稿虽已付梓编修，但对我而言，这也许是起步伊始。学术思维与实务思维的结合仍属一项尝试，有待教学效果的检验，亦期盼读者不吝赐教。